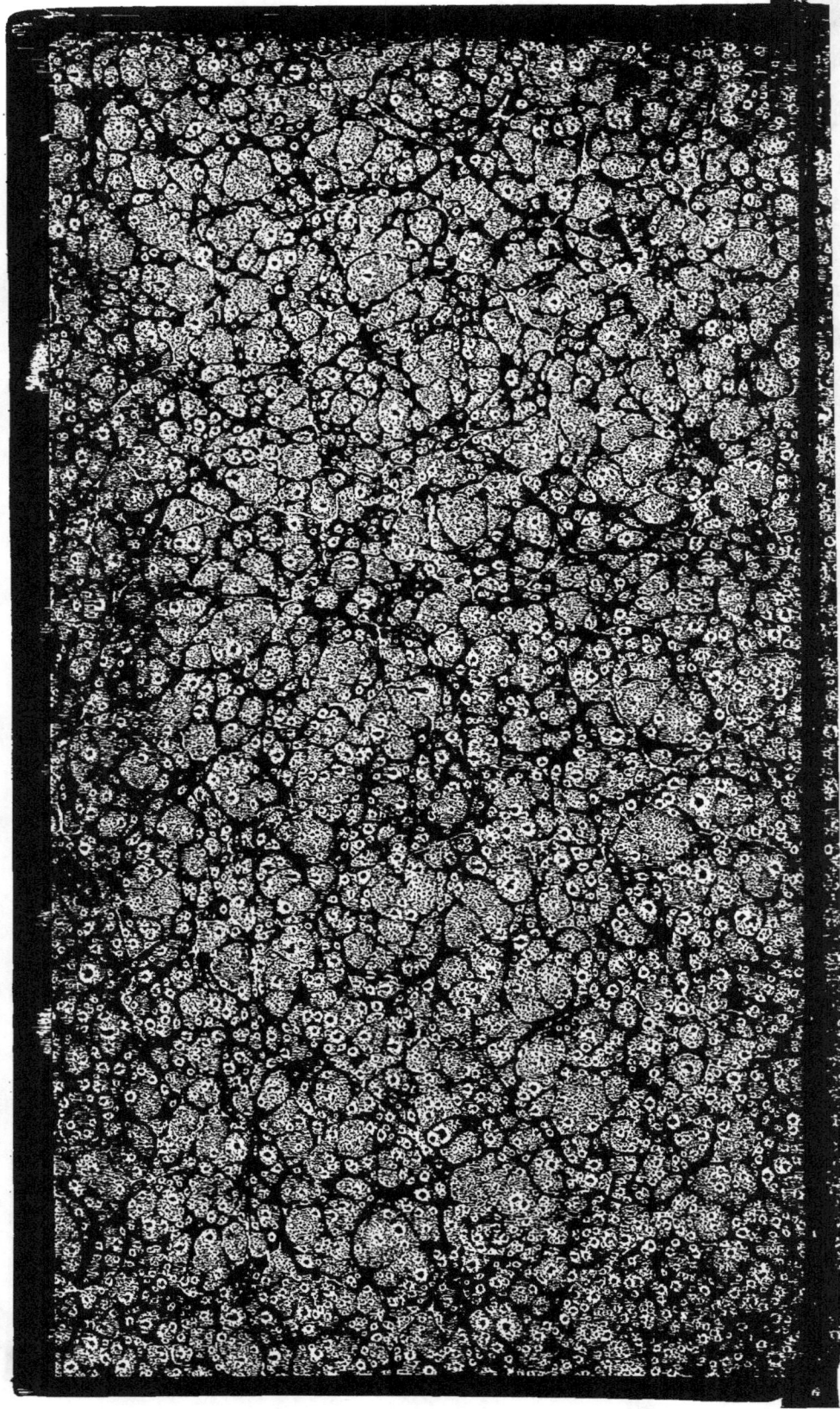

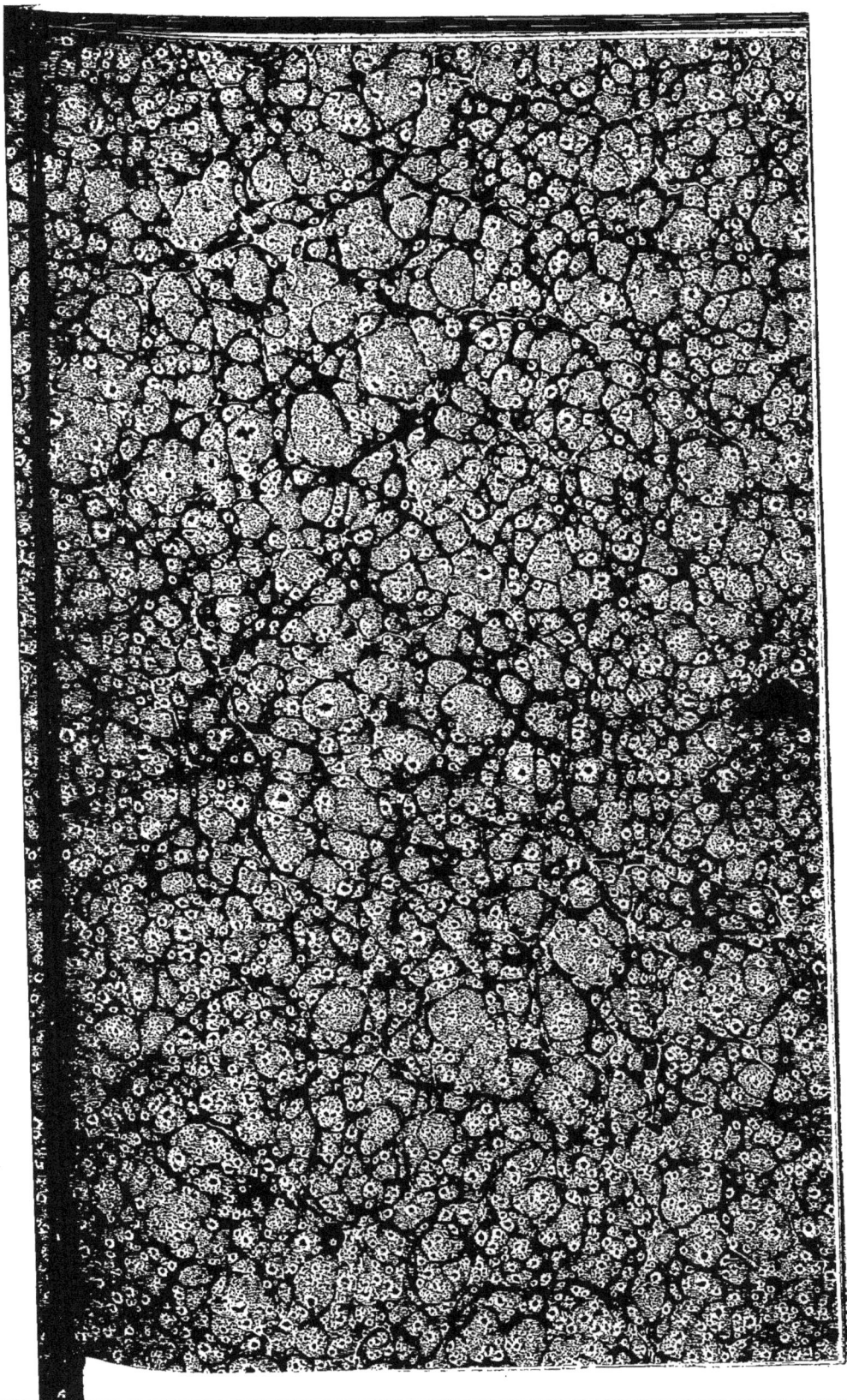

F

27860

DISCOURS

DE M. LE CHANCELIER

D'AGUESSEAU.

DISCOURS

DE M. LE CHANCELIER

D'AGUESSEAU.

NOUVELLE ÉDITION,

AUGMENTÉE DE SES INSTRUCTIONS A SON FILS,
ET DE DIVERS FRAGMENS TRÈS - INTÉRESSANS
EXTRAITS DU RECUEIL GÉNÉRAL DE SES
ŒUVRES.

TOME PREMIER.

A LYON,

Chez L. BOGET, Imprimeur - Libraire, rue
Saint-Dominique, N.° 17.

1822.

AVERTISSEMENT.

LE public a déjà porté son jugement sur les Discours de M. le chancelier d'Aguesseau. Ceux qui ont paru en 1755 ont fait sur les lecteurs la même impression qu'ils avoient faite autrefois sur les auditeurs. On a été étonné et comme transporté à la vue d'un genre d'ouvrage où l'on trouve les charmes de l'imagination, les richesses de la science, la force et l'autorité de la raison; où les traits les plus brillans semblent se rassembler pour former un grand corps de lumière; où l'ame, élevée au-dessus d'elle-même, goûte les délices pures de la vérité, et se sent pénétrée par l'amour de la justice. On diroit que c'est la vertu qui parle aux hommes par la bouche de Cicéron, et qui combat le vice avec les armes de Démosthènes.

On reconnoît à ces caractères le grand orateur et le vrai philosophe. Tous les écrits de M. le chancelier d'Aguesseau portent l'empreinte de ces deux qualités unies dans sa personne; et c'est ainsi que, sans le vouloir, il s'y est peint lui-même, beaucoup mieux que nous ne le pourrions faire si nous osions placer ici son éloge.

De grands traits de ressemblance nous conduiroient à le comparer au célèbre chancelier de l'Hôpital, et à faire un parallèle de leurs talens et de leurs travaux, de leur amour pour l'Etat, des lois dont la France leur est redevable, et de la gloire qu'ils se sont acquise, même dans les pays étrangers. Une telle entreprise seroit sans doute au-dessus de nos forces : pour écrire les vies des hommes illustres, il faut être un Plutarque. Mais nous pouvons du moins considérer M. le chancelier d'Aguesseau dans ses Discours, et en recueillir les principes de bon goût et de raison qu'il désiroit de graver dans les esprits, et qu'il semble y retracer encore après sa mort.

Nous nous bornerons donc à donner une idée abrégée, mais exacte, de ses principes, et en conservant toujours ses pensées, nous nous servirons le plus souvent de ses expressions.

Ceux qui s'appliquent à l'art oratoire trouveront d'abord dans ses harangues une preuve éclatante de la justesse de la définition que le plus grand maître de cet art a donnée du parfait orateur, lorsqu'il a dit que c'est un *homme de bien qui sait bien parler* (1). Ils y verront en même temps des modèles accomplis, et d'excellens préceptes puisés dans les meilleures sources et dans son propre fonds.

Son principe général étoit qu'on ne doit parler que pour montrer et faire sentir quelque vérité, et qu'un discours qui ne sert qu'à faire paroître l'esprit de celui qui l'a composé, sans rien prouver à ceux qui l'écoutent, n'est pas réellement éloquent. « L'éloquence, disoit-il (2), re-
» fuse son secours à ceux qui veulent la
» réduire à un simple exercice de paroles,
» et les dégradant de la dignité d'orateurs,
» ne leur laisse que le nom de décla-
» mateurs. »

Fidèle à suivre ce principe, il commen-çoit par choisir un sujet utile, qu'il rédui-soit à une proposition intéressante. Il s'as-suroit de la certitude de cette proposition par des preuves qu'il disposoit dans un ordre qui pût en faire la démonstration. Il la présentoit dans le plus beau jour dès l'entrée du discours ; il en développoit en-suite toutes les parties dans un plan qui,

---

(1) *Vir bonus dicendi peritus.* Cicer.
(2) II.e Discours.

sans être trop marqué, se faisoit sentir distinctement ; il proposoit enfin des maximes
qui en étoient autant de conséquences,
et qu'il terminoit en rappelant en termes
précis, mais énergiques, le point fixe et
comme l'*aiguillon* qu'il vouloit (selon
son expression) *laisser dans l'ame de
ses auditeurs* (1).

Une forte application qui lui étoit naturelle, augmentée par l'habitude de s'occuper de grands objets, lui faisoit envisager
toutes les faces de son sujet, concevoir et
digérer le dessein et l'ordonnance du tableau qu'il vouloit en tracer. Il éprouvoit
aussitôt (2), « que ces mêmes paroles
» qui fuient ceux qui les cherchent uni-
» quement, s'offrent en foule à un orateur
» qui s'est nourri pendant long-temps de
» la substance des choses mêmes ; que
» l'abondance des pensées produit celle
» des expressions, que l'agréable se trouve
» dans l'utile, et que les armes qui ne sont
» données au soldat que pour vaincre,
» deviennent son plus bel ornement. »
Son imagination et sa mémoire sembloient alors s'empresser à lui fournir à

_____

(1) II.e Discours.
(2) *Ibid.*

l'envi les termes les plus choisis , et à les mettre dans la place la plus convenable , pour former , par leur liaison , un édifice aussi orné que régulier , qui se trouvoit achevé en moins de temps qu'il n'en eût fallu à un autre pour rassembler quelques matériaux.

L'éloquence couloit de sa plume , même lorsqu'il ne pensoit pas à être éloquent. Il écrivoit toujours bien , parce qu'il s'étoit instruit parfaitement de l'art de bien écrire. Il l'avoit réduit à quelques règles qui sont répandues dans ses discours.

Il étoit persuadé que la clarté est la première vertu du style , et la première règle de la langue française ; qui s'assujétit plus qu'aucune autre à rendre les pensées nettement. Une expression obscure ou impropre lui paroissoit une faute contre cette langue , autant que contre l'éloquence ; et il exprimoit si clairement les idées les plus abstraites , qu'il les mettoit à la portée de tous les esprits.

Attentif à peindre fidèlement chaque objet , et à ne joindre jamais ensemble des images disparates , il savoit amener ces traits vifs et frappans que les anciens appeloient *lumina orationis* , les préparoit si habilement , qu'ils ne servoient , en effet, qu'à augmenter la lumière sans produire un faux jour ; et il conseilloit de les sacrifier, plutôt que de s'exposer au reproche d'avoir, en cherchant à éblouir, manqué, ou de justesse dans la pensée, ou d'exactitude dans l'expression.

Il exhortoit à éviter ce style affecté et ambigu, qui semble dire beaucoup et n'éclaircit rien ; qui excite la surprise plutôt que l'admiration, et qui ne paroît au-dessus du langage ordinaire, que par une suite d'énigmes, dont plusieurs même ne méritent peut-être pas la peine qu'il faudroit se donner pour en deviner le mot.

Il sentoit sur-tout la nécessité indispensable de s'énoncer clairement dans les matières de jurisprudence, et encore plus dans la rédaction des lois. Il ne regrettoit pas le temps qu'il employoit à en dresser les dispositions avec une correction, avec une pureté de langage qui font reconnoître son style dans toutes celles dont il a été l'auteur. Dans les affaires des particuliers, il donnoït souvent l'exemple de cette attention scrupuleuse sur les termes des jugemens, qu'il avoit recommandée à tous les magistrats dans ses Mercuriales (1), et

---

(1) II.ᵉ Mercuriale *sur la censure publique.* XIV.ᵉ Mercuriale *sur l'attention.*

l'on étoit surpris de voir l'usage qu'il savoit faire, même dans ces occasions, de
l'art de bien écrire.

Le style de l'orateur doit joindre à la
clarté l'abondance et les ornemens. Mais
il vouloit que cette abondance fût semblable à celle d'une terre fertile et bien cul-
tivée, et non à la vaine opulence d'un
luxe qui n'aime que le frivole et n'amasse
que le superflu. A l'égard des ornemens,
il recommandoit qu'ils fussent convenables
au sujet, éclatans sans fard, riches sans
profusion, et magnifiques sans ostentation. Ainsi il désapprouvoit également une
aridité d'esprit qui ne forme que des traits
décharnés, sans grâces et sans couleurs,
et ces parures recherchées ou mal assor-
ties, qui défigurent souvent ce que l'on
croit embellir.

C'est ce qui l'avoit conduit à examiner
en quoi consiste le bon goût (1). « Ce
» goût général et universel de tous les
» temps et de tous les pays; ce goût de
» la nature qui, malgré les efforts d'une
» fausse éloquence, est toujours sûr d'en-
» lever l'estime des hommes et de forcer
» leur admiration. »

(1) II.e Discours.

Il pensoit qu'il y a un vrai beau (1) supérieur aux préjugés, indépendant du
caprice de la mode ; source de tout ce qui
enchante dans les merveilles de l'art, et
dont le caractère propre est de fixer tous
les regards sur les ouvrages où l'on a la
satisfaction de le reconnoître.

Ce beau véritable n'est pas loin de nous :
il se trouve tous les jours sous nos yeux
dans les productions de la nature. Le mérite de l'art est de la bien imiter, non dans
ses irrégularités, mais dans ce qu'elle
produit de plus parfait. Ainsi le bon goût
travaille d'après la nature, mais en choi-
sissant l'excellent dans le naturel.

Ce goût (2) *sûr et délicat sent, comme par inspiration, ce qui sied et ce
qui ne sied pas.* Il ne s'écarte jamais du
vrai de la nature ; mais il sait réunir les
dons qu'elle a dispersés, pour en composer un tout encore plus beau que chacun
des modèles qu'elle lui présente, et par-là
il semble la vaincre en ne faisant que l'imiter. Il plaît par des grâces naïves ; et conservant la simplicité dans l'élévation même,
il parvient jusqu'à ce sublime, qui con-

---

(1) III.e Instruction.
(2) II.e Discours.

siste dans l'expression simple d'une grande
pensée.

Pour acquérir et perfectionner ce goût,
ce n'est pas assez de contempler la nature
en elle-même, il faut l'étudier aussi at-
tentivement dans ceux qui en ont été les
plus habiles imitateurs ; il faut méditer
ces ouvrages qui ont mérité une admiration durable et universelle, sans y mêler
des lectures plus propres à diminuer le
goût qu'à l'augmenter (1), « et l'on ne
» sauroit choisir des modèles trop purs
» et trop parfaits quand on veut arriver
» à la perfection. » C'est la route que
M. le chancelier d'Aguesseau indique dans
ses ouvrages ; c'étoit celle qu'il avoit suivie lui-même.

Né avec le plus grand génie, il étoit
bien éloigné de croire le rabaisser en travaillant d'après les plus grands maîtres de
l'antiquité ; au contraire, on trouvera
dans une de ses Mercuriales (2) une forte
censure de cet amour-propre qui se persuade que l'esprit se suffit à lui-même ;
que c'est prendre un noble essor que de
voler de ses propres ailes, même au risque

(1) III.e Instruction.
(2) VII.e Mercuriale, *de l'esprit et de la
science.*

1 *

de tomber, qu'on n'a pas besoin du savoir
pour bien penser, et qu'il vaut mieux,
pour se faire un nom, hasarder d'écrire
ce qu'on pense le premier, que de profiter
de ce que les hommes les plus célèbres
ont pensé avant nous.

C'étoit encore une de ses maximes,
que (1) « les perfections du style sont les
» mêmes dans toutes les langues ; et que
» si les mots sont différens, les règles gé-
» nérales pour les mettre habilement en
» œuvre sont semblables. » Il exhortoit
à s'approprier les trésors de toutes les langues savantes pour transmettre à la nôtre
ce qu'elles ont de plus précieux, et lui
donner cette richesse dont quelques étrangers lui reprochent de manquer, et dont
cependant elle ne manque jamais dans la
bouche de celui qui sait mettre à profit
les riches dépouilles de la Grèce et de
Rome (2) : « Les anciens orateurs lui
» donnent leur insinuation, leur abon-
» dance, leur sublimité ; les historiens lui
» communiquent leur simplicité, leur
» ordre, leur variété ; les poètes lui ins-
» pirent la noblesse de l'invention, la
» vivacité des images, la hardiesse de

---

(1) IV.e Instruction.
(2) III.e Discours.

» l'expression, et sur-tout ce nombre ca-
» ché, cette secrète harmonie du discours
» qui, sans avoir la servitude et l'unifor-
» mité de la poésie, en conserve souvent
» toute la douceur et toutes les grâces. »

Ces paroles de M. le chancelier d'A-
guesseau sont elles-mêmes un exemple de
ce qu'elles expriment. Il a prouvé par ses
succès, que c'est en marchant sur les
traces des grands hommes que l'on parvient à les égaler.

Sa dernière maxime étoit que la plume
n'agit jamais plus utilement que lorsqu'elle
efface et qu'elle réforme ses premiers
traits (1). « L'orateur, disoit-il, loin de
» se laisser éblouir par l'heureux succès
» d'une éloquence subite, reprend toujours
» avec une nouvelle ardeur le pénible tra-
» vail de la composition C'est là qu'il pèse
» scrupuleusement jusqu'aux moindres
» expressions dans la balance exacte d'une
» sévère critique. C'est là qu'il ose retran-
» cher tout ce qui ne présente pas à l'es-
» prit une image vive et lumineuse; qu'il
» développe tout ce qui peut paroître obs-
» cur ou équivoque à un auditeur médio-
» crement attentif, et que, prenant en

(1) III.ᵉ Discours.

» main une lime savante, il ajoute autant
» de force à son discours, qu'il en re-
» tranche de paroles inutiles. »

Personne n'a porté plus loin ce travail
que M. le chancelier d'Aguesseau, quoique personne n'eût eu plus de droit de
s'en dispenser. La négligence et la complaisance en soi-même sont les défauts ordinaires d'un esprit médiocre. Avec des
talens supérieurs, *il éprouvoit* (1), pour
nous servir de ses expressions, *l'utile déplaisir de ne pouvoir jamais se contenter lui-même*. Il avoit pour ses ouvrages
les yeux du censeur le plus rigide. Il effa-
çoit ce qui peut-être auroit excité des applaudissemens; il donnoit, à ce qui auroit
paru achevé, une nouvelle force de pinceau ; et l'idée qu'il avoit conçue de la
perfection étoit si sublime, qu'il ne croyoit
jamais en avoir approché.

Nous avouerons même que dans quelques-uns de ses discours on pourra s'apercevoir d'un défaut peu ordinaire : c'est
d'attacher toujours l'esprit et de le tenir
dans un égal degré d'attention, parce que
tout y est également beau, sans qu'il y ait
rien de moins élevé ni de moins fini, qui

(1) II.e Discours.

lui donne, pour ainsi dire, un moment
pour reprendre haleine. C'est ce que
M. d'Aguesseau son père, qui joignoit un
goût exquis au talent de l'éloquence, lui
fit sentir d'une manière aussi douce qu'ingénieuse. Après avoir entendu la lecture
d'un discours que son fils avoit extrême-
ment travaillé, et qu'il vouloit retoucher
encore, il lui dit simplement qu'*il étoit
bien*. Le fils, frappé de cette espèce de
silence, qui le privoit des avis dont il auroit désiré de profiter, et croyant qu'il restoit bien des défauts à réformer dans ce
discours, le conjura de les lui indiquer.
Mais le père ne se rendit point à ses ins-
tances, et lui expliqua ainsi la raison de
son refus : *le défaut de votre discours
est d'être trop beau ; il seroit moins bien
si vous le retouchiez encore*. Ce fait,
raconté par M. le chancelier d'Aguesseau
lui-même, avec cette candeur qui sied si
bien à un grand homme, nous a autorisé
à proposer ici une critique qui nous fait
sentir de plus en plus tout le prix des
ouvrages sur lesquels elle peut tomber,
puisque leur unique imperfection est de
n'offrir rien qui ne paroisse parfait.

Celui qui se livre ainsi au travail de la
révision en tire l'avantage de se former un

style qui devient comme sa langue naturelle, qui se soutient toujours « (1) lors
» même qu'il n'a pas eu la liberté de me-
» surer toutes ses expressions...... et l'on
» croit qu'il a travaillé pendant long-temps
» à perfectionner un édifice dont il a eu
» à peine le temps de tracer le premier
» plan. » On étoit toujours surpris d'entendre M. le chancelier d'Aguesseau parler, même sans préparation, avec autant
d'ordre, d'élégance et d'ornement que s'il
eût prononcé le discours le plus médité.
Les connoisseurs sauront discerner dans
ses harangues celles qu'il a moins travail-
lées, et celles qu'il a revues avec le plus
de soin, et ils pourront douter sur la préférence entre les unes et les autres.

Le précis que nous venons de faire de
ses principes sur l'éloquence, suffit pour
faire voir que la raison présidoit à tous
ses travaux, et qu'on pouvoit lui appliquer ce qu'il a dit dans sa seconde harangue : *Il pense comme un philosophe,
et il parle comme un orateur.*

Il s'étoit instruit à fond de l'art de penser, et ses ouvrages méritent l'éloge qu'il a
donné à un excellent livre composé par

_____

(1) III.e Discours.

deux grands dialecticiens. « On y voit (1)
» une application continuelle des précep-
» tes de la logique, qui enseignent à ren-
» verser les argumens les plus captieux, et
» à démêler les sophismes les plus subtils,
» en les ramenant toujours aux règles fon-
» damentales du raisonnement. »

Son génie et son goût l'avoient conduit
jusqu'à ce qu'il y a de plus abstrait dans
les mathématiques, et l'application lui
coûtoit si peu, qu'il en faisoit même son
délassement. « Il les regardoit (2) comme
» les routes naturelles, et, si l'on peut
» s'exprimer ainsi, les avenues de l'es-
» prit humain ; mais attentif à ne pas con-
» fondre les moyens avec la fin », il
conseilloit de ne pas s'arrêter uniquement
à contempler les vérités qui en sont l'objet, mais d'en faire un usage encore plus
utile pour (3) « acquérir la justesse d'es-
» prit, la clarté des idées, l'ordre et la
» méthode qui sont nécessaires, soit pour
» nous conduire nous-mêmes à la décou-
» verte de la vérité, soit pour nous mettre
» en état de la présenter aux autres avec
» une parfaite évidence. »

---

(1) IV.e Instruction.
(2) II.e Discours.
(3) I.re Instruction.

L'application qu'il avoit donnée à la dia-
lectique et aux sciences abstraites lui avoit
fait sentir que, pour s'instruire et pour
convaincre, le meilleur moyen est de joindre les règles de la logique à l'ordre de la
géométrie, en se servant de la première
pour former des raisonnemens forts et
concluans, et de la seconde pour les *ar-
ranger* (1) de manière qu'ils tendent au
même but *par une espèce de gradation
de vérités qui naissent toujours l'une de
l'autre* et se fortifient mutuellement. C'est
ainsi que (2) « par un secret enchaîne-
» ment de propositions également simples
» et évidentes, l'esprit est conduit de vé-
» rités en vérités ; en sorte que l'on est
» surpris de voir que la simple méthode
» a servi de preuve, et que l'ordre seul a
» produit la conviction. »

La même méthode appliquée à toutes
les parties de la philosophie lui avoit ouvert une route également sûre et lumineuse, par laquelle il avoit fait un progrès
qui étonnoit ceux mêmes qui les avoient
le plus cultivées.

Il avoit une trop grande idée de cette
science en général pour la confondre avec

(1) IV.ᵉ Instruction.
(2) II.ᵉ Discours.

une liberté présomptueuse qui, sans
étude, sans principes, sans autre maître
que l'amour-propre, se croit en droit de
tout détruire et de tout construire à son
gré, et rejette toute vérité pour ne rassembler que des chimères.

Le véritable philosophe s'élève, par un
bon usage de la raison, à des notions simples et indubitables, d'où il descend par
degrés à des conséquences certaines, loin
de vouloir enlever à notre intelligence jusqu'à ces premières notions, et renverser
avec elles toute science, et la philosophie
elle-même. Il sait qu'il y a une lumière
qui éclaire tous les esprits, une voix qui
parle à tous les cœurs, des (1) *lois primi-
tives reconnues même par ceux qui y
sont rebelles, que l'auteur de la nature
et de la raison dicte également à tous
les hommes, et qu'il a gravées dans le
fond de notre être.* C'est là qu'il puise la
connoissance des devoirs de l'homme, loin
de flatter ses erreurs, en faisant naître la
société de l'orgueil et de l'intérêt, qui sont
les sources des divisions entre les particuliers et entre les peuples. Il regarde les
passions comme un trouble de l'ame, non

---

(1) Essai sur le droit public.

comme le ressort qui doit la mouvoir ;
comme des maladies qu'elle éprouve, non
comme son état naturel. Il fuit ce qui
pourroit exciter leurs agitations, pour
vivre sous l'empire paisible de la raison.
Dans un calme profond, il goûte cette
satisfaction pure, cette douce joie, que la
vue de la vérité peut seule produire, qui
lui paroît un bien au-dessus de tous les
biens extérieurs, et véritablement digne
d'un être raisonnable. Tels furent autrefois ces sages qui, après avoir fait l'honneur de leur siècle, ont fait l'admiration
des siècles suivans ; et tel a été de nos jours
M. le chancelier d'Aguesseau.

Plus heureux et plus instruit que ces anciens sages qui connurent l'Etre suprême,
et ne lui rendirent pas l'hommage qu'ils lui
devoient, et qui cherchèrent en vain dans
eux-mêmes leur force, leur gloire et leur
bonheur, il étoit intimement convaincu
que la religion seule peut apprendre à
l'homme ce qu'il a été, ce qu'il est, ce qui
peut le rendre tel qu'il doit être ; que (1)
« les préceptes qu'elle renferme sont la
» route assurée pour parvenir à ce souve-
» rain bien que les anciens philosophes ont

_____

(1) I.ʳᵉ Instruction.

» tant cherché . qu'elle seule peut nous
» faire trouver. Que c'est elle (1) qui doit
» animer tous nos travaux , qui en adou-
» cit la peine , et qui peut seule les rendre
» véritablement utiles. » Il en avoit tiré
cette conséquence , que *la religion est la
vraie philosophie* (2). Les lecteurs trouveront dans plusieurs endroits des ouvrages contenus dans ce recueil, (3) ce que
pensoit , sur une matière si importante ,
un magistrat qui s'est acquis à tant de
titres la réputation de savant , d'homme
d'esprit et de grand philosophe (4).

De là cette philosophie morale , aussi
conforme à la raison , mais plus parfaite
que celle des Dialogues de Platon et des
Offices de Cicéron , qui rendit M. d'Aguess-
seau respectable dès sa jeunesse. C'est
cette philosophie dont il donne une si
noble idée en disant que « (5) l'homme
» n'est jamais plus libre que lorsqu'il as-
» sujétit ses passions à la raison , et sa
» raison à la justice. » Il parloit ainsi dans

(1) IV.e Instruction.
(2) II.e Instruction.
(3) *Voyez* I.re Instruction et suivante , II.e
Instruction.
(4) Essai sur le droit public.
(5) I.er Discours.

sa première harangue, à l'âge de vingt-
cinq ans ; et l'on peut dire que l'occupation de toute sa vie a été de réprimer les
passions dans lui-même et dans les autres,
de remonter aux premières idées de la
justice pour les faire goûter aux autres,
après s'en être rempli lui-même.

C'est à ces deux objets principaux que
l'on peut rapporter ses discours, par lesquels nous avons cru que le recueil de ses
ouvrages devoit commencer, et qui en feront le premier volume. Il sera suivi d'autres tomes, à mesure que nos recherches
pourront nous en fournir la matière, et
nous mettre en état de répondre aux désirs
du public. On y verra l'usage qu'il a fait
successivement dans les fonctions importantes dont il a été chargé, de l'art de la
parole et de la science du raisonnement.

Le plan qui nous a paru le plus naturel, a été de placer ensemble les discours
qui sont du même genre, en observant
entr'eux l'ordre de leurs dates, dont nous
nous sommes informés le plus exactement
qu'il nous a été possible.

Ce recueil sera donc divisé en trois parties, qui contiendront :

1.° Les discours qui ont été prononcés
à l'ouverture des audiences du parlement.

2.º Les Mercuriales.

3.º Des instructions sur les études propres à former un magistrat, et un essai sur le droit public, qui concerne un des principaux objets de ces études.

La première partie sera la moins étendue. On sait que les discours qui s'adressent aux avocats, à l'ouverture des audiences, se font par les trois avocats généraux, chacun à leur tour. M. d'Aguesseau n'ayant exercé la charge d'avocat-général que pendant dix ans, n'en a prononcé que trois. Mais ils pourroient former ensemble un corps d'ouvrage d'éloquence et de morale sur la profession d'avocat, dans le goût du livre de Cicéron, de l'Orateur, et des traités de Quintilien. En effet, ils ont pour objet d'établir, en premier lieu, en quoi consiste la principale gloire d'une profession si honorable; en second lieu, quelle est la source de la saine éloquence; et enfin quelles sont les causes qui peuvent la faire dégénérer.

Le premier sujet lui donna occasion de faire voir que (1) *l'indépendance de la fortune élève* l'homme *au-dessus des autres hommes, et que la dépendance de*

_____

(1) I.er Discours.

la vertu l'élève au-dessus de lui-même.

Le second sujet l'engagea à traiter le fond même de l'art de persuader, dont la source est dans la connoissance de l'homme, et dans celle de la morale, et il fit voir aussi que c'est par ces connoissances que l'on parvient à (1) *réunir l'art de bien vivre à celui de bien parler.*

Il trouva le troisième sujet dans le dialogue *de Causis corruptæ eloquentiæ*, que l'on croit être de Quintilien, et que quelques savans ont attribué à Tacite. L'objet de cet ouvrage, digne de l'un et de l'autre de ces auteurs, est d'examiner pourquoi l'on ne trouvoit presque plus d'orateurs : *Cur cùm priora secula tot eminentium oratorum ingeniis gloriâque effulserint, nostra potissimùm ætas deserta et laude orbata, vix nomen ipsum oratoris retineat.* Plus on conçoit la perfection, plus on sent fortement tout ce qui pourroit tendre à en éloigner. Ce sentiment, et la vue d'un modèle rempli de peintures vives et de solides réflexions, animèrent, dans M. d'Aguesseau, cette vigueur de style qu'il a souvent employée contre les défauts en

_____

(1) II.ᵉ Discours.

général, et jamais contre les personnes ; et l'on reconnoît dans ce discours qu'il prononça en 1699, à la fin d'un siècle qui a été comparé à celui d'Auguste, combien son zèle pour sa patrie lui faisoit désirer de voir perpétuer la gloire que tant d'hommes illustres, qui avoient paru à la fois sous le règne de Louis XIV, ont acquise à la nation. Il a vu depuis, avec la plus grande satisfaction, l'éloquence du barreau se relever avec un nouvel éclat, et reprendre de nouvelles forces, par les talens de plusieurs orateurs (1), dignes émules du siècle précédent.

Les Mercuriales feront une seconde partie de ce volume encore plus intéressante, puisqu'on y verra non-seulement les caractères propres aux magistrats tracés par la plume d'un grand magistrat, mais encore les qualités qui forment le bon citoyen, le sujet fidèle, l'homme juste, le sage, et même l'homme magnanime et le vrai héros. Il seroit trop long d'entrer dans le détail des sujets de chaque Mercuriale; il suffit de dire qu'elles commencent par *l'amour de son état*, et finissent par *l'amour de la patrie*, *et* qu'elles respirent

_____

(1) MM. Cochin, Norm., Terrass., etc.

toutes ces deux sentimens si profondément imprimés dans l'ame de leur auteur.

On s'apercevra peut-être qu'elles ne sont pas d'une égale étendue, ni également or-rées. Cette différence vient d'abord de la distinction que l'on fait entre la Mercuriale qui se prononce après la rentrée du parle-ment à la S. Martin, et celle qui se fait après les fêtes de Pâques : la première est regardée comme la plus solennelle ; l'autre est ordinairement plus courte et plus sim-ple. Mais une seconde cause de cette es-pèce d'inégalité, est une vue que M. le pré-sident de Harlay avoit eue de rapprocher le style des Mercuriales de leur première institution. M. d'Aguesseau, qui en a ex-pliqué plusieurs fois (1) l'origine, en retra-çant le souvenir de cette censure grave et sévère que le sénat exerçoit sur lui-même dans l'intérieur du sanctuaire de la jus-tice, n'eut aucune peine à entrer dans une pensée si conforme à son amour pour la perfection, et à son attachement aux an-ciens usages.. Il essaya donc, pour rame-ner la simplicité de nos pères, d'être moins éloquent, sans pouvoir cesser de l'être tou-jours ; ainsi l'on aperçoit l'orateur dans

_____

(1) II.ᵉ et XVIII.ᵉ Mercuriales.

toutes

toutes ses Mercuriales ; mais dans les unes
il paroît tout entier, et son éloquence y
déploie toute sa magnificence : dans les
autres, il semble en tempérer l'éclat, et
lui prescrire des bornes plus étroites. Nous
aurions cru mériter de justes reproches,
si, pour ne présenter que les discours qui
peuvent faire le plus d'honneur. à l'éloquence de M. le chancelier d'Aguesseau,
nous eussions privé le public de ceux où
un motif si louable lui faisoit craindre de
la montrer.

Comme la fonction de faire les Mercuriales se partage entre le premier avocat-
général et le procureur-général, M. d'A-
guesseau s'en est acquitté d'abord dans la
première qualité, et ensuite dans la seconde.

La troisième partie de ce recueil con-
tiendra ses discours domestiques, si l'on
peut se servir de cette expression : ce sont
d'utiles instructions sur les études propres
à former un magistrat, et à le rendre tel
qu'il l'a dépeint dans ses Mercuriales. On
croit y entendre un père savant et vertueux, qui parle, avec autant de douceur
que de lumière, à un fils à qui il témoigne
la plus grande tendresse, et le désir le
plus ardent de le mettre en état de servir

I.   2

le public. Il y découvre le fond de son cœur, aussi bien que l'étendue immense de son savoir, et celle de son esprit. Il ouvre à son fils la carrière la plus vaste, et l'encourage à y marcher par de grands motifs exprimés dans les termes les plus nobles et les plus touchans. Tantôt il se contente de lui indiquer les sources où il doit puiser ; tantôt il entre dans tous les détails du travail qu'il l'exhorte à entreprendre ; et souvent les sujets d'études ou de réflexions qu'il lui propose, allument dans lui-même un feu qui produit des traits et des tableaux pareils à ceux qui attirent l'admiration dans les plus brillantes de ses harangues.

Nous sommes parvenus à trouver cinq instructions, dont une seule avoit été imprimée en 1756.

La première commence par tracer un plan général d'étude, et contient deux parties ; l'une sur la religion, l'autre sur la jurisprudence.

La seconde, en suivant le même plan, concerne l'étude de l'histoire, et en fait sentir toute l'utilité.

La troisième regarde l'étude des belles-lettres, qui étoit la dernière partie de ce plan. On y verra avec quelle satisfaction il parloit d'une étude qui a toujours fait ses délices. Mais des occupations qu'il préféroit à son goût ne lui ont pas laissé le temps d'achever cette instruction.

Pour y suppléer autant qu'il est possible, nous y joindrons un écrit fait dans un temps où retiré à sa terre de Fresnes, il étoit plus libre de suivre son inclination pour les belles-lettres. M. de Valincourt, dont le nom est déjà si connu de ceux qui les cultivent, et qui étoit si digne de l'estime et des sentimens que M. le chancelier d'Aguesseau lui témoigne dans cet écrit, lui avoit communiqué un discours dont le sujet étoit, *de l'Imitation par rapport à la tragédie.* En ne pensant qu'à faire des remarques sur ce discours, il en fit un lui-même, qu'on peut regarder comme un traité de poétique, où il ajoute ce qui manque à celui d'Aristote, et montre que la connoissance du cœur humain, dans laquelle il avoit puisé les principes de l'art oratoire, est aussi la source des règles du poème tragique, et de la poésie en général. Il fait sentir que ce qui fait la force des impressions que l'on éprouve à la vue d'un spectacle, en fait en même temps le danger; et il est aisé de voir pourquoi il n'y avoit jamais assisté, comme il le dit lui-même à la fin de cet ouvrage.

On trouvera encore des réflexions sur les avantages de l'étude des belles-lettres dans la quatrième instruction, qui contient des avis et des observations dignes de son auteur, et qui n'est cependant qu'une lettre écrite rapidement, pour rappeler à son fils ce qu'il lui avoit expliqué dans une conversation sur les fonctions de la charge d'avocat du roi au Châtelet, qu'il alloit exercer. C'est celle qui avoit déjà été donnée en public.

La dernière instruction sur l'étude du droit ecclésiastique est un simple mémoire où, après avoir donné une notion générale de ce droit, M. le chancelier d'Aguesseau marque les noms des principaux auteurs qui en ont traité ; mais cette espèce de notice est accompagnée de réflexions si justes, et de jugemens qui caractérisent si bien plusieurs de ces écrivains, que le public nous saura gré de lui avoir fait part d'un fragment toujours précieux, et regrettera avec nous que ce mémoire n'ait pas été fini.

Un autre fragment qui nous a paru devoir être mis à la suite de ces instructions, peut exciter encore plus les regrets des lecteurs et les nôtres. C'est le commencement d'un ouvrage sur les objets mêmes auxquels il recommande en plusieurs endroits des instructions, de s'attacher principalement en lisant les historiens et les jurisconsultes ; le droit naturel, le droit des gens, le droit public de chaque nation, et en particulier celui de la France. C'est ainsi qu'un esprit supérieur sait traiter en grand la science des lois, en distinguer toutes les branches, et en découvrir la tige commune, plantée, si l'on peut s'exprimer ainsi, par la main du suprême Législateur. On peut juger de la manière dont un si beau projet auroit été exécuté, par la première partie, qui est la seule qui nous soit parvenue en entier. Nous n'avons pu trouver qu'une portion du surplus de ce traité qui n'a pas été achevé.

Il y a une liaison nécessaire entre toutes les vérités, et l'on pourra trouver quelquefois dans un des ouvrages que nous avons rassemblés, celles qui se sont présentées dans un autre ; mais elles pourront paroître nouvelles par la variété des sujets auxquels elles sont appliquées ; et la méthode de M. le chancelier d'Aguesseau étoit de remettre toujours devant les yeux les principes dont il avoit à tirer des conséquences, et qu'il croyoit qu'on ne pouvoit ni trop méditer, ni trop rappeler aux hommes.

On trouvera après cet avertissement un abrégé des principales circonstances de sa vie. C'est un usage ordinaire de mettre au commencement du recueil des ouvrages d'un auteur illustre, les éloges qui en ont été faits par différens écrivains. Ceux que nous avons rassemblés feront honneur à la mémoire de leurs auteurs, comme à celle du grand magistrat qu'ils ont si dignement loué (1) ; mais le plus grand éloge qu'on puisse lui donner, c'est de dire qu'il a vécu sans autre passion que celle de la science, sans autre désir que celui du bien public ; et c'est aussi à l'utilité publique que ce recueil doit être consacré.

---

(1) On sera peut-être surpris de ne pas voir ici l'éloge auquel l'Académie française décerna le prix qu'elle avoit proposé pour l'année 1760 ; mais cet éloge se trouve dans le recueil des Œuvres de M. Thomas, recueil qui est sans doute entre les mains de tous les admirateurs de l'illustre chancelier d'Aguesseau.

ABRÉGÉ

DE LA VIE

DE M. LE CHANCELIER

D'AGUESSEAU.

~~~~~~~~~~~~~~

Henri-François d'Aguesseau, chancelier de France, commandeur des ordres du roi, né à Limoges le 27 novembre 1668, doit être mis au rang des hommes illustres, soit comme savant, soit comme magistrat. Il étoit descendu, du côté paternel et du côté maternel, de familles distinguées par leur ancienneté et par leurs services. *Henri d'Aguesseau*, conseiller d'état et au conseil royal, son père, et *Claire le Picart de Périgny*, sa mère, lui fournissoient deux grands modèles ; et l'on reconnoissoit en lui leurs différens caractères. Il avoit un cœur vertueux, plein de douceur et de bonté ; un esprit élevé, une imagination féconde en grandes images, qui lui fournissoit sans efforts les expressions les plus lumineuses, et qui étoit toujours conduite par la raison ; une facilité surprenante pour apprendre, avec une mémoire

prodigieuse qui acquéroit toujours, sans rien
perdre de ce qu'elle avoit acquis. Son père fut
presque son seul maître. Il avoit senti, dès son
enfance, tout ce qu'il pouvoit en attendre, et
s'appliquoit à l'instruire même dans le temps
où des conjonctures difficiles lui donnoient le
plus d'occupations dans l'intendance du Languedoc. Les fréquens voyages qu'il étoit obligé
de faire, dans lesquels il étoit presque toujours
accompagné de quelques personnes qui aimoient
les lettres, étoient pour son fils autant d'exercices littéraires. Une telle éducation lui donna
tant d'ardeur pour les sciences, qu'il parvint
à les réunir presque toutes. Il savoit la langue
française, non par le seul usage, mais par principes ; le latin, le grec, l'hébreux, et d'autres
langues orientales, l'italien, l'espagnol, le por-
tugais et l'anglais. Aussi il disoit quelquefois
que c'étoit un amusement d'apprendre une langue.
La lecture des anciens poètes fut, selon son
expression, *une passion de sa jeunesse.* La société de deux grands poètes français (Racine
et Boileau) faisoit alors ses délices, et il ne
s'en permettoit point d'autres : lui-même faisoit de très-beaux vers, et conserva ce talent
jusqu'à ses dernières années. Quoiqu'il le ca-
chât, on le reconnoissoit dans sa prose même,
qui avoit le feu noble et l'harmonie de la poésie. Son père, qui lui avoit fait apprendre exactement les règles de l'art oratoire, l'engagea,
après l'avoir appliqué ensuite à la philosophie,

à lire encore pendant une année les anciens
orateurs. Il le mit par là en état de les atteindre, en y joignant l'art de raisonner, si nécessaire sur-tout dans le genre d'éloquence qui a
pour objet d'affermir l'autorité de la justice.
Jamais il ne connut ni ne voulut employer d'autres moyens pour faire adopter ses pensées.
Les ouvrages de Descartes, que son père ne
lui fit lire qu'après ceux qui étoient dans le
goût de la philosophie d'Aristote, lui firent
sentir, par la seule comparaison des uns aux
autres, les avantages de cet ordre qui, en
partant d'un point évident, conduit à une démonstration assurée. L'usage qu'il en faisoit
dans les matières de droit y répandoit le plus
grand jour. Il aimoit sur-tout les mathématiques : on l'a vu souvent, lorsqu'il étoit fatigué
des affaires, prendre un livre de géométrie ou
d'algèbre. C'étoit un plaisir qu'il substituoit à
ceux qui dissipent l'esprit loin de le ranimer.
Son principe étoit, que *le changement d'occupation est seul un délassement ;* et ce fut ainsi
qu'au milieu des fonctions les plus pénibles il
trouva les moyens d'étendre toujours ses connoissances. Jusqu'à la fin de sa vie, il ne faisoit
aucun voyage, sans lire en chemin des ouvrages de philosophie, d'histoire ou de critique. On sait jusqu'à quel point il avoit appro-
fondi la science de son état. Il avoit lu et médité les lois tirées des jurisconsultes romains
auxquelles il donnoit la préférence, les consti-

2*

tutions des empereurs , grecques et latines ,
les ordonnances de nos rois , les coutumes ,
dont il avoit recherché la source dans les anti-
quités du droit féodal et de la monarchie française ; et s'étoit encore instruit des lois et des
formes observées dans les autres états. Avec
toutes ces sciences et un génie supérieur dont
les premières idées étoient toujours sûres ,
M. d'Aguesseau avoit une défiance extrême de
ses lumières. Il en faisoit usage , non pour paroître au dessus des autres , mais pour leur être
utile ; et il étoit le seul qui ne s'aperçut pas de
tout le bien qu'il faisoit. Les principes de religion qu'il suivit toute sa vie , avoient éloigné de
lui toutes les passions et toute autre vue que
celle de faire du bien. Il ne pensa pas seulement à tirer aucune autre espèce d'avantages
des places qui vinrent le chercher , pendant
qu'en philosophe chrétien , il n'aspiroit ni au
crédit , ni aux biens , ni aux honneurs. Il avoit
fait le premier essai de ses talens dans la charge
d'avocat du roi au Châtelet , où il entra à l'âge
de vingt-un ans ; et quoiqu'il ne l'eût exercée
que quelques mois , son père ne douta pas qu'il
ne fût capable de remplir une troisième charge
d'avocat-général au parlement, qui venoit d'être
créée. Le feu roi la lui donna par préférence
à un autre sujet , en disant *qu'il connoissoit assez
le père pour être assuré qu'il ne voudroit pas le
tromper , même dans le témoignage qu'il lui avoit
rendu de son fils.* Il y parut d'abord avec tant

d'éclat, que le célèbre Denis TALON, alors président à mortier, dit *qu'il voudroit finir comme ce jeune homme commençoit*. Il suffisoit à une multitude d'affaires, les traitoit toutes à fond; et souvent il découvroit des lois, des pièces, ou des raisons décisives qui auroient échappé aux défenseurs des parties. Il réunissoit à l'érudition, l'ordre et la clarté des idées, la force du raisonnement et l'éloquence la plus brillante; ce qui auroit fait croire que chacun de ses plaidoyers étoit le fruit d'une longue préparation. Cependant il n'en écrivoit ordinairement que le plan, et réservoit le travail d'une composition exacte pour les grandes causes, ou pour les réquisitoires qu'il fit lorsqu'il fut devenu premier avocat-général, et dont quelques-uns ont été imprimés dans le temps même. Ses harangues étoient regardées comme des chefs-d'œuvre d'éloquence. Il employoit le loisir de la campagne pendant les vacances, à les composer, et à goûter au milieu de sa famille les douceurs de la vie privée, et de la société de quelques amis savans. Il en jouissoit tranquillement, lorsqu'on vint lui apprendre qu'il avoit été nommé à la charge de procureur-général. Louis XIV l'avoit choisi pour la remplir, sur ce que le premier président de Harlay lui avoit dit de son mérite, quoiqu'il n'eût alors que trente-deux ans, et s'étoit fait un plaisir d'apprendre lui-même ce choix à M. d'Aguesseau son père. A cette nouvelle, il ne pensa qu'à l'étendue des

devoirs attachés à cette place, et les remplit
tous avec une égale supériorité. Il montra sa
sagesse et sa vigilance dans le détail de l'administration des hôpitaux, dans ses vues pour le
soulagement des pauvres des provinces, et dans
les calamités publiques, telle que la disette de
1709, qu'il avoit prévue le premier sur des
observations qu'il fit à sa campagne, et dont il
avoit indiqué le remède, en conseillant de faire
venir des blés avant que le mal eût produit une
alarme générale. Le criminel lui étoit plus à
charge, la sévérité étant opposée à son caractère ; et il se félicitoit lorsque son ministère ne
l'obligeoit pas de rien ajouter à celle des premiers juges. Ses observations sur les lois qui
concernent l'instruction criminelle lui servirent
depuis pour les perfectionner, et ses réponses
aux lettres des officiers du ressort du parlement
formoient comme une suite de décisions sur la
jurisprudence et sur leur discipline. Les affaires
du domaine fournissoient un champ vaste et
plus agréable à ses recherches et à son éloquence, qui brilloit encore dans ses Mercuriales.
Dans celle qu'il fit après la mort de M. Lenain,
son ami et son successeur dans la charge d'avocat-général, il plaça un portrait de ce magistrat, qui fit une impression si forte sur lui-
même et sur les auditeurs, qu'il fut obligé de
s'arrêter tout à la fois par sa propre douleur et
par des applaudissemens qui s'élevèrent au
même instant. Il fut l'auteur de plusieurs régle-.

mens autorisés par arrêts , et chargé de la rédaction de plusieurs lois par M. le chancelier de
Pontchartrain , qui lui prédit qu'il le rempla-
ceroit un jour. D'autres ministres , et le roi lui-
même , lui demandoient souvent des mémoires ,
qui étoient tous aussi solides que bien écrits. Il
représentoit avec autant de candeur que de respect ce qu'il pensoit être du devoir indispensable de son ministère ; et on le crut menacé
d'une disgrace à la fin du règne précédent.

Au commencement de la régence , il fut honoré de la plus grande confiance , même sur
les affaires d'état, par M. le duc d'Orléans. Quoiqu'instruit des dispositions de ce prince à son
égard , il venoit de refuser de faire aucune dé-
marche pour son élévation , lorsque M. le chancelier Voisin mourut d'apoplexie la nuit du 2
février 1717. Dès le matin , M. le régent l'envoya chercher ; il étoit sorti. Ce prince envoya
chez lui de nouveau , et lui apprit ensuite que
son empressement étoit pour le nommer chancelier, sans vouloir écouter ses représentations.
Jamais choix ne fut plus applaudi ; et l'on s'é-
tonnoit de le voir , à quarante-huit ans et quelques mois , conduit jusqu'à la première charge
du royaume , sans en avoir jamais demandé ni
désiré aucune. Il y fut bientôt exposé à des orages. Il les vit se former sans chercher à les détourner , éclater sans en être ébranlé , et finir
sans ressentiment , en s'attirant même l'estime
et l'amitié de la plupart de ceux qui y avoient

contribué. Sa première disgrace arriva à la fin
de janvier 1718. M. le régent lui envoya rede-
mander les sceaux, et lui ordonna de se retirer
dans sa terre de Fresnes. En 1720 il reçut ordre
d'en revenir sans l'avoir demandé, et les sceaux
lui furent rendus. Ils lui furent ôtés pour la
seconde fois, et il retourna à Fresnes au mois
de février 1722. Il n'en fut rappelé qu'au mois
d'août 1727, et reprit alors l'exercice d'une
grande partie des fonctions dont il avoit été
chargé auparavant; mais les sceaux ne lui furent remis qu'en 1737.

Maître de son temps pendant ses deux séjours
à Fresnes, il en employa une partie à l'étude
des livres sacrés, sur lesquels il fit des notes savantes, après avoir comparé les textes écrits en
différentes langues; une autre partie à rédiger
les vues qu'il avoit conçues sur la législation;
une autre à exercer lui-même ses enfans sur les
belles-lettres et sur le droit, et à composer pour
eux nn excellent plan d'études. Les mathématiques, la physique, la poésie, l'agriculture, les
plans, qu'il se plaisoit à faire exécuter sous ses
yeux, et dans lesquels même on reconnoissoit
la beauté de son génie, étoient ses amusemens.
Ceux qui excelloient dans les beaux-arts et dans
les sciences, s'empressoient de venir profiter
de son loisir et de ses réflexions. En le suivant
dans ce genre de vie, on auroit cru qu'il n'en
avoit jamais connu d'autre. Il disoit lui-même
quelquefois qn'il s'appliquoit à ces objets par

goût, et aux affaires uniquement par devoir. Cependant on ne s'aperçut pas davantage, lorsqu'il recommença à s'en occuper, qu'il eût cessé d'y penser pendant plusieurs années. Il se livra aussitôt à un travail infatigable, qu'une santé conservée par la sobriété et l'éloignement de tout excès, lui fit soutenir jusque dans l'âge le plus avancé, qui ne diminua rien de la fleur de son esprit. On trouvoit en lui l'interprète des lois le plus éclairé, le magistrat le plus attentif à les faire observer, et le plus sage législateur. Dans les assemblées dont il étoit le chef, il écoutoit les réflexions de chacun sans laisser apercevoir les siennes; ensuite il développoit les vrais principes, en faisant sentir avec ménagement, et comme en passant, ce qui pouvoit n'y être pas assez conforme, et il finissoit par des raisons si fortes et si frappantes, que les uns se réunissoient à l'avis qu'il trouvoit le meilleur, les autres étoient surpris de ne les avoir pas proposées pour le soutenir; et quelquefois tous revenoient à un avis que lui seul avoit ouvert. Il employoit la persuasion et l'exemple pour maintenir l'autorité de la loi; et s'il falloit la faire parler avec force pour rappeler au devoir, ses expressions étoient moins le langage d'un supérieur que celui d'un père. Il se faisoit un plaisir de marquer sa confiance aux magistrats qui se distinguoient dans chaque province, de leur procurer, souvent à leur insu, des bienfaits du roi, que le désir de récompenser le mérite pouvoit seul

l'engager à solliciter. Ses lettres aux premiers·
magistrats étoient également remplies d'instructions et de sentiment : aussi ils l'aimoient
autant qu'ils l'admiroient , et le regardoient
comme leur modèle et leur oracle.

Il n'étoit pas moins aimé et honoré des savans, même étrangers , qui trouvoient en lui
un protecteur et une source de lumières. Dans la
dernière année de sa vie, il fut consulté, et écrivit une lettre remplie de réflexions aussi solides
que savantes , qui furent suivies dans la réformation du calendrier qui se fit en Angleterre.

Ses vues sur la législation répondoient à l'élévation et à la maturité de son esprit : elles ten-
doient à établir une entière uniformité dans
l'exécution de chacune des anciennes lois, sans
en changer le fond , et à y ajouter ce qui pouvoit
manquer à leur perfection. Pour bien exécuter
chaque partie d'un plan si étendu , il se proposa
de travailler successivement à des lois qui se
rapportoient à trois objets principaux : les questions de droit , la forme de l'instruction judi-
ciaire , et l'ordre des tribunaux. Sur chaque matière , il prenoit les avis des principaux magistrats des compagnies , et de plusieurs personnes
du conseil , rédigeoit lui-même les décisions ,
retouchoit plusieurs fois ce qu'il avoit rédigé ,
et consultoit encore des jurisconsultes et des
magistrats distingués , avant que d'y mettre la
dernière main. Ainsi chaque loi étoit l'ouvrage
d'une longue méditation ; et elle étoit reçue

avec d'autant plus de confiance, qu'elle avoit été précédée d'un plus grand examen. S'il restoit encore quelques doutes, des lettres dignes du législateur les faisoient bientôt disparoître. Les ordonnances sur les donations, les testamens et les substitutions, remplirent en grande partie le premier objet : les ordonnances sur la poursuite du faux, sur les évocations et les réglemens de juges, concernent le second, aussi bien que le réglement du conseil de 1738, par lequel il procura aux parties dont les affaires étoient décidées sous ses yeux, une forme de procéder aussi sûre qu'abrégée. La réunion qu'il fit des siéges royaux établis dans les mêmes villes pour diminuer les degrés de jurisdiction, et plusieurs déclarations sur les fonctions de différentes compagnies ou d'autres officiers, se rapportent au troisième objet. Il fit encore travailler à la réformation et à l'autorisation de quelques coutumes. Des travaux si immenses ne faisoient aucun tort au travail ordinaire de sa charge : souvent même il entroit dans la discussion la plus exacte de quelques affaires particulières, par compassion pour des malheureux à qui il fournissoit des secours dont ils ignoroient l'auteur.

Dans le cours de l'année 1750, il se vit obligé, par des infirmités douloureuses, d'interrompre souvent son travail, et résolut de quitter sa place : pensant, comme il l'expliqua lui-même, que la providence l'y ayant appelé, lui avoit imposé l'obligation de la conserver tant qu'il avoit pu s'acquitter de tous ses devoirs ; mais que sa santé ne lui permettant plus d'en remplir qu'une partie, *la même providence lui donnoit un ordre contraire.* Il écrivit donc au roi pour lui demander la permission de donner sa démission. Il la dicta lui-même, et fit, jusque dans cette occasion, des recherches dans des manuscrits de sa bibliothèque. Il en signa l'acte le jour même qu'il finissoit sa 82.e année, après avoir été revêtu de la dignité de chancelier pendant près de trente-quatre ans. Le lendemain il la remit au comte de Saint-Florentin, secrétaire d'état, et ses deux fils allèrent avec ce ministre remettre les sceaux au roi, qui lui conserva les honneurs de cette dignité, avec cent mille livres de pension. Il en jouit peu de temps, et ne fut plus occupé qu'à faire usage, dans ses douleurs, qui augmentoient de plus en plus, des expressions de l'Ecriture, qui lui étoient toujours présentes, n'ayant passé aucun jour depuis son enfance sans la lire. Il mourut le 9 mai 1751. Il avoit épousé en 1694 Anne LEFÈVRE-D'ORMESSON, qui étoit morte à Auteuil le 1.er décembre 1735 ; il voulut être enterré auprès d'elle dans le cimetière de cette paroisse, pour partager, même après sa mort, l'humilité chrétienne d'une femme digne de lui.

DISCOURS

POUR LA PRÉSENTATION DES LETTRES

DE M. LE CHANCELIER

D'AGUESSEAU.

DISCOURS

Prononcé au Parlement par M. TARTARIN,
avocat au Parlement de Paris.

Le 27 Avril 1717.

MESSIEURS,

Chargé de vous parler de l'honneur que le roi
a fait à Messire Henri-François d'Aguesseau,
en l'élevant à la dignité de chancelier de France,
j'ai l'avantage que c'est à vos yeux, que c'est
dans cet auguste tribunal que M. le Chancelier
a exercé pendant tant d'années les charges
d'avocat et de procureur-général.

Par-là tous ses services vous sont connus,
toutes ses qualités vous sont présentes.

L'opinion que vous avez conçue de son mérite, les témoignages que vous en avez si souvent rendus, lui ont servi comme de degrés

pour arriver à ce comble d'honneur : votre estime a déjà formé en sa faveur le plus sûr et le
plus parfait éloge que l'homme vertueux puisse
recevoir.

Avec quelle confiance ne devrois-je pas vous
parler d'une vie toute dévouée à la justice , de
ses talens , de l'esprit et du cœur que vos exemples ont perfectionnés , de ses vertus toujours
utiles , toujours vraies , toujours uniformes ,
toujours appliquées à leur usage naturel , c'est-à-
dire , à conspirer avec vous au bien public !

Sûr de ne rien dire dont vous ne soyez parfaitement instruits , on ne m'accuseroit point
d'avoir , par complaisance ou par prévention ,
mesuré les éloges par la dignité , et égalé la
vertu à la récompense.

Cependant j'éprouve d'un côté la difficulté
qu'il y a de répondre à ce que vous pensez d'un
si grand magistrat , et de l'autre , celle de remplir l'attente de tous ceux sur lesquels un mérite
si accompli a déjà fait de si fortes impressions.

La modestie de M. le Chancelier semble me
prescrire en même temps des lois très-rigou-
reuses.

Il souhaiteroit qu'on rejetât tous les éloges
sur la mémoire d'un aïeul et d'un père qui ont
fait tant d'honneur à la magistrature ; qu'on ne
parlât des différentes fonctions qu'il a exercées
dans ce tribunal, que pour marquer les qualités qui lui auroient été nécessaires pour les
remplir , et qu'on ne fît attention à cette première dignité à laquelle il est parvenu , que
pour en expliquer les devoirs et les dangers.

Comment donc accorder cette austère modestie avec les désirs du public ?

Comment trouver ces tempéramens si difficiles qui , sans blesser cette première vertu de

M. le Chancelier, ne fassent rien perdre aux autres ? C'est à vous, Messieurs, à remplacer par vos sentimens ce qui manquera à ce discours, soit par la foiblesse de mes expressions, soit par la déférence que je dois aux intentions de M. le Chancelier.

Le riche patrimoine de science et de justice que l'aïeul et le père de M. le Chancelier lui ont transmis, doit être regardé comme une juste possession de sa famille.

Messire Antoine d'Aguesseau, premier président de Bordeaux, aïeul de M. le Chancelier, parut dans cette place comme un prodige d'érudition et de science, réunissant dans sa personne toutes les lumières que le ciel partage ordinairement à plusieurs, possédant éminemment et sans réserve toutes ces précieuses qualités que Dieu ne communique que par mesure et par degré aux personnes les plus excellentes, C'est le témoignage qu'en rend un historien fidèle (1) de la province de Guienne, qui a écrit plusieurs années après la mort de ce magistrat.

Mais que de vertus à imiter dans la personne de M. Henri d'Aguesseau, conseiller d'Etat au conseil royal et au conseil de régence, père de M. le Chancelier ?

S'il parvient aux plus grands emplois, son mérite est sa seule protection ; s'il acquiert l'estime d'un grand ministre, c'est en combattant avec courage son sentiment dans une affaire importante dont il étoit rapporteur au conseil. Mais telle fut l'impression que forma

---

(1) Histoire de Saintonge, par Maichin, liv. I.er, chap. IV, n.º 16.

la vertu noble et généreuse sur ce ministre si
appliqué au bonheur de la France, si fameux
par sa capacité dans l'administration des finances, qu'il accorda à M. d'Aguesseau toute sa
confiance, qu'il le consultoit en tout ce qui
regardoit le bien public, et qu'il le proposoit
pour modèle à tous ceux qui désiroient de servir l'Etat.

Si M. d'Aguesseau est successivement employé dans les intendances du Limousin, de
Guienne et de Languedoc, il devient l'amour
et les délices des peuples par son équité, par
les sages et heureux ménagemens qu'il mit en
œuvre pour concilier les intérêts du roi avec
ceux des peuples, et pour rendre le poids des
impôts plus léger et moins onéreux. Ses vertus
sont encore si fortement gravées dans leur cœur,
et sa mémoire leur a été si précieuse après un
si grand nombre d'années, qu'au premier bruit
de sa mort (ce qui n'est peut-être jamais ar-
rivé), les habitans de ces trois provinces lui
ont décerné des honneurs funèbres, et ont fait
des prières publiques pour lui.

La province de Languedoc, qui éprouva si
long-temps les effets de sa prudence, se souvient encore des éloges qu'elle donna dans
l'assemblée des Etats à ses graves et solides
discours, dignes des plus beaux jours de l'éloquence. Elle reconnoît qu'elle doit à la persévérance de ses soins et de son application, et
à cette haute intelligence qui s'étendoit à tout,
la perfection du canal des deux mers, ouvrage
qui, par sa grandeur, par son utilité, et par
les obstacles de la nature qu'il a fallu vaincre,
surpasse les plus illustres monumens de l'antiquité. Mais elle n'oubliera point le désintéressement avec lequel il refusa les augmenta-

tions de pensions et les présens que la juste
reconnoissance des trois Etats de cette province lui offrit.

Elle parlera toujours avec admiration de la
grandeur d'ame qu'il fit paroître dans les trou-
bles des Cevennes, survenus en 1693, lorsque, sans autre escorte que sa vertu, et sans
autre sûreté que l'amour des peuples, de ceux
même qu'un faux zèle avoit aveuglés, il alla se
placer dans le centre de la rebellion pour la
calmer, et qu'il traversa plusieurs fois un pays
où régnoient la fureur et le fanatisme. Sa sagesse fit rentrer tant de gens armés dans le
devoir ; ses sollicitations d'abord rejetées,
mais à la fin écoutées, obtinrent de la clémence
du roi le pardon et la grâce de tant de coupables.

Cette simplicité si rare, cette modestie si
sincère, qui le cachoit à lui-même, et qui lui
servoit comme de voile pour dérober aux autres
la connoissance de tant de talens et de tant de
vertus, contribuoit à lui concilier tous les cœurs
et toutes les affections.

Elle lui servit, lorsqu'il fut placé dans le
conseil, à calmer l'inquiétude de ceux qui redoutoient la supériorité de son génie, et leur
persuada qu'ils avoient tort de s'alarmer de la
réputation d'un homme qui étoit si véritablement sans désirs et sans ambition.

Il ne cesse pas néanmoins d'être utile. For-
me-t-on des projets de réformation sur la manière de lever les droits du roi, M. d'Aguesseau
est de nouveau renvoyé dans les provinces ; il
visite la plus grande partie du royaume en deux
années de temps ; il approfondit tous les abus,
il indique tous les remèdes ; et si le malheur
des guerres qui se sont succédées, fit perdre

à la France le fruit de ses travaux, il ne perdit
rien du mérite de son zèle, et de son amour
pour le soulagement des peuples.

Je n'entreprends pas, Messieurs, de parcourir toutes les actions de ce grand homme.
Quelle matière d'éloge dans le soin qu'il prit
pour prévenir la perte entière du commerce,
qui paroissoit inévitable pendant les deux dernières guerres, dans le refus des plus hautes
places, plus grand que les honneurs mêmes,
et dans toutes les circonstances d'une vie si
utile à l'Etat, et si édifiante pour la religion !

Je ne vous parlerois, Messieurs, que du
père, si je suivois les mouvemens du fils. C'est
le seul endroit par lequel M. le Chancelier souffre
qu'on le loue. Avec quelle sensibilité ne reconnoît-il pas qu'il doit tout au bonheur d'avoir
eu un tel père, d'avoir trouvé (pour me servir
de l'expression d'un ancien), dans un si parfait modèle, l'objet de son respect et de sa
tendresse, et de n'avoir rien eu qu'à imiter
dans celui auquel la nature a voulu qu'il res-
semblât !

Mais il est temps de vous parler des différentes fonctions que M. le Chancelier a exercées dans ce tribunal.

A peine resta-t-il quelques mois dans la
charge d'avocat du roi au Châtelet, qu'il fut
choisi, à l'âge de vingt-deux ans, pour être
avocat-général en la cour.

Que de qualités nécessaires à celui qui remplit une fonction si importante !

Une éloquence égale aux plus grands sujets,
proportionnée aux plus simples ; une érudition
assez vaste pour fournir à toutes les matières
qui se présentent, assez sage et assez retenue
pour ne se produire qu'autant que la nécessité
                                        l'exige ;

l'exige ; de la netteté pour démêler les affaires les plus épineuses , de vives lumières pour tirer la vérité des abymes et des obscurités qui l'enveloppent ; une profondeur de raisonnement qui , par une douce et utile violence , ébranle et entraîne tous les suffrages ; être brillant sans cesser d'être solide , ne charmer que pour inspirer la justice , chercher à éclairer et non à éblouir , faire servir la richesse des expressions et la variété des pensées à augmenter la force des preuves et des raisons.

Le désir de parvenir à la plus haute perfection du magistrat , le portera à étudier votre esprit et votre sagesse , à avoir recours à ces trésors toujours ouverts , à cette source inépuisable de lumières et de prudence , pour se remplir de ces grandes règles , de ces principes invariables qui élèvent l'esprit et qui fortifient le cœur du juge. Par-là il arrivera promptement à ce point de maturité qu'on n'acquiert souvent que par une expérience tardive.

Chargé des plus grands intérêts de la justice , il ne pourra être supérieur au poids , à la multitude et à la diversité des affaires , s'il n'a reçu de la naissance une mémoire excellente qui saisisse avec promptitude et qui ne perde jamais les connoissances qu'elle a saisies , une pénétration d'esprit capable de tout approfondir , un jugement exquis et solide qui le conduise sûrement à la décision ; s'il ne met à profit ces dons de la nature , par une application qui ne soit jamais divertie , par un oubli de tous les plaisirs , hors celui de servir le public. Pour relever un ministère si saint et si utile , il doit encore perfectionner ces présens du ciel par une piété sans ostentation , fidèle à tous les devoirs de la religion ; par une noblesse de sen-

timens incapable de se démentir, et par un
zèle de la justice qui soit le principe et la force
de toutes ses actions. Enfin, il faut qu'aux qualités de l'esprit qui font naître l'admiration, il
ajoute toutes les vertus du cœur, seules capables de mériter toute la confiance.

Je ne fais point d'application : vos sentimens
la feront sans que j'y contribue. Cette réputation universelle, acquise par tant d'actions célèbres, l'avoit déjà prévenu ; mais le barreau
qui se sentit animé d'une nouvelle ardeur, qui
fut excité à faire de nouveaux efforts pour se
rendre digne des bontés de la Cour, publiera
toujours combien il fut redevable à de si grands
exemples. Cet illustre barreau que M. le Chancelier a chéri avec tant de tendresse (il nous
permet encore cette expression), qu'il a protégé si utilement et en tant de manières, auquel
il a si souvent tracé l'image de la plus parfaite
éloquence et de la plus exacte probité, si nécessaire à l'orateur, ne perdra jamais ni la
mémoire de ses vertus, ni la reconnoissance
de ses bontés.

Heureux ceux qui ont pu contempler de plus
près toute la force et l'étendue de ce grand
génie, pénétrer dans ce cabinet où tout inspiroit la science et la vertu, où l'innocence des
mœurs, la pureté des sentimens, la candeur,
l'ingénuité, l'humanité, la douceur de la société se joignent à une capacité qui non seulement embrassoit toutes les parties de la jurisprudence, mais qui s'étendoit encore à toutes
les sciences qui pouvoient, ou être utiles, ou
enrichir l'esprit !

On avoit craint jusque-là de se livrer à des
connoissances qui ne paroissoient étrangères
que parce qu'on les regardoit comme trop abs-

traites dans leur objet, comme infinies dans leur étendue ; et M. le Chancelier les avoit épuisées sans s'être jamais écarté des fonctions de la justice, sans avoir rien ignoré de ce qui étoit essentiel à ses devoirs. Ce qui auroit rempli la vie de plusieurs hommes, n'avoit été que l'occupation de son corps et le délassement de son esprit.

Aussi consommé dans toutes ces connoissances que s'il n'en avoit cultivé qu'une seule, les plus éclairés, ceux qui excelloient, étoient surpris de voir que ses vues avoient été plus loin que l'application la plus constante. Esprit véritablement sublime, esprit né pour être l'ornement de son siècle, il fournissoit à ceux qui avoient vieilli dans l'étude de ces différentes sciences, de nouvelles réflexions, des routes jusqu'alors inconnues, pour les porter jusqu'à leur dernière perfection.

Quelles espérances ne conçut-on pas sur le progrès d'un mérite si rare et si universel ? Quelles dignités parurent être au-dessus de sa capacité ? Quels vœux ne forma-t-on point pour son élévation ? Et qui ne crut que former des vœux en sa faveur, c'étoit en former pour l'honneur de la justice et pour le bien de l'Etat ?

Il passe dans la place de procureur-général, dans un temps où les travaux pénibles de la charge d'avocat-général causoient de justes alarmes pour sa santé.

Le public en fut redevable à un grand magistrat (1) dont la mémoire sera toujours révérée dans ce tribunal. Ce magistrat, exact obser-

---

(1) M. le premier président de Harlay.

vateur d'un mérite auquel ceux qui s'offensent
de la vertu même ne pouvoient refuser leur
estime, inspiré, forcé par le seul intérêt du
bien public, avoit fait connoître au roi combien
il lui étoit important de se conserver dans une
autre fonction, un si excellent défenseur de
ses droits, un protecteur si zélé des intérêts de
l'Eglise et du public.

M. d'Aguesseau fut alors persuadé qu'il devoit
se remplir de tout votre esprit, s'animer de
tout votre zèle, se revêtir, pour ainsi dire,
de toute votre justice, se regarder comme
comptable envers vous de la police de toutes
les jurisdictions qui vous sont soumises, res-
ponsable de l'ordre de toutes les magistratures,
chargé de l'exécution de toutes les lois, tenu
de vous déférer tous les abus, et de prévenir
tous les désordres.

Il crut que non seulement le Palais, non
seulement cette grande ville, mais les provinces les plus éloignées de votre ressort, devoient ressentir les effets de ses soins et de son
application ; que par une continuelle corres-
pondance avec tous les magistrats inférieurs,
il étoit obligé de porter par-tout l'impression
et le respect ds votre autorité, former entre ce
premier tribunal et les tribunaux subalternes,
cet accord parfait si nécessaire pour maintenir
l'ordre, et pour faire régner une discipline
uniforme ; se prêter sans réserve à tous les
besoins de la justice ; être instruit de tout ;
remédier à tout, à l'impunité des crimes, à
l'oppression des foibles, à l'indolence des officiers, à leurs divisions, si fatales au public,
à l'abus de leur autorité, à l'excès même de
leur zèle.

Censeur nécessaire de tous les vices par sa

dignité, il se proposa de faire respecter la censure sans la rendre odieuse ; et sans rien relâcher de l'autorité des lois ni de la rigueur de son ministère, de n'affecter ni un zèle farouche, ni une austérité inflexible, dont le seul fruit est d'irriter, et non de corriger, d'imprimer la crainte sans inspirer la vertu ; d'imiter enfin la perfection qu'un grand philosophe désiroit dans la loi même, de gagner souvent les hommes, de persuader beaucoup, sans employer par-tout les menaces et la terreur des peines.

C'est à vous, Messieurs, à décider si M. le Chancelier a rempli ce caractère qu'il s'étoit proposé : son attention à toutes les fonctions de son ministère vous est connue.

Vous savez encore si son exemple, plus efficace que la loi même, si cette vie toujours irréprochable, ne fut pas une censure utile et continuelle, qui ramenoit les hommes à la règle, et qui les faisoit rentrer dans l'ordre, autant par le désir de l'imiter, que par la honte qu'il y avoit de persévérer dans le désordre.

Dans ces jours consacrés à la censure publique, il forma l'idée du magistrat accompli, du juge exempt de toutes les foiblesses, élevé au-dessus de toutes les craintes, de toutes les affections, perfectionnant la justice par la religion, et réduisant toutes ses vues et tous ses désirs à l'accomplissement de ses devoirs. Il avoit trouvé dans ce tribunal un grand nombre d'excellens et de parfaits modèles de ce magistrat accompli. Mais ne l'avoit-il pas lui-même exprimé par ses mœurs et par sa conduite ? et par-là n'étoit-on pas encore engagé à s'affermir contre le relâchement, et à se fortifier dans la vertu ?

Mais sa modestie ne peut être blessée, si je dis que, de toutes les fonctions attachées à sa dignité, celle qui l'intéressa le plus, celle qui lui fut la plus chère, fut d'être par devoir et par état le protecteur des pauvres et des malheureux. Je n'ai garde de divulguer ici les secrets de sa charité, je ne parle que du magistrat public.

Il eut toute la tendresse et toute la prévoyance d'un père de famille, pour régler et pour soutenir ces hôpitaux, asiles de tant de misères, que la piété a édifiés, et que le malheur des temps a si souvent menacés d'une ruine prochaine.

Ceux qui gémissoient dans d'obscures prisons, soit par la malignité de leurs ennemis, soit par l'injustice de leur fortune, trouvoient un accès toujours libre pour faire parvenir jusqu'à lui le récit de leur infortune et de leurs disgrâces; ou plutôt son attention les prévint et pénétra jusque dans ces affreuses demeures, quelqu'éloignées qu'elles fussent, pour leur procurer par ses secours et par son autorité, ou la fin ou le soulagement de leurs maux.

Survient-il une disgrâce universelle dans le royaume, la rigueur de l'hiver a-t-elle anéanti sans ressource l'espérance de la moisson, également sensible aux misères publiques et particulières, sa prudence n'en est point déconcertée : il court aux remèdes et aux précautions. Le plus grand, le plus vif de tous les intérêts n'a jamais excité des sollicitations plus empressées auprès du souverain et des ministres, que celles que M. le Chancelier employa pour obtenir et pour faire avancer ces secours étrangers, seuls capables de remédier absolument au mal, mais que les obstacles d'une longue guerre rendoient trop tardifs.

Dans l'attente de ces remèdes éloignés et incertains il fit renouveler ces anciennes lois qui furent l'ouvrage d'un grand chancelier, pour faire circuler toutes les réserves que l'avarice avoit formées, que l'inhumanité déroboit aux besoins publics.

Vous lui accordâtes ces règlemens si salutaires, qui, par une subsistance nécessaire, conservoient la vie à tant de personnes destinées à perir par la faim et par la nécessité; en un mot, il réveilla l'activité de tous les magistrats, son esprit anima tout, son zèle se répandit dans toutes les provinces; et s'il ne put vaincre le mal, du moins eut-il la consolation d'en diminuer l'excès et d'en abréger la durée.

Combien d'autres différens genres de mérite! Vos réflexions vous représentent tout ce que ce grand magistrat a fait de concert avec vous, dans le cours d'un ministère si important, pour l'intérêt de l'Eglise, pour le bien de l'Etat, pour la dignité de cette auguste compagnie. Que je souhaiterois pouvoir parler de cette fermeté d'ame prête à sacrifier, non des espérances qu'il ne forma jamais, mais sa dignité même, plutôt que de prêter son ministère au sacrifice de nos saintes libertés, de ces lois si anciennes, que nos pères ont toujours regardées comme le fondement de la religion et de l'Etat! Que ne m'est-il permis d'exposer à vos yeux d'autres exemples de magnanimité qui prouveroient jusqu'à quel point son cœur étoit inaccessible à l'ambition! Quelles impressions ne feroient pas de si grands exemples sur tous les esprits!

Mon silence qui est ici nécessaire, ne fera rien perdre à la vérité ; et des vertus si rares, d'un si grand prix, ne seront point ensevelies dans l'oubli.

C'est ainsi, Messieurs, que M. d'Aguesseau accomplissoit la justice, lorsqu'une mort imprévue enleva à la France un chancelier qui, par une capacité éprouvée dans de grands emplois, par une égale intelligence du droit public et particulier, avoit mérité d'être le choix d'un grand roi, et d'avoir part à sa plus étroite confiance.

Cette perte fut presque aussitôt réparée qu'annoncée. On apprit la mort de M. Voisin, et l'on sut eu même temps que, par un choix qui avoit prévenu tous les désirs et toutes les espérances, il avoit pour successeur un de ceux pour lesquels on n'auroit pu se dispenser de former des vœux. Le public, plus sensible en cette rencontre à la fortune de l'Etat qu'à l'élévation de M. d'Aguesseau, fut moins touché de voir le mérite parfait récompensé par la plus haute dignité, que de voir la plus haute dignité accordée à celui qui étoit si capable de la remplir.

Dans cet applaudissement de tous les ordres du royaume, des personnes de tous les âges et de toutes les conditions, dans ce concert de joie que la seule estime avoit formé, on se félicitoit soi-même avant que de féliciter M. le Chancelier ; on félicitoit par un retour de reconnoissance la sagesse du prince qui gouverne cet empire, et qui supplée par ses lumières à la foiblesse de l'âge du souverain. Rien de plus vif, rien de plus animé, que les sentimens qu'on avoit pour celui qui venoit de récompenser tant de vertus, et de faire un présent

si précieux à l'Etat. L'auteur du bienfait paroissoit, pour ainsi dire, avoir acquis plus de
gloire que celui qui l'avoit reçu. Tout ce que
ce grand prince a fait jusqu'à présent d'utile,
de nécessaire, de sage, de glorieux, pour réparer les malheurs de la guerre, pour assurer
la durée de la paix, pour l'établissement de ces
sages conseils, pour le soulagement des peuples, pour diminuer les charges de l'Etat, pour
remédier au désordre des finances, pour faire
rentrer dans le trésor public ces richesses
amassées par l'injustice et l'oppression, paroissoit comme cimenté et comme affermi par le
choix de M. d'Aguesseau.

Mais que les sentimens du public étoient peu
d'accord avec ceux de ce grand magistrat ! Le
public se livre à la joie et à la reconnoissance ;
le seul Chancelier refuse, combat : contraint
d'accepter, on le voit frémir et trembler à la
vue de cette grande dignité.

Cette frayeur, Messieurs, est un gage du
bonheur public, et une caution bien sûre de
la réalité et de la solidité des vertus qui l'ont
élevé à cette première magistrature. Le charme
des honneurs ne le surprend point ; il n'est
point ébloui par l'éclat de cette nouvelle dignité ; il n'est frappé, il n'est saisi que des obligations et des dangers qui y sont attachés. Le
pronostic est sûr : tout autre objet que celui
de son devoir et du bien de l'Etat, sera incapable d'attirer ses regards, de remuer son
cœur et de fixer ses désirs.

En effet, Messieurs, qui a pu s'apercevoir
qu'il soit survenu aucun changement dans la
personne de M. le Chancelier ? Egalité de
mœurs, égalité de sentimens : ne semble-t-il
pas que sa dignité ne l'ait élevé que pour mieux

3 *

mettre au jour sa modération , sa douceur , son
affabilité ? Ces vertus qui furent celles de ses
pères , qu'il a toujours si précieusement conservées , se répandent sur toute sa famille ; sur
cette épouse si constante dans sa piété , si égale
dans sa modestie , le modèle de celles de son
sexe , et qu'on peut regarder comme la récompense de l'homme de bien ; sur ces enfans dans
lesquels on voit renaître les vertus de leur
père , qui ne sont animés que des sentimens
qu'une heureuse naissance leur a inspirés , et
sur lesquels le public fonde déjà de si sûres
espérances.

Dans la défiance où M. le Chancelier se trouve
de pouvoir satisfaire à tant de devoirs , de pouvoir remplir tout ce qu'il doit au roi , tout ce
qu'il doit à la justice , tout ce qu'il doit à l'Etat ,
si quelque chose le rassure , Messieurs , c'est
l'espérance qu'il a de trouver en vous les mêmes
secours de lumières , de sagesse , d'affection ,
qu'il a toujours éprouvés. Il se flatte que vous
ne cesserez point de le regarder comme votre
ouvrage , comme redevable à vos exemples et
à vos suffrages de son élévation.

Pénétré de reconnoissance , il se fera dans
tous les temps un devoir essentiel de concou-
rir aux sentimens de justice qui animent tous
ceux qui composent cet auguste sénat. Mais
rien ne pourra rompre les nœuds d'amitié et
de justice qui le lient si étroitement avec cet
illustre chef, plus grand par ses vertus que
par sa dignité ; qui illustre un nom déjà si respectable par la gloire de ses actions , et par le
sublime de ses sentimens ; et qui, pour tout
dire en un mot , représente et réunit si parfaitement dans sa personne toutes les qualités de
ses ancêtres.

Avec ces secours, que n'a-t-on point droit de se promettre de M. le Chancelier ?

Qui sera plus capable d'annoncer aux peuples les volontés du souverain, que celui qui rassemble si parfaitement toutes les grâces et la majesté du discours ?

Qui est plus propre pour porter au pied du trône les vœux et les supplications des peuples, que celui qui est si instruit de leurs besoins, et qui a été toujours si sensible à leurs peines ?

Quel plus équitable dispensateur des grâces, que celui que toutes ses affections portent à la clémence, et qui connoît tous les intérêts de la justice du prince ?

Législateur qui possède l'esprit de toutes les lois, qui est lui-même, comme la loi, sans intérêt et sans passion, l'utilité de celles qu'il inspirera leur attribuera un çaractère d'immortalité.

Premier dépositaire de la justice souveraine du prince, il la fera régner dans toutes les parties de l'Etat. Elle tiendra, suivant l'Ecriture (1), sa séance dans les grands lieux, elle éclairera jusqu'aux solitudes et aux lieux les plus écartés ; il en gravera les sentimens dans le cœur de ce jeune souverain, qui est lui-même l'amour de ses peuples et le plus tendre objet de leurs vœux ; il lui imprimera, il lui persuadera que cette justioe est la première vertu des rois, aussi-bien que le plus noble caractère de la royauté.

Digne chef de toute la magistrature, il connoît les droits, les bornes et la dignité de tous

_____

(1) Isaï. XXXII, 16.

les tribunaux ; il conservera le respect et l'autorité qui sont dus à leurs décisions.

Ministre également convenable au roi et à l'Etat, il est rempli de cette sagesse qui, suivant les expressions du plus sage des rois (1), *vaut mieux que la force*, qui est le fruit et l'application du travail, qui réunit l'expérience des siècles passés avec la science du temps présent, qui observe les momens, qui saisit les occasions, qui profite des conjonctures sans les prévenir ui les laisser échapper, qui est comme une sentinelle placée sur un lieu éminent, pour connoître tout, pour veiller à tout.

Ce ne sont plus, Messieurs, des désirs, ce ne sont que des espérances que nous formons : ce sont des vœux accomplis, ce sont des fruits que nous commençons à cueillir, et qui se multiplieront tous les jours. Il ne me reste plus, en finissant un discours où le cœur a eu plus de part que l'esprit, et en réunissant vos sentimens avec ceux du public, qu'à souhaiter, pour l'intérêt du souverain et des peuples, que la justice puisse jouir long-temps d'un chef si accompli, le roi d'un ministre si éclairé, et la France d'un si grand chancelier.

Je requiers qu'il soit mis sur le repli des lettres, qu'elles ont été lues, publiées et enregistrées, pour être exécutées suivant leur forme et teneur.

---

(1) Ecclesiast. chap. IX, 16.

DISCOURS

Prononcé à la Cour des Aides, par M. Terrasson, avocat au Parlement de Paris.

Le 2 Juin 1717.

Messieurs,

La justice ne croit pas interrompre ses fonctions quand elle honore aujourd'hui son premier ministre. Engagée par les grands desseins qu'elle avoit sur lui, à le mettre dans ses voies, elle s'est hâtée de lui prodiguer ses lumières et ses trésors, et se faisant honneur du choix qui l'a élevé au plus haut degré de la magistrature, elle applaudit à cette élévation, comme à l'ouvrage de ses propres mains, et au triomphe de la loi même.

Ce que l'usage a établi pour la dignité, vous le ferez encore plus, Messieurs, par discernement et par goût pour la personne. Il ne manque à la grandeur de vos vues qu'un orateur qui les seconde, et qui puisse remplir au gré de l'esprit, comme au gré du cœur, l'emploi honorable, mais difficile, de parler de M. le Chancelier, et d'en parler devant vous. Dans cette situation, animé par les richesses de la matière, embarrassé par son étendue, je ne sais s'il ne faudroit point laisser à vos sentimens le soin d'un éloge que la parole ne peut qu'affoiblir.

Une réflexion soulage ici mon embarras :
c'est que du moins il m'est commun avec ceux
qui ont eu ailleurs la même fonction à remplir.
La supériorité de leurs lumières n'a servi peut-
être qu'à leur faire apercevoir de plus près le
danger de l'entreprise ; et quelque avantage
qu'ils aient sur moi par leurs talens, ils me
permettront de reconnoître entre nous une égalité d'impuissance à atteindre toute la hauteur
du sujet.

Tel est le sort bizarre de l'éloquence : accou-
tumée à jeter des voiles sur de véritables défauts,
ou des fleurs sur des vertus souvent équivoques, elle demeure comme interdite à la vue
de ces mérites parfaits qui n'attendent rien de
son art, et qui sont à eux-mêmes, pour ainsi
dire, leurs propres panégyristes.

Quel éloge, après tout, pourroit faire autant
d'honneur à M. le Chancelier, que le seul éclat
de sa réputation et de son nom ? Quelle louange
plus agréable et moins suspecte à ses yeux
que celle qui s'élève du fond des cœurs, et
qui, sans préparation, sans intérêt, sort librement de la bouche de la renommée ! Ne nous
flattons point : les couleurs les plus recherchées, les traits les plus vifs font moins pour
sa gloire, que ces acclamations subites dont
toute la France a retenti au premier bruit de
son élévation ; et il me semble que pour être
quitte de mon ministère, il me suffiroit de vous
rappeler à ce jour heureux et encore proche,
où une joie sincère et générale, un murmure
confus d'applaudissemens dans tous les états,
fit d'abord regarder comme la félicité du nouveau règne, le choix que l'auguste régent venoit de faire.

Cependant, puisqu'on attend quelque chose

de plus en cette occasion, j'essaierai de répondre aux intentions de cette illustre assemblée, trop équitable pour exiger que je sur-
monte les obstacles glorieux qui se trouvent
dans le sujet même, et assez indulgente pour
excuser les défauts que je ne devrai qu'à ma
foiblesse.

Si les ancêtres de M. le Chancelier pouvoient
trouver place dans un discours dont les bornes
sont déjà trop étroites pour lui seul, un aïeul,
premier président du parlement de Bordeaux ;
un père, conseiller d'état ordinaire et admis
au conseil royal, offriroient d'abord à vos yeux
les premières distinctions de la robe. Mais, ni
dans l'aïeul, ni dans le père, il ne faut louer
que ce que M. le Chancelier lui-même y a trouvé
de plus louable, les lumières et les vertus.
L'un, à la tête d'un grand parlement, en a fait
l'honneur et les délices, et a mérité dans l'histoire publique de la province de Saintonge, un
éloge (1) qui passera à la postérité pour servir
de monument à sa gloire et à celle de ses descendans. L'autre n'a pas encore besoin que l'histoire nous instruise de ce qu'il a fait : témoins
d'une partie de ses actions, nous pourrions en
être nous-mêmes les historiens. Les différentes
provinces qu'il a régies comme intendant,
n'oublieront jamais qu'ayant accepté ce titre
avec peine, il en a rempli les devoirs avec
fidélité ; que placé, pour ainsi dire, entre le
prince dont il recevoit les ordres, et les peuples dont il écoutoit les plaintes, il a su, dans
cette situation délicate, concilier les besoins

(1) Histoire de Saintonge, par Armand Maichin
tom. 1.er, chap. IV, n.° 16.

de l'Etat avec ceux des particuliers , et maintenir par la douceur de son caractère , plus que par l'autorité de sa place , les droits de la puissance royale.

Ces provinces se souviendront , qu'obligé par la rigueur des édits à poursuivre l'hérésie rebelle et fugitive , il se rendoit le médiateur des coupables , dès qu'il apercevoit en eux des dispositions à ne l'être plus ; que souvent, par l'insinuation de ses discours , il devenoit l'apôtre de ceux dont il sembloit n'être que le juge , et que , quoique la religion consacrât en apparence l'usage des armes contre ces aveugles victimes de l'erreur , il aimoit mieux prendre sur l'autel le flambeau pour les conduire , que le glaive pour les immoler.

Appelé depuis à tous les conseils du roi , il y a soutenu la réputation qu'il s'étoit acquise dans les intendances , et ne s'en est jamais prévalu. Sa capacité affermie par l'expérience, étoit aussi soigneuse de se cacher , que l'ignorance présomptueuse est empressée à se produire. Dans le conseil ordinaire , il proposoit ses avis sans ostentation , écoutoit ceux des autres sans jalousie , n'ayant que la loi pour guide et la justice pour objet , aussi content d'apercevoir la vérité par les lumières d'autrui que par les siennes , ne cherchant qu'à la découvrir , sans se faire honneur de la découverte.

Dans le conseil royal des finances , il séparoit les véritables intentions du prince d'avec les entreprises des traitans , la loi de la nécessité d'avec les prétextes de l'avarice , les moyens de soutenir le royaume d'avec ceux qui alloient accabler les sujets.

Dans le conseil de commerce , son exacti-

tude rassembloit les différentes vues qui lui
étoient proposées ; et sa prudence choisissoit
toujours les plus sûres. C'est par sa prévoyance
et par ses soins, qu'au milieu de deux guerres
cruelles qui se sont suivies de près, la France
a trouvé dans l'abondance et les richesses de
ses marchandises, de quoi se passer des cor-
respondances étrangères.

Un projet de réformation générale le fit choisir dans le conseil pour parcourir diverses provinces du royaume ; et par des mémoires exacts,
ouvrage de sa pénétration et de son zèle, il
indiqua les changemens que le bien de l'Etat
sembloit demander. Par-tout où sa fonction le
conduisit, il gagna le cœur des peuples. S'il
avoit auprès d'eux, par le choix du roi, la qualité de commissaire chargé de ses ordres, il
tenoit de leur affection le titre plus doux de
protecteur et de père. Et pour l'honneur de la
vertu, il ne faut pas omettre ici une circonstance rare, et peut-être unique ; c'est que les
mêmes provinces qui l'ont possédé autrefois
comme intendant, et à qui des fonctions plus
glorieuses l'avoient enlevé depuis un grand
nombre d'années, l'ont toujours eu si présent
à leur souvenir, que de leur propre mouvement, sur le premier avis qu'elles ont eu de
sa mort, elles lui ont rendu, par des devoirs
funèbres, et par des prières publiques, le tribut religieux de leur amour et de leur reconnoissance.

Ce qui relevoit sur-tout en lui des qualités
personnelles, c'étoit la modestie dont il prenoit
soin de les couvrir. Plus ses services lui atti-
roient l'estime du prince, l'amour des peuples,
l'accroissement des honneurs, plus il évitoit
le faste qui en est comme inséparable. Ses ver-

tus seules faisoient sa parure, sa suite, sa
cour, et tous les ornemens de son rang ; elles
lui donnoient un air de diguité que souvent les
dignités ne donnent pas sans la vertu, et que
la vertu donne quelquefois indépendamment
des dignités. En un mot, il retraçoit à nos
yeux l'aimable innocence de ces premiers temps,
où le mérite simple et modeste se suffisoit à
lui-même, et tiroit de sa simplicité tout son
éclat.

Mais rien ne fait plus d'honneur à sa mémoire, que d'avoir laissé autant d'imitateurs de
ses vertus, que d'héritiers de son nom ; d'avoir
formé, par ses exemples, encore plus que par
ses instructions, une famille où la sagesse et
la piété ont fixé, ce semble, leur demeure, et
d'avoir donné à l'Eglise un parfait ministre (1),
content d'édifier une paroisse, lorsqu'il pourroit gouverner un diocèse ; au parlement, un
grand magistrat (2), moins empressé des dignités que du mérite qui en fait la gloire : et
à l'Etat entier, l'illustre chancelier qui attire
aujourd'hui nos hommages, et qui a été le modèle de la magistrature avant que d'en devenir
le chef.

En louant les plus grands hommes, on évite
bien souvent de porter la vue sur leurs premières années, de peur d'y trouver des passions à couvrir et des foiblesses à excuser. Rien
de semblable n'est à craindre en parcourant la
jeunesse de M. d'Aguesseau ; jamais il n'a fait
un seul pas hors des voies étroites de la sagesse ; ce qu'il a eu du printemps de l'âge,

---

(1) M. l'abbé d'Aguesseau.
(2) M. d'Aguesseau de Valjouan.

c'est le feu de l'imagination, la vivacité de l'esprit, les prodiges de la mémoire. On a remarqué qu'il étoit jeune, pour faire plus d'honneur à ses vertus, et jamais pour justifier aucun défaut.

Sorti à peine des écoles de jurisprudence, où il avoit plus d'une fois étonné les maîtres, il devint l'homme du roi dans la jurisdiction ordinaire (1) ; et comme le mérite abrège le temps des épreuves, il passa six mois après au parlement, où il soutint avec autant de zèle que de prudence, avec autant d'éloquence que d'érudition, les fonctions pénibles d'avocat-général.

Pour en remplir toute l'étendue, il ne compta ni sur les facilités qu'il trouvoit dans son génie, ni sur les secours qu'il attendoit de l'expérience ; il commença par une étude réglée des lois romaines. Ces sages lois qui, dès leur naissance, sans autre force que celle qu'elles tiroient d'elles-mêmes, se sont répandues chez tant de nations différentes, furent le premier et peut-être le plus cher objet de son application. Il y puisa ces principes lumineux, ces grandes maximes qui renferment presque toutes les décisions, ou qui y conduisent ; qui préparent à l'étude des autres lois, et en facilitent l'usage ; qui commandent, du moins par la raison, dans les pays mêmes où elles ne règnent pas par l'autorité.

A l'étude profonde des lois civiles, il joignit bientôt celle des ordonnances et des coutumes ; et jamais peut-être en si peu de temps on n'a vu tant de connoissances réunies par

(1) Le Châtelet.

les secours mutuels de l'esprit et de la mémoire. L'esprit vif et infatigable recueilloit avidement les fruits d'une lecture assidue, pour en charger la mémoire ; et la mémoire fidèle rendoit aux premiers besoins de l'esprit tout ce qu'elle avoit reçu en dépôt. Cette précieuse dépositaire des trésors de la science a été mise à des épreuves fréquentes qui n'ont jamais démenti sa fidélité. Elle a soutenu des discours rapides de plusieurs heures, sans se méprendre un instant, je ne dis pas sur une citation ni sur un fait, mais sur un nom ou sur une date ; et en jouissant de toute la gloire qui lui étoit propre, elle n'a fait que relever celle du jugement, qui souvent lui est opposé. Quel ordre, quelle clarté ne répandoit pas M. d'Aguesseau dans les questions les plus embarrassées et les plus obscures ! Une matière déjà épuisée en d'autres mains se renouveloit dans les siennes : c'étoit la même cause par les circonstances et par les faits ; ce n'étoit plus la même par la manière ni par les tours. Son imagination ornée changeoit en fleurs les épines de la jurisprudence ; tout ce qu'il manioit étoit embelli, et ne l'étoit cependant que jusqu'à un certain point : également éloigné d'une affectation puérile qui énerve le langage des lois, et d'une simplicité rampante qui en avilit la majesté.

Dans ses plaidoyers solides et éloquens, la bonne cause ne perdoit pas un seul avantage ; la mauvaise ne cachoit pas un seul endroit foible. La vérité et l'erreur se montroient sous toutes les faces, et avec toutes les couleurs dont elles étoient susceptibles. Il avoit le rare secret de convaincre à la fois les juges et les parties ; d'entraîner les suffrages des uns par la force de ses raisons, et de triompher par la

même voie de l'opiniâtreté des autres. Le plus
aveugle plaideur ouvroit les yeux à la lumière
qui lui montroit son égarement ; et tel, sur
les préjugés de sa passion, s'étoit flatté de la
victoire, qui, combattu par de nouvelles armes,
ne doutoit plus de sa défaite, et n'avoit d'autre
regret que de s'être engagé témérairement dans
le combat.

Heureux barreau qui fûtes témoin de tant de
merveilles, vous auriez voulu en jouir toujours pour votre instruction ; mais ce qui vous
faisoit souhaiter cet avantage ne vous permettoit pas de l'espérer. Les mêmes vertus que
vous admiriez dans ce magistrat vous l'enlevèrent ; et tel est l'utile progrès de la destinée
des grands hommes, que jusqu'à ce qu'ils soient
parvenus au comble des dignités, tout le mérite qu'ils font paroître dans des places moins
éminentes, est une raison pour les élever davantage. La justice, Messieurs, ouvre un nouveau théâtre aux talens de M. d'Aguesseau ; il
avoit employé et presque épuisé sa voix pour
elle, il va lui rendre de nouveaux services par
sa plume ; services qui, dépouillés de l'éclat
des actions publiques, n'en deviennent par là
que plus difficiles et en même temps plus glorieux. Dans le grand jour du barreau, la majesté du tribunal, la présence des juges, le
concours des auditeurs, flattent et animent en
un sens le ministère public. Il est, si j'ose le
dire, payé sur-le-champ de ses travaux par
l'applaudissement dont ils sont suivis, et par
l'honneur qui lui en revient ; la justice le couronne dans le lieu même où il combat, et le
triomphe de la bonne cause devient à ses yeux
le sien propre. Dans l'intérieur du parquet, les
fonctions sont plus paisibles et moins brillan-

tes ; on s'épuise obscurément sur des titres et
des procédures ; on discute en secret les droits
des parties ; et comme les peines que donne
cette discussion sont cachées aux yeux du
public, elles n'attirent pour l'ordinaire ni sa
reconnoissance ni ses éloges. Quel zèle ne
faut-il pas pour soutenir, par le seul amour du
devoir, le poids rebutant d'un travail froid et
uni, qui n'a point de spectateurs, et qui fait
mouvoir tout le corps de la justice, sans qu'on
voie presque jamais la main qui y donne le
mouvement !

Ce qui auroit pu être une source d'affoiblissement pour un mérite commun, a été pour
M. d'Aguesseau une heureuse épreuve de courage et une abondante moisson d'honneurs. Parvenu au plus haut point de réputation dans la
charge d'avocat-général, il s'ouvrit dans celle
de procureur-général de nouvelles routes à la
gloire. Jamais le glaive ni le bouclier de la
justice n'ont été confiés à des mains plus pures
et plus habiles. La timide innocence se rassu-
roit à sa vue, le crime orgueilleux frémissoit.
Appliqué aux petits intérêts comme aux grands,
il étoit aussi satisfait lorsque, sans bruit et
sans témoins, il sauvoit le foible de l'oppression, que, lorsqu'au milieu des applaudissemens du barreau, il balançoit dans une audience publique les droits les plus éclatans :
doux et accessible quand il falloit s'éclaircir ;
ferme et inébranlable quand il étoit temps de
conclure ; exact dans la discussion des moyens,
pour se déterminer avec connoissance ; scrupuleux même avant que de prendre son parti,
pour ne l'être plus après l'avoir pris.

Chargé principalement de la défense du droit
public, il en étudia les principes dans les bonnes

sources, et il les perfectionna par ses propres
vues. Nous nous souviendrons long-temps de
cette fatale année 1709, où la nature refusa
ses dons ordinaires, et où l'avarice cachoit
ceux des années précédentes. Nous n'oublie-
rons pas aussi que, par des recherches laborieuses, par d'utiles ressources, le magistrat
que nous louons, contribua plus que personne
à sauver la France des extrémités de la disette.

L'ordre des jurisdictions, l'intérêt des hôpitaux, les affaires du clergé, celles de l'Etat
occupèrent tour à tour son attention, et ne la
lassèrent jamais. La capacité de son génie s'é-
tendoit à mille fonctions différentes, sans se
relâcher sur aucune. Avec quelle vigueur n'a-t-il
pas maintenu le patrimoine sacré de nos rois
contre les entreprises de l'usurpation ! Avec
quel travail n'a-t-il pas déterré d'anciens titres,
ensevelis jusque-là dans l'obscurité et dans
l'oubli ! Avec quel art n'en a-t-il pas fait valoir
les inductions par de solides écrits, dignes de
passer des mains des juges dans celles de tous
les savans, comme des morceaux précieux
d'histoire et d'érudition !

Il a même hasardé de déplaire au prince,
pour le servir ; de résister à ses ordres, pour
demeurer fidèle à ses intérêts ; de préférer sa
gloire réelle à sa volonté apparente ; de démêler dans la droiture de ses intentions les
surprises faites à sa piété ; et de contredire
humblement son autorité, pour ne la pas commettre dans une entreprise qui blessoit les
droits de la couronne ; fermeté d'autant plus
digne d'admiration, qu'elle l'exposoit à tout :
et que, combattu entre les mouvemens du
cœur qui l'attachoient tendrement au roi, et

les lumières de l'esprit qui lui montroient les
engagemens austères de sa charge, il avoit pris
le parti d'être, s'il le falloit, la victime plutôt
que le destructeur de nos libertés.

Quand la vertu sort victorieuse de tels combats, elle n'a plus besoin d'autres épreuves,
il ne lui faut que des couronnes. Celle qui est
due à tant de travaux ne s'est pas fait attendre
long-temps. A peine un chancelier qui, par
l'étendue de son zèle, avoit su allier les soins
de la guerre avec ceux de la justice, nous
échappe subitement, qu'en apprenant sa mort,
nous apprenons que M. d'Aguesseau remplit sa
place. Surpris du coup imprévu qui donnoit
lieu à ce choix, nous ne l'avons pas été du
choix même ; il n'a étonné que la modestie de
celui sur qui il est tombé. Le prince, en pro-
curant ce bonheur aux peuples, a ajouté un
nouveau trait à sa gloire : par là il a donné un
fidèle oracle aux conseils du roi, une vive lumière à sa justice, un canal pur à ses grâces,
un asyle assuré à l'innocence, un frein sévère
à l'iniquité, un ornement et un appui à tout
l'Etat. Il falloit une éloquence noble et facile
pour faire parler le roi dignement, une prudence éclairée, pour discerner dans l'usage de
sa clémence les surprises de la passion d'avec
la noirceur du dessein ; un zèle discret pour
maintenir la force des ordonnances sans affoiblir l'autorité des jugemens ; un sage milieu
entre la sévérité outrée et l'excès de condes-
cendance ; une égale attention aux droits de
l'Eglise et à ceux de l'Etat. Tous ces talens,
séparés ailleurs, se rassemblent dans M. le
Chancelier ; il n'en laisse désirer aucun.

Il ajoute encore aux qualités éclatantes du
chef de la justice, les vertus paisibles du chef
de

de famille. Attaché par goût à une épouse (1) en qui les grâces de la modestie relèvent celles de la nature, dont le nom semble annoncer la sagesse même, dont la famille a fait l'honneur des intendances et répand un nouvel éclat dans les conseils ; il trouve dans cette société domestique le bonheur de la vie privée, comme dans ses propres vertus la gloire de la vie publique. Là, sous les douces lois du devoir, s'élèvent de dignes enfans qui, dans la fleur des vertus naissantes, font entrevoir les fruits d'une éducation parfaite, et envisagent moins l'élévation du père par l'éclat qui y est attaché, que par le mérite qui l'y a conduit. Là on ignore l'usage des plaisirs frivoles qui amusent l'inutilité ; on ne se délasse des occupations sérieuses que par la belle littérature. Du même fonds où règne la gravité du ministère du juge, sortent les grâces d'une érudition ornée ; le jurisconsulte, le magistrat cachent un critique judicieux, un excellent grammairien, un orateur parfait, un esprit du premier ordre, qui, partagé entre un grand nombre de sciences, est aussi profond sur chacune que s'il en avoit fait sa seule étude.

Mais ne seroit-ce point dans une académie littéraire, plutôt que dans un tribunal de la justice, qu'il faudroit célébrer cette partie de son éloge ? Non, Messieurs, la justice ne sauroit désavouer des louanges où elle a la meil-

(1) Anne Lefèvre d'Ormesson, sœur de M. d'Ormesson, alors maître des requêtes, depuis conseiller d'Etat et au conseil royal, et intendant des finances, mort en 1756. Ils étoient descendus de M. d'Ormesson, doyen du conseil, et enfans de M. d'Ormesson, intendant de Lyon.

I.   4

leure part. C'est à son culte et à ses lois que
M. le Chancelier a été principalement attaché ;
et si, par une espèce d'infidélité passagère,
la seule qu'il lui ait jamais faite, il a porté sa
curiosité à d'autres objets, c'étoit pour remplir innocemment les intervalles de repos que
demandent les grandes affaires. Il employoit à
enrichir et à perfectionner sa raison, le loisir
précieux dont d'autres abusent pour affoiblir
et gâter la leur. Jamais il ne perdoit ses fonctions de vue, même en les quittant, et il ne
les quittoit que pour les reprendre peu de
temps après, avec plus d'utilité pour le public,
et plus d'agrément pour lui-même, en acquérant de nouvelles lumières.

Qui pourra donc mieux veiller sur le vaste
empire de la justice que ce génie universel qui
en connoît si bien toute l'étendue ? sa vigilance
ne servira qu'à lui rendre plus cher et plus estimable le tribunal où j'ai l'honneur de présenter aujourd'hui ses lettres. Il voit à sa tête un
nom ancien et illustre dans la magistrature, de
grandes vertus dans un âge peu avancé (1), et
pour tout dire en un mot, l'aïeul respectable
fidèlement retracé dans le petit-fils avec les
traits nouveaux et brillans que la jeunesse prête
au mérite. Il voit dans les membres, comme
dans le chef, un esprit de règle et d'équité,
un heureux accord d'intentions et de lumières
pour le bien commun, un empressement exact
à conserver les droits du roi en ménageant
l'intérêt des peuples. Ces avantages précieux,
qui font la satisfaction et le bonheur du public,

_____

(1) M. Le Camus, premier président de la Cour des
aides, qui avoit succédé à son aïeul dans cette charge.

ne contribueront pas peu à la gloire de M. le
Chancelier, qui est inséparable de celle de la
justice, et qu'une main plus habile (1) va dédommager de ce que les foibles traits de la
mienne lui auront fait perdre.

DISCOURS

Prononcé au grand Conseil par M. Co-
chin, avocat au Parlement de Paris.

Le 23 Février 1717.

Messieurs,

La vertu est à elle-même sa plus précieuse
récompense ; l'homme sage, content de la posséder, fuit l'éclat des honneurs ; et laissant aux
autres l'ambition d'y parvenir, il ne cherche
qu'à les mériter.

A quoi sont-elles dues, cependant, ces distinctions honorables que donne le rang et l'autorité, si ce n'est à ces hommes d'un mérite
consommé, capables d'instruire les autres par
leurs exemples, de les conduire par leur sagesse, et de faire régner par-tout le bon ordre
et la justice ?

Oui sans doute, eux seuls méritent de remplir ces postes éminens que la gloire environne ;
et lorsqu'ils y montent avec indifférence et

_____

(1) M. le premier avocat-général de la Cour des
aides.

même avec crainte, le public, plein de confiance en leur vertu, accompagne leur triomphe
des acclamations les plus sincères.

A cette idée, vous vous rappelez, Messieurs, ce qui s'est passé parmi nous, lorsque
M. d'Aguesseau a été élevé à la première dignité
de l'Etat ; sa modeste vertu s'est effrayée d'un
honneur qu'il ne croyoit pas mériter. Pour
nous, persuadés que le bonheur public devoit
être le fruit de son élévation, nous nous sommes
livrés aux transports de la joie la plus vive.

Il faut l'avouer, Messieurs, des applaudissemens si universels sont une source de gloire
plus abondante que les dignités mêmes ; mais
ce qui achève de couronner M. d'Aguesseau,
est l'hommage que vous rendez à ses vertus.

Que je serois heureux si je pouvois atteindre
à la sublimité de vos idées sur son sujet ! que
de richesses j'exposerois aux yeux du public !
Mais, sans me flatter d'une espérance si vaine,
souffrez, Messieurs, qu'oubliant la médiocrité
de mes talens, je ne suive que les transports
de mon zèle.

Déjà même je sens que la grandeur de mon
sujet élève mon esprit au-dessus de sa foible
portée ; déjà la confiance renaît malgré la conviction de ma propre foiblesse ; je me flatte du
moins qu'entièrement occupés du magistrat
dont je parle, et de ses vertus, vous oublierez
l'orateur et ses défauts.

La gloire de M. d'Aguesseau ne dépend ni
des dignités que ses ancêtres ont possédées,
ni de l'ancienneté de leur extraction ; il a toujours compris que les vertus de ses aïeux
étoient la seule grandeur dont il devoit être
jaloux.

Que les exemples des grands hommes que

sa maison a produits étoient propres à exciter une si uoble émulation ! sans remonter à des temps éloignés , où il pouvoit cependant se proposer d'excellens modèles , que de vertus ne trouvoit-il pas à imiter dans cet illustre premier président du parlement de Bordeaux , son aïeul !

La Guienne conserve encore la plus profonde vénération pour la mémoire de ce grand homme, sous l'autorité duquel elle a vu fleurir avec la justice la paix et la tranquillité parmi ses peuples. Elle n'oubliera jamais quel fut son zèle pour le bien public , sa douceur et son affabilité pour ceux qui étoient obligés d'implorer sa justice ; et la reconnoissance gravée dans les cœurs immortalisera à jamais un nom qui lui fut si cher.

Mais pour se former l'idée du parfait magistrat , M. d'Aguesseeu ne devoit étudier que M. son père ; dans ce seul modèle , il trouvoit toutes les vertus rassemblées.

Vous le savez, Messieurs, vous qui l'avez autrefois possédé parmi vous, ce magistrat respectable , de quelles qualités son esprit et son cœur étoient ornés.

Juge éclairé, mais qui n'eut jamais en ses lumières une confiance présomptueuse ; sujet fidèle et zélé pour les intérêts de son prince , mais toujours attentif à ménager ceux d'un peuple languissant ; père des pauvres, protecteur des malheureux , ferme appui de la vérité , on ne peut compter ses vertus que par ses devoirs.

Dans ces provinces confiées autrefois à sa sagesse , quel respect pour sa mémoire ! Les unes vantent encore ses tendres empressemens à soulager leur misère , les autres son zèle pour la religion, sa charité pour ramener dans le sein de l'Eglise des ames égarées, sa vigilance et sa fermeté pour étouffer une révolte également funeste à la religion et à l'Etat.

Sa mort, si précieuse devant Dieu, a été pour ces peuples reconnoissans le sujet d'un deuil public ; ils ont regardé sa perte comme celle d'un père tendre, d'un protecteur zélé, d'un ami fidèle ; les temples ont retenti des cris touchans qu'ils poussoient vers le ciel pour en fléchir la sévère justice ; on n'entendoit partout que louanges, que bénédictions, fruit précieux de sa douceur, de sa clémence et de sa bonté.

Mais pourquoi chercher dans des provinces éloignées des témoins de ses vertus et de sa sagesse ? tout l'Etat n'en a-t-il pas éprouvé les effets ! Admis dans les conseils les plus secrets du gouvernement, avec quel zèle n'y a-t-il pas soutenu les intérêts des peuples ! Avec quelle dignité n'y a-t-il pas répondu à l'amour et à la confiance de son prince !

Eclairé par de si grands exemples ; né, pour ainsi dire, dans le sein de la justice et de la piété même, que ne devoit-on point attendre de M. d'Aguesseau ? Aussi, Messieurs, à peine eut-il paru dans l'exercice des fonctions éclatantes du ministère public, qu'on reconnut bientôt à ses premiers essais quelle devoit être sa grandeur future.

Jeune encore, il marchoit déjà à grands pas sur les traces de ses illustres prédécesseurs : un jugement solide, une érudition profonde, une heureuse facilité, avec laquelle il répandoit l'ordre et la lumière sur les affaires les plus difficiles et les plus obscures ; une éloquence brillante dont les charmes entraînoient les es-

prits les plus irrésolus : quels talens ! D'abord
ils enlevèrent en sa faveur toute l'estime publique ; et cette réputation que tant de grands
hommes avant lui ne s'étoient acquise qu'après
de longs travaux, il en jouissoit dans un âge
où les autres commencent à peine à en sentir
le prix.

Représentez-vous, Messieurs, ce tribunal
auguste, où par la force et l'éloquence de ses
discours, M. d'Aguesseau a brillé avec tant
d'éclat. Dans cette assemblée vénérable par la
dignité de ceux qui la composent, par l'autorité dont ils sont revêtus, par l'importance et
la variété des matières qui s'y traitent ; dans
cette assemblée, dis-je, M. d'Aguesseau commence à parler, et déjà il saisit, il entraîne
les esprits ; on croit entendre ces orateurs célèbres et d'Athènes et de Rome, qui, par les
traits victorieux de leur éloquence, condui-
soient à leur gré des peuples entiers ; tout est
inimitable, justesse dans les expressions, noblesse dans les sentimens, délicatesse dans les
pensées : rien ne résiste : l'ignorance et la prévention fuient à son aspect ; et le public frappé
d'admiration, ne sait s'il doit interrompre l'orateur par ses applandissemens, ou s'il doit les
suspendre encore pour jouir plus long-temps
d'un charme si doux.

Mais avec des talens si rares, M. d'Aguesseau étoit encore plus estimable par les sentimens de son cœur ; c'étoit en lui ce qu'il y
avoit de plus précieux.

Quelle droiture, quelle probité, quel attachement à ses devoirs ? Toujours en garde et
contre les entreprises de ces hommes puissans,
qui voudroient accabler les autres sous le poids
de leur autorité, et contre la malice de ceux

qui, sous prétexte de leur foiblesse, croient
mériter une protection dont ils abusent, il
n'eut jamais ni lâche complaisance pour les
uns, ni fausse compassion pour les autres.

Appliqué à l'examen de chaque affaire, comme
s'il n'en avoit eu qu'une seule à approfondir,
la vérité étoit toujours l'unique objet de ses
recherches.

Loin d'ici cette prévention funeste, qui souvent aveugle des esprits d'ailleurs pleins de
droiture et d'équité : M. d'Aguesseau ne fut
jamais idolâtre de ses propres idées ; il écoutoit avec attention, il se réformoit avec plaisir
lorsque la raison venoit briller à ses yeux avec
un nouvel éclat.

Quelle étoit la consolation de tant de malheureux que l'injustice opprime, lorsqu'ils pouvoient porter leurs plaintes aux pieds d'un magistrat si ami de la justice et si zélé pour la
défendre ! L'artifice étoit bientôt démêlé, l'erreur confondue, l'iniquité désarmée, et l'innocence rétablie dans les droits dont on vouloit
injustement la dépouiller.

Vous qui les avez éprouvés, ces secours si
puissans de sa justice et de ses lumières, que
ne vous est-il permis de renouveler ici par vos
acclamations les témoignages solennels de
votre reconnoissance ! Ces tendres épanche-
mens de vos cœurs orneroient bien mieux le
triomphe de M. d'Aguesseau, que les foibles
expressions que nous consacrons à sa gloire.

Mais nos regards frappés par l'éclat de ces
vertus sublimes, ne peuvent-ils point se détourner pour quelque temps vers des objets plus
simples, et qui cependant ne sont pas moins
dignes de nos éloges ?

J'entends parler de ces vertus de la vie privée, dans laquelle l'ame n'étant plus, pour ainsi dire, en spectacle au public, ne se seutient que par sa propre force.

Oui, Messieurs, de nouveaux trésors se présentent à mes yeux ; une piété solide, toujours ferme, toujours constante dans la pratique des devoirs sacrés de la religion, une simplicité de mœurs digne des siècles innocens de nos pères, un éloignement entier du faste et de la vaine pompe qui profane la magistrature, une modestie qui lui cachoit à lui-même une partie de ses vertus, et qui auroit voulu les dérober toutes aux yeux du public ; voilà quel étoit le caractère intérieur de M. d'Aguesseau.

Que dirai-je de son attachement à une épouse digne par sa douceur, sa modestie et sa piété, de partager l'éclat d'une si belle vie ! Depuis le moment sacré qui forma leur union (moment heureux qui réunit, pour ainsi dire, la justice et la paix), jamais le moindre nuage n'a troublé la sérénité de leurs jours.

Enfin, quelle attention, que de soins de la part de M. d'Aguessean, pour l'éducation de sa famille ! Il connoissoit bien, ce grand magistrat, le prix de la jeunesse, lorsque par des mains habiles elle est formée d'abord à la vertu. Il savoit de quelle conséquence il est d'entrer de bonne heure dans la route de la perfection, et il n'a rien négligé pour en tracer le chemin à ses enfans. Quelle que fût la capacité de ceux qu'il avoit appelés pour le seconder dans des vues si sages, il ne se reposa jamais entièrement sur leurs soins, et il donnoit lui-même à ce grand ouvrage les heures qu'il pouvoit dérober à ses occupations.

Que ces leçons importantes passent de génération en génération, et que l'heureuse pos-

4 *

térité de M. d'Aguesseau fasse dans les siècles
à venir l'admiration de nos neveux, comme
il fait aujourd'hui la félicité de notre âge !

Que ces vertus domestiques renferment de
véritable grandeur ! Quel spectacle qu'une maison où règnent la paix, l'union, la tranquillité !
On y voit un père tendre, une épouse fidèle,
qui fait de ses devoirs toute son occupation ;
des enfans soumis, un domestique réglé. La
licence, la dissipation même sont bannies de
ce séjour ; on n'y respire qu'un air pur, on
n'y voit que des exemples de vertu. Que je
m'étendrois avec plaisir sur un sujet si digne
d'admiration ! Mais je me sens entraîné malgré
moi vers des objets plus éclatans.

Les services de M. d'Aguesseau récompensés
par la charge de procureur-général du parlement de Paris, lui ouvrent une nouvelle carrière de gloire, et me présentent une moisson
trop abondante d'éloges, pour différer plus
long-temps d'y entrer.

Le procureur-général, vous le savez, Messieurs, est l'homme du roi, de la religion, de
la patrie. Ses vues doivent s'étendre à tout ce
qui fait la gloire du souverain et le bonheur
des peuples ; homme du roi, c'est à lui à soutenir les droits sacrés de la couronne, l'indépendance de nos rois, les prérogatives de leur
onction sainte.

Défenseur de la religion, c'est à lui à combattre pour les saintes libertés de notre Eglise ;
droits si précieux, le plus riche héritage de
nos pères, qui nous affranchissant d'un joug
odieux, nous rappelent sans cesse au temps
heureux de l'Eglise naissante, et à la pureté
des anciens canons.

Protecteur des lois, c'est à lui à veiller sur

les officiers inférieurs qui rendent la justice
aux peuples ; c'est à lui à détourner , par une
sage prévoyance , tout ce qui pourroit apporter quelque obstacle à la liberté du commerce
et à l'abondance publique ; c'est à lui à poursuivre le crime , et à purger l'Etat des monstres
qui en troublent la tranquillité.

Comment suffire à tant de soins ? Comment
remplir tant de devoirs ? Un homme seul peut-il
ainsi se partager en tant de fonctions !

Vous le savez cependant , Messieurs , avec
quelle fidélité M. d'Aguesseau a rempli toute
l'étendue de son ministère. Livré à un travail
assidu , jamais il n'a négligé aucune partie de
ses devoirs , et le détail que je viens de faire
des fonctions de cette grande dignité , est à
proprement parler, l'histoire de M. d'Aguesseau
pendant qu'il l'a exercée.

Il passoit sans peine des soins importans du
bien public au détail des affaires particulières ;
et cette attention que fixent ordinairement les
grands objets , il la donnoit avec zèle aux plus
petits.

Mais ce qui doit paroître inconcevable , est
que sous le poids accablant de tant d'affaires ,
il conservoit toujours la même tranquillité d'esprit ; il trouvoit encore le temps de se commu-
niquer à des amis vertueux , et de leur découvrir , dans des entretiens familiers , des trésors
de science que l'on ne trouve pas même dans
ceux qui en font leur unique étude.

J'avoue que la nature ne forme pas souvent
de ces génies heureux qui semblent être comme
le centre de toutes les perfections ; mais disons aussi qu'il en est peu qui la cultivent avec
autant de soin qu'a toujours fait M. d'Aguesseau. Persuadé qu'un esprit orné par les scien-

ces en est toujours plus propre à soutenir le poids des affaires, il s'étoit procuré de bonne heure, dans l'étude des belles-lettres, de l'histoire et du droit public, cette heureuse facilité qui lui a été si nécessaire dans la suite.

Mais où m'emporte mon zèle ? Pour vous entretenir de l'homme savant, je perds de vue le procureur-général. Pardonnez, Messieurs, si, pénétré de la difficulté de l'entreprise, je crains de m'élever jusqu'à ces vertus sublimes qui ont fait l'admiration publique.

Comment vous représenterai-je, en effet, cette grandeur d'ame toujours élevée au-dessus des considérations humaines ? Sous quels traits vous dépeindre son amour pour la vérité et la justice, et son zèle constant pour préserver de toute atteinte les prérogatives de la souveraineté et le dépôt de nos libertés ?

Dans les sentimens dont il étoit pénétré, il se regardoit comme un homme dévoué tout entier à la défense de ces droits sacrés. Biens, honneurs, fortune, établissemens, rien n'étoit capable de balancer l'attachement à ses devoirs.

En vain l'ambition a-t-elle effacé du cœur de la plupart des hommes l'amour de la justice; en vain sont-ils prêts à tout sacrifier, et la vérité même, pour s'élever sur ses ruines aux honneurs auxquels ils aspirent, l'homme sage et vertueux ne se laisse point entraîner à ce torrent. Quand la justice pourroit être trahie par tous les autres, lui seul défendra des maximes à la conservation desquelles le monarque et les sujets sont également intéressés. Les tempêtes les plus orageuses se forment de toutes parts, les flots de la cabale, de l'injustice et de l'intrigue l'environnent et le menacent;

la prudence humaine ne peut pas même entrevoir de ressource pour échapper à tant de périls ; cependant M. d'Aguesseau n'en est point
alarmé. Tranquille sur l'événement, quelque
funeste qu'il puisse être, il connoît son devoir
et ne consulte plus.

Que les poètes (1) après cela nous vantent
leur héros, qu'ils nous le représentent comme
un homme intrépide, prêt à être écrasé sous
les ruines du monde entier sans en être ébranlé ; leurs fictions n'égaleront jamais la réalité
des vertus de M. d'Aguesseau. Oui, Messieurs,
le caractère du vrai juste dans sa personne,
surpasse même toute l'idée qu'ils ont pu s'en
former.

L'orage s'est dissipé de lui-même, et bientôt la vertu de M. d'Aguesseau a mérité toute
l'estime et la confiance d'un prince né pour
le bonheur de la France.

A cette image, vous reconnoissez, Messieurs, l'auguste régent du royaume ; c'étoit
peu que par sa valeur ce héros eût soutenu,
aux yeux de l'Europe attentive, la noblesse d'un
sang dont il semble que tous les maîtres du
monde doivent sortir ; c'étoit peu que dans les
nobles occupations de sa retraite, il eût fait
paroître un goût exquis pour les sciences et
pour les beaux-arts ; il falloit encore à sa gloire
une plus noble carrière, et le gouvernement
d'un grand royaume étoit le seul ouvrage digne
de sa sagesse.

Dans quel état l'a-t-il trouvé, ce royaume ?
Ah ! ne retraçons point ici l'image de nos malheurs. Qu'il me suffise de dire que par une pru-

----

(1) Horat. *lib. III, od.* 3.

dence consommée, et par une infatigable application, ce prince illustre a su, du sein même
des plus affreuses calamités, nous faire entrevoir le bonheur qu'il nous destine, et presque
nous le faire goûter par avance.

Parmi tant de grands hommes avec lesquels il a voulu partager ses nobles travaux,
M. d'Aguesseau a paru jouir de sa plus intime
confiance ; un si rare mérite n'a pu échapper
au sage discernement du prince.

Mais quel coup imprévu vient frapper nos
esprits ! une tête précieuse à l'État tombe en
un instant ; un chancelier dont la France ho-
norera toujours les vertus, est à peine sorti des
conseils où sa prudence vient d'éclater, et déjà
le voilà dans le tombeau. La mort, la cruelle
mort ne nous prépare pas même à une perte
si funeste.

Pour la réparer, le prince régent jette les
yeux sur M. d'Aguesseau : il ne peut remettre
entre des mains plus sûres, le sacré dépôt de
l'autorité suprême, et il s'empresse de le confier
à sa sagesse. Ainsi le même instant qui nous
abat nous relève ; notre perte est réparée avant
même qu'elle nous soit connue.

Sans doute il étoit bien juste qu'un magistrat
si versé dans la science des lois, devînt lui-
même la loi vivante ; il étoit bien juste que
celui dont la vertu avoit atteint au plus haut
degré de la perfection, parvînt lui-même au
comble des honneurs, et que sa gloire égalât
sa sagesse.

Que de circonstances se réunissent pour rendre cette gloire plus éclatante !

L'éminence de la dignité est, pour ainsi
dire, un des moindres objets qui doivent attirer nos regards : voyons plutôt, Messieurs,

voyons par quelle voie M. le Chancelier y est parvenu.

La faveur, les sollicitations, le hasard, tous ces ressorts que la politique et l'ambition savent si bien mettre en usage, n'ont eu aucune part à ce grand événement ; la sagesse, la vertu, l'intégrité de M. le Chancelier ont été ses seuls protecteurs.

Semblable à ces dictateurs que l'ancienne Rome, dans les besoins pressans de la république, alloit chercher dans le sein de leur paisible retraite, pour leur mettre en main le timon du gouvernement, M. d'Agnesseau ne pensoit pas même à une dignité qu'il croyoit si dignement remplie ; ses vœux n'ont point précédé son élévation.

Mais ce qui doit rendre son triomphe mémorable aux siècles à venir, est ce concert unanime d'applaudissemens dont il a été suivi. Rappelez-vous, Messieurs, ce jour solennel où la nouvelle d'une voix si sage se répandoit dans cette grande ville ; la joie aussitôt éclate de toutes parts ; tout retentit des acclamations publiques ; on se félicite, on se congratule ; l'ami s'empresse d'annoncer à son ami cette nouvelle intéressante ; on diroit que ce jour si glorieux pour M. le Chancelier, est devenu pour toute la France un jour de fête et de triomphe.

Ainsi la voix de la nation se réunit à celle du prince qui la gouverne ; et par une distinction bien rare, M. le Chancelier, redevable de son élévation à la sagesse et à l'autorité du souverain, paroît cependant élu par les suffrages unanimes d'un peuple libre.

Il connoît sans doute tout le prix d'un zèle si ardent ; mais il sait aussi quelle est la reconnoissance qui lui est due , et par quelles marques elle doit éclater. Le bien public , le soulagement des peuples , le rétablissement du bon ordre et d'une administration réglée , voilà , Messieurs , à quoi seront employés les jours précieux que le ciel lui destine.

Par ses conseils les difficultés s'applaniront ; d'heureuses ressources se présenteront dans les maux qui paroissent désespérés , et la justice devenue plus florissante , affermira pour toujours notre félicité.

Ce sage ministre apprendra à un roi qui fait déjà les délices de son peuple , que la justice est le premier devoir des rois ; que tout l'éclat dont brille le trône n'est qu'une lueur passagère quand la vertu n'y est point assise avec le souverain ; que les éloges prodigués par la flatterie ne peuvent surprendre le jugement de la postérité ; et qu'en un mot les rois ne sont grands qu'autant que leurs peuples sont heureux.

Ces semences de vertu répandues dans un cœur que les plus heureuses inclinations ont préparé, n'y demeureront pas stériles, et lorsque les peuples en recueilleront les fruits précieux, ils béniront sans cesse le sage Chancelier auteur de leur félicité.

Enfin , dans l'attention générale que M. le Chancelier doit à tous les tribunaux du royaume , il saura , Messieurs , accorder au vôtre , dans son esprit et dans son cœur , toute la distinction qu'il mérite.

Plein d'estime pour votre illustre chef (1) , que sa naissance et ses grandes qualités ren-

(1) M. de Verthamon.

dent recommandable à toute la France, qui, avec un zèle toujours nouveau, soutient depuis tant d'années le poids d'une dignité aussi laborieuse qu'elle est éclatante ; pénétré des sentimens de la plus haute considération pour tous les membres de cette auguste compagnie, si distinguée par ses lumières supérieures, il n'oubliera jamais qu'en qualité de Chancelier de France, vous lui appartenez d'une manière toute particulière, et qu'il est toujours votre premier chef.

Il verra donc avec une satisfaction toujours nouvelle, fleurir une compagnie qui lui est attachée par des liens si étroits ; il y contribuera de tout son pouvoir. C'est ainsi que la joie et le bonheur public deviendront pour vous en particulier la source d'une gloire nouvelle, et que vous joindrez à la vénération de tous les ordres du royaume, pour M. le Chancelier, les sentimens de la plus vive reconnoissance.

~~~~~~

DISCOURS

Prononcé à l'audience présidiale de Toulouse, par M. DE MORLON, juge-mage, lieutenant-général et premier président du Présidial.

————

LA justice est l'ame du monde, l'appui des trônes et des empires, et la reine de toutes les vertus. La faire régner dans un état, c'est y fixer le bon ordre, la discipline, l'union, la paix et la tranquillité.

La multiplicité trop grande des tribunaux subordonnés les uns aux autres, loin d'assurer à un royaume ces précieux avantages, y met souvent obstacle; et ce n'est que dans un juste milieu, cherché avec précaution, choisi avec prudence, saisi avec discernement, que l'on peut les trouver.

On sentoit depuis long-temps en France les inconvéniens de ce trop grand nombre de tribunaux; il avoit donné lieu à des remontrances des états-généraux; et la suppression des vigueries et des prévôtés royales, dans les villes où il y avoit sénéchaussée et siége présidial, avoit même été déjà ordonnée; mais la difficulté du remboursement avoit suspendu jusqu'à nos jours le fruit de ces sages et utiles réglemens.

Cette gloire étoit réservée à notre siècle, et à un Chancelier de France qui, par la gran-

deur et l'élévation de son génie, par l'étendue et la profondeur de ses connoissances, et
plus encore par l'éclat de ses vertus, a fait
l'ornement et la gloire de son siècle et de sa
patrie. Plus en état que personne de connoître
le mal, M. le chancelier d'Aguesseau n'eut rien
de plus à cœur que d'y apporter le remède;
mais gêné par les circonstances d'une guerre
dispendieuse, il voulut du moins y préparer
les esprits, en saisissant toutes les occasions
d'exécuter ce projet en partie. Le retour de
la paix donna enfin une libre carrière à son
zèle, et il eut la satisfaction de consommer ce
grand ouvrage, par le célèbre édit du mois
d'avril 1749. Mais il ne suffisoit pas d'assurer
par cette loi le bien public; il falloit faire justice à ceux dont il avoit été nécessaire de sacrifier les intérêts particuliers; il falloit prévenir
les contestations et les frais qu'elles pouvoient
occasioner.

Il remplit cet objet par l'établissement qu'il
forma sous ses yeux, d'une commission composée des magistrats du conseil les plus expérimentés dans les matières de justice et de
finance, à la tête de laquelle il mit un de ses
fils, comme s'il eût voulu veiller, par un autre
lui-même, aux suites d'une opération due à
son amour pour le bien public.

Ce digne fils d'un tel père a en effet si parfaitement rempli ses vues, que même, depuis
que nous avons eu le malheur de le perdre,
le public et les jurisdictions ont eu la consolation de voir ce bel ouvrage conduit à sa perfection, comme vous le voyez, Messieurs, par
l'arrêt dont vous venez d'entendre la lecture,
qui met le sceau à la réunion de la viguerie à
votre siége.

Nous bornerions-nous à graver dans nos cœurs le souvenir de cet événement ! et pouvons-nous nous dispenser de faire éclater par des témoignages publics, notre juste reconnoissance pour l'illustre bienfaiteur de ce tribunal ? Quelle occasion plus heureuse de la manifester ! Joignons donc à la satisfaction de goûter le fruit de ces travaux, celle d'en rappeler ici la mémoire : l'histoire de ses veilles sera celle de sa vie, et l'éloge du père sera tout ensemble celui de deux fils, dans lesquels il semble revivre, et qui retracent si bien à nos yeux ses talens et ses vertus.

N'attendez pas, Messieurs, que je suive ici la route ordinaire des panégyristes ; les actions de mon héros n'ont pas besoin de leur art pour frapper d'admiration, et pour exciter le désir de les imiter. Un récit simple des principales circonstances d'une si belle vie, et du bon usage qu'il a su faire de tous les talens que la nature avoit pris plaisir à rassembler en lui, sera plus assorti à cette simplicité et à cette modestie, sa vertu favorite, dont il ne se départit jamais, et qu'il a tellement transmise à sa postérité, que je craindrois de la blesser, en essayant de prendre un ton plus proportionné au sujet qu'à l'orateur. J'intéresserai du moins par l'utilité, puisque le récit de tant de vertus nous rappellera aux devoirs de notre état, et à l'amour de la science et de la justice. Des faits instructifs suppléeront à ces grâces qui ne peuvent que plaire ; et en nous entretenant des fonctions des différentes charges, et particulièrement de la suprême magistrature que M. d'Aguesseau a si dignement remplie, nous apprendrons avec quel zèle nous devons remplir les nôtres : ses travaux seront pour

nous une leçon vivante que nous transmettrons
à nos successeurs.

En traitant un si noble sujet, j'aurai la satisfaction d'exprimer les sentimens de la compagnie ; et si je n'ai pas le gloire d'y réussir ,
j'aurai du moins celle de l'avoir entrepris.

Une matière si riche et si vaste fait tout à
la fois et l'impuissance et l'excuse de l'orateur ;
mais la reconnoissance enhardit la timidité,
elle excite le zèle , elle échauffe l'imagination ,
elle enflamme le cœur; c'est elle qui nous gui-
dera dans une si périlleuse carrière. Le langage du cœur tient lieu de toute éloquence.

Si M. le chancelier d'Aguesseau avoit besoin
d'une gloire étrangère , nous vous parlerions
de ses ancêtres ; nous chercherions dans l'antiquité les hommes illustres et vertueux dont il
est issu ; nous vous dirions que son aïeul ho-
nora la première place du parlement de Bordeaux dont il fit l'ornement , et dont l'esprit de
justice , la sagesse et la capacité font encore
chérir la mémoire dans cette auguste compagnie. Mais à quoi bon s'occuper des aïeux d'un
homme qui auroit fait oublier les plus illustres !
Réduisons-nous à ce que le devoir et la reconnoissance paroissent exiger de nous à cet égard,
et rendons seulement à son respectable père ,
qui a si long-temps fait le bonheur et les délices de cette province, l'hommage et le tribut
de louanges que nous lui devons.

Que ne m'est-il permis d'excéder les bornes
que je dois ici me prescrire, pour y tracer le
tableau de ses vertus, de la sagesse de sa conduite , de la droiture de son cœur, de la noblesse de ses sentimens, l'aimable simplicité
de ses mœurs, du zèle aussi sage qu'éclairé
avec lequel il s'est appliqué à maintenir et à

affermir l'autorité des lois, à contenir les reli-
gionnaires dans leurs devoirs, à rétablir les
droits de la couronne, à recouvrer et conserver
dans leur intégrité les domaines du roi, à dé-
raciner les vices, à faciliter le progrès des vertus, à réprimer tous les abus qui pouvoient
troubler l'harmonie et la tranquillité publiques ?
Que ne puis-je vous exprimer ces sentimens
de religion et d'humanité qui le rendoient si
sensible et si compatissant au sort des malheureux ; ce caractère de douceur et de modestie,
qui faisoit respecter, sans effort et sans contrainte, l'autorité dont l'exercice lui étoit confié;
enfin, cet art si rare avec lequel il sut toujours
accorder les droits et les devoirs de son ministère avec les maximes et les vœux de tous
les tribunaux de la province !

Mais que pourrois-je ajouter à l'idée qu'en
ont gravée dans nos cœurs les récits intéressans de nos pères, témoins et admirateurs de
ses vertus, et de la sagesse de son administration dans une province où son nom et sa mémoire seront éternellement en vénération ?

Cette compagnie en particulier pourroit-elle
jamais perdre le souvenir de ce qu'elle lui doit ?
Elle étoit, depuis près d'un siècle, divisée par
une guerre intestine entre ses officiers.

Ce fut lui qui, chargé des ordres du roi, prit
connoissance de leurs contestations, les exa-
mina soigneusement, donna son avis et leur
procura cet arrêt de réglement qui concilie leurs
intérêts, réunit leurs cœurs. Il maintient encore dans la compagnie cette heureuse intelligence qui fait son bonheur et le bien de la justice, et dont elle lui sera à jamais redevable.
Appelé enfin au conseil de nos rois, ses talens
et ses vertus ne firent que changer d'exercice

et prendre de nouvelles formes ; son amour pour la vérité , son attachement inviolable pour la justice , son zèle pour le bien public , lui acquirent la plus haute réputation , et la confiance la plus intime d'un monarque qui savoit mieux que personne apprécier le mérite.

Un magistrat si accompli méritoit sans doute d'avoir un héritier de ses vertus et de ses talens ; le ciel le lui accorda en lui donnant Henri-François d'Aguesseau , le 17 novembre 1668 , époque précieuse à tous ceux qui aiment les lois , les sciences , la patrie et la religion.

Parvenu à peine au printemps de son âge , le fils fit bientôt concevoir au père les plus hautes et les plus flatteuses espérances ; tout sembloit présager dès-lors sa grandeur future. Bientôt on vit briller en lui un esprit vif et pénétrant , mais tempéré par une douceur naturelle , une mémoire prodigieuse , une imagination vive et féconde , un goût sûr et exquis. Avec de si heureuses dispositions , doit-on s'étonner de la rapidité de ses progrès dans les sciences et dans la vertu ?

Semblable à ces fleuves majestueux qui , dès leur source , portent de grands fardeaux , le jeune d'Aguesseau étonna dès son enfance par l'étendue de ses connoissances , et par le bon usage qu'une raison prématurée lui en faisoit faire.

L'éducation du fils , dirigée par le père , répondit parfaitement au vœu de la nature , et la beauté de l'ouvrage à l'habileté de l'ouvrier. Personne n'étoit plus capable que ce digne père de faire heureusement éclore tant de précieux germes des plus rares talens que la nature avoit prodigués à son fils ; aussi n'eut-il

presque d'autre maître que son père, d'autres
leçons que ses conseils, d'autres modèles que
ses vertus.

M. d'Aguesseau, qui remplissoit dès-lors les
intendances les plus importantes, convaincu
que les devoirs d'intendant ne devoient pas lui
faire négliger les devoirs de père, employoit
tout ce que les occupations publiques lui lais-
soient de temps à cultiver et perfectionner
une plante si rare et si belle ; celui même de ses
voyages y étoit utilement destiné. Il menoit
avec lui des savans propres à exercer son élève ;
de sorte que son carrosse, s'il est permis de le
dire, devenoit une école ambulante, ou plutôt
le sanctuaire des muses. Aussi des progrès rapides surpassèrent son attente. Ce génie vaste
et facile n'eut, dans la connoissance des langues, d'autres bornes que celles de l'univers.
Déjà profond dans la langue grecque et latine,
il employoit ses heures de récréation à l'étude
des langues vivantes ; elles lui devinrent si fa-
milières que les étrangers crurent voir en lui
un citoyen du monde entier.

La poésie ou la lecture des anciens poètes
fut, pour nous servir d'une de ses expressions,
la passion de sa plus tendre jeunesse. Aussi la
société des Despréaux, des Racine, de ces
hommes rares qui ne peuvent plaire médiocrement à un esprit sublime, fut sa société favorite ; et s'il ne dédaigna pas quelquefois, dans
des momens de loisir, de s'égayer avec les
muses, ces badinages suffirent pour faire voir
qu'il réunissoit tous les talens. Mais loin de se
livrer à ces sortes d'amusemens, sa principale
application fut d'apprendre à fond cet art de
raisonner, qu'il sut si bien employer dans tout
le cours de sa vie, et qu'il regardoit comme
la

la base de la véritable éloquence ; et persuadé
que l'art de parler consiste dans le développe-
ment heureux et facile des plus justes idées,
il se remplit de la méthode de Descartes, avant
que d'essayer d'imiter Cicéron.

Homère et Démosthènes partageoient également ses loisirs. Un goût décidé pour les ma
thématiques acheva d'exercer et de régler son
heureux génie ; et sa profondeur dans les sciences sublimes faisoit croire qu'il en avoit fait
son unique étude.

A l'étude des langues, des belles-lettres et
des mathématiques, succéda enfin l'étude de
cette science abstraite qui exige l'application
la plus profonde et le travail le plus opiniâtre.
Ce n'étoient plus ces routes émaillées de fleurs,
où la belle littérature n'offre à l'esprit enchanté
que des beautés toujours nouvelles, qui flattent
le goût et soutiennent agréablement l'attention; c'étoient des sentiers escarpés, hérissés
d'épines et bordés de précipices. L'étude des
lois devint cependant son unique occupation.
Son génie capable de tout, loin d'être étonné
des difficultés qui se présentent à chaque pas
dans cette vaste carrière, sembloit au contraire s'applaudir d'avoir à lutter contre elles,
et n'en avoir que plus de vigueur. Bientôt il
parvint à rendre agréable une étude qui, pour
tant d'autres, est une gêne et une torture véritable ; et il sut y puiser ces riches trésors
qu'il a répandus dans la suite avec tant de profusion dans le sein de sa patrie.

Pourvu de la charge d'avocat du roi au Châ-
telêt de Paris, à l'âge de vingt-un ans, il fixa
d'abord les regards et l'admiration du public ;
mais il lui falloit un théâtre plus digne de lui.
Ses premiers succès et les applaudissemens du

I.   5

barreau et du public, firent juger à Louis-le-
Grand, que des talens si supérieurs étoient
renfermés dans une sphère trop étroite, et il
crut ne pouvoir donner plus de lustre à la troisième charge d'avocat-général du parlement,
qu'il venoit de créer, qu'en la lui confiant
avec la plus grande distinction ; aussi son
choix ne tarda pas à être justifié ; le fameux
Denis Talon s'écria, la première fois qu'il l'en-
tendit parler, *qu'il voudroit finir comme ce jeune
homme commençoit.*

Cette place, en augmentant ses devoirs, ne
fit qu'augmenter son amour pour le travail.
Avec quelle ardeur ne s'appliqua-t-il pas à approfondir les lois romaines, les ordonnances
royaux, le droit coutumier ! L'on fut étonné
qu'à une érudition si vaste, si profonde et si
variée, il pût joindre des idées si justes, si
claires et si précises.

Nourri de ce qu'il y a de plus sensible dans
la poésie, de plus solide et de plus instructif
dans l'histoire, de plus judicieux et de plus
grave dans la philosophie, de plus fleuri et de
plus sublime dans l'éloquence, avec quelle force
ne s'exprimoit-il pas lorsque son ministère
l'obligeoit de porter la parole ?

Une éloquence mâle caractérisoit ses discours ; son imagination savoit tout embellir ; les
matières les plus sèches acquéroient des agrémens entre ses mains. Ses plaidoyers étoient
des modèles : clair et méthodique dans le plan,
vif et pressé dans le raisonnement, exact et
juste dans les preuves, pur et précis dans la
diction, il proportionnoit les ornemens à la
qualité des causes ; il prodiguoit à la fois et
les fleurs de Fléchier et les foudres de Bossuet ;
l'erreur, la fraude et l'artifice y étoient dépeints

avec des couleurs si odieuses, qu'elles excitoient l'indignation de l'auditeur ; tandis que la
vérité, la candeur et la simplicité s'y montroient avec tant d'évidence et de grâces, qu'elles
saisissoient d'abord l'esprit des juges, et entraînoient leurs suffrages : la justice sembloit
s'expliquer elle-même par sa bouche.

Que ceux qui n'ont pas eu le bonheur de l'entendre consultent les ouvrages précieux que sa
plume nous a laissés, et que la république littéraire attendoit avec tant d'impatience. Le
public a applaudi à ceux qui ont déjà vu le
jour, malgré les soins qu'il avoit pris de les
cacher. Ouvrages immortels, où en censurant
les défauts inséparables de l'humanité, il prescrit des règles sûres pour les éviter et pour
remplir dignement les fonctions de la magistrature ; où enfin, en traçant le portrait du vrai
magistrat, il se peint si bien lui-même sans le
vouloir. Frappés d'admiration pour ceux de
ses ouvrages qui sont déjà devenus publics,
avec quelle impatience ne devons-nous pas désirer de voir paroître les autres ! et que ne
doit-on pas en attendre pour la gloire des lettres, pour l'instruction de la magistrature,
pour l'administration de la justice et pour le
bien de l'Etat !

Si l'auguste compagnie dans le sein de laquelle il exerçoit si dignement les fonctions de
son ministère, admira la supériorité de ses
talens, elle n'admira pas moins les rares qualités de son cœur, et sa constante vertu dans
un âge où il n'est que trop ordinaire de voir
les saillies des passions déshonorer la raison
et dégrader l'humanité. Les témoignages éclatans que cette compagnie ne cessoit de rendre
à tant de mérite, donnoient, pour ainsi dire,

le ton au concert unanime des éloges publics
dont la France et l'Europe retentissoient comme
autant de fidèles échos.

L'estime et la confiance du souverain s'ac-
crurent comme sa réputation, et ce fut à elle
seule qu'il fut redevable de la place de procureur-général, qui fut la récompense de dix
années de service dans la charge d'avocat-
général.

Cette nouvelle carrière lui fraya une nouvelle
route à la gloire. Armé du glaive de la justice,
il ne s'en sert que pour imprimer la terreur au
crime, pour défendre l'innocence, pour confondre l'usurpateur, pour venger les droits du
pauvre, et pour protéger la veuve et l'orphelin ; mais, semblable à cet astre qui, de sa
nature, n'a qu'une lumière bienfaisante, et
qui ne produit ces météores redoutables que
lorsque la terre, par ses noires et malignes
vapeurs, lui en fournit la matière, son inclination bienfaisante souffroit violence quand il
falloit faire gronder le tonnerre, et il n'employoit la force que parce que son ministère lui
imposoit l'obligation de faire respecter la justice, et de purger la France des monstres
qu'elle avoit enfantés.

Les affaires les moins importantes, et celles
qui l'étoient le plus, lui sembloient également
dignes de son attention ; exact et scrupuleux
à prendre tous les éclaircissemens possibles,
prudent dans le parti qu'il falloit embrasser,
sage et judicieux dans le choix des raisons qui
le déterminoient, il ne s'attachoit qu'à faire
triompher la justice, autant et plus satisfait
de la victoire qu'elle remportoit quand il traitoit les intérêts du pauvre, que quand il dis-
cutoit ceux du plus riche ou du plus grand.

Dépositaire des droits de la couronne, avec quelle ardeur ne défendît-il pas le patrimoine sacré de nos rois ? Chargé par son ministère de maintenir l'ordre et la discipline dans les juris-dictions, quel zèle, quelle sagesse ne fit-il pas paroître pour les y faire régner ? Censeur né des mœurs et de la conduite des magistrats, quel poids ne donna-t-il pas, par son exemple, aux leçons que les devoirs de sa charge l'obli-geoient de leur donner ! Ne pouvoit-on pas dire de lui, et avec encore plus de fondement, ce que les Romains disoient autrefois de l'un de leurs empereurs, que sa vie étoit une censure perpétuelle ? Obligé d'étendre ses soins sur l'administration des hôpitaux, avec quel scru-pule et quelle charité ne s'occupa-t-il point de cet objet intéressant ! Les réglemens qu'il leur fit prescrire, et l'ordre qu'il y établit, monu-mens de son zèle charitable et éclairé, en per-pétueront à jamais le souvenir.

La fatale époque de 1709 conservera la mé-moire de cette sagesse active et lumineuse qui avoit su prévoir les maux dont la France étoit menacée ; de ce zèle ardent qui lui en avoit découvert les remèdes ; et la France se sou-viendra toujours que ce fut principalement à lui qu'elle dût son salut.

Tant de prudence et de capacité faisoit re-courir à lui dans toute occasion importante. Magistrats, ministres, Louis XIV lui-même, tous désiroient ses avis ; et les mémoires qu'il donnoit sur les affaires pour lesquelles il étoit consulté, seront toujours regardés comme des monumens précieux de ses recherches, de son érudition, de la pénétration de son esprit, et de la solidité de son jugement. On prévoyoit déjà que la suprême magistrature ne pouvoit

être confiée à de plus dignes mains, et celui
qui la remplissoit si bien alors (1) n'hésita pas
de le lui prédire. Mais avant-que de recevoir
une récompense si méritée, il manquoit peut-
être encore à sa vertu de passer par le creuset
d'une épreuve qui en fit de plus en plus éclater
la pureté. Placé entre deux extrémités aussi fâ-
cheuses que celles de déplaire à un roi pour
qui son cœur étoit pénétré des plus vifs sentimens de reconnoissance et de respect, ou de
sacrifier au désir de lui plaire les maximes qui
servent d'appui à son trône, il subit, sans hésiter, la loi que son devoir lui impose; et il a
le courage de s'exposer à la disgrâce de son
maître, c'est-à-dire, à ce que son attachement
pour la personne sacrée de ce monarque lui
fait regarder comme le plus grand de tous les
malheurs, après celui de manquer à ce que la
fidélité qu'il lui doit exige de lui.

Il est temps qu'une vertu si éclatante soit
enfin couronnée; et cet heureux événement
signala les premiers momens de la régence de
M. le duc d'Orléans. Ce prince, si connoisseur
en tout genre de mérite, frappé des talens de
M. d'Aguesseau, l'honoroit de sa plus intime
confiance, et le consultoit dans les affaires les
plus importantes de l'Etat; ministère secret,
d'autant plus flatteur, qu'il le tenoit du choix
libre d'un prince le plus éclairé de son temps.
Aussi la mort ayant tranché subitement les
jours du chancelier Voisin (1), le régent n'hésita pas sur le choix déjà préparé dans son
cœur, du successeur que lui avoient donné

(1) M. le chancelier de Pontchartrain.
(1) Le 2 février 1717.

d'avance l'estime, les vœux et la confiance de tous les citoyens ; et la France applaudit à la sagesse de son choix.

M. d'Aguesseau est le seul qui ne participe point à la joie publique. Sa rare modestie lui fait redouter un fardeau que lui seul croit être au-dessus de ses forces. Loin d'être ébloui de l'éclat du rang où il se voit élevé, il ne paroît frappé que de l'immensité des obligations que ce rang sublime lui impose.

En effet, Messieurs, qu'est-ce qu'un chancelier ? c'est à la fois le guide, l'organe, le représentant, le ministre du pouvoir souverain ; c'est un magistrat placé entre le prince et les sujets, obligé par état à concilier leurs intérêts trop souvent opposés, ou plutôt trop souvent mal entendus ; c'est le canal par lequel la protection de la justice descend du prince à ses sujets, et par lequel le respect pour les lois remonte des sujets au prince ; heureux lien qui fait la force et l'harmonie de la société civile ! C'est le chef des cours souveraines, de tous les tribunaux inférieurs, de toute la magistrature ; c'est le protecteur et le vengeur des lois qu'on méprise, le restaurateur de celles qu'on oublie, le défenseur de celles qu'on attaque, leur interprète quand elles sont trop obscures, leur oracle quand elles se taisent. Quelle capacité, quelle lumière, quelle étendue et quelle force de génie, de pareilles fonctions n'exigent-elles pas de celui qui est destiné à les remplir !

Faire parler un roi en père et en maître, avec cette autorité qui rend l'obéissance prompte, avec cette bonté qui la rend facile ; le prémunir contre les surprises de l'artifice, contre les cris même d'une compassion quelquefois perni-

cieuse ; faire entendre la voix de la justice dans
une cour où tant d'intérêts particuliers semblent
conspirer contre elle ; savoir la montrer dans
tout son éclat, sans cette autorité qui la rend
odieuse et effrayante ; maintenir dans tous les
corps cette harmonie si nécessaire pour le bien
de l'État, cet ordre et cet équilibre qui font
leur force et leur utilité ; proposer des lois
utiles et nécessaires, les combiner avec les
lois reçues, les concilier avec les préjugés établis, avec les priviléges des corps, avec ceux
des particuliers, les revêtir de ces formes augustes qui en constatent l'authenticité et qui
font la sûreté publique ; veiller à leur exécution, sans égard pour la multitude qui s'en
écarte, pour la chicane qui les élude ; abréger
les vaines et inutiles formalités qui, en éter-
nisant les procès et satisfaisant la cupidité des
ministres subalternes de la justice, ruinent
sans ressource ceux qui ont le malheur de
plaider, et réduisent à l'indigence les plus opu-
lentes familles. Telles sont les fonctions, tels
sont les devoirs d'un chancelier. Vous savez,
Messieurs, et toute la France le sait comme
vous, que M. le chancelier d'Aguesseau les a
remplis tous à la fois aussi parfaitement que si
chacun en particulier avoit fixé toute l'attention de son vaste génie. Oui, c'est à lui que
notre siècle et notre patrie doivent la gloire de
n'avoir rien à envier en ce genre aux autres
âges et aux autres nations. La postérité dira
que Justinien eut son Tribonien ; Théodoric,
son Cassiodore ; le Danemarck, son Griffn-
ffeldt ; la Suède, son Oxenstiern ; l'Angleterre,
son Bâcon ; et la France, son d'Aguesseau.

Une vie si utile à sa patrie et à son roi devoit être toujours tranquille et toujours heu-

reuse ; mais tel est le sort de ceux qui font le
bonheur de leurs semblables, que rarement ils
en jouissent eux-mêmes. Les hautes montagnes
sont exposées à la foudre, les grands hommes
sont exposés aux disgrâces ; au milieu de ses
pénibles et utiles travaux, M. d'Aguesseau se
vit en butte aux plus bruyans orages.

Un nouveau système de finances, assorti en
apparence à la situation de l'Etat, mais qui
en effet, loin de réparer le désordre et l'épui-
sement, ne pouvoit que les augmenter, avoit
ébloui le prince qui gouvernoit alors le royaume. M. d'Aguesseau, encore procureur-général,
en avoit prévu et fait envisager les suites funestes. Sa nouvelle dignité fit craindre aux
partisans de ce système qu'il ne parvînt à dissiper l'illusion qu'ils cherchoient à faire à ce
prince, s'ils ne parvenoient eux-mêmes à
l'éloigner de lui.

Il voit l'orage se former sur sa tête sans en
être effrayé ; il le voit éclater sans en être ému ;
et toujours égal à lui-même, il remet les sceaux
le 28 janvier 1718, avec la même tranquillité
d'ame, et peut-être avec moins de peine qu'il
ne les avoit reçus. Il part pour le lieu de sa
retraite ; et, à l'exemple de ce vertueux Athénien qui semble avoir été son modèle, et dont
la vertu avoit eu le même sort, il conjure le
ciel de ne pas permettre que sa patrie éprouve
des malheurs qui la fassent souvenir de lui.

Les vœux de notre Aristide ne furent point
exaucés. Les malheurs qu'il avoit prévus se
firent bientôt sentir dans toute la France, et
sollicitèrent son rappel.

L'audacieux étranger auteur de sa disgrâce
et des autres maux de l'Etat, se vit forcé à
préparer lui-même les voies à son retour, par

5 *

des démarches qui auroient pu flatter tout autre
que notre illustre exilé.

Inaccessible à d'autres sentimens qu'à ceux
qu'excitoient en lui les intérêts de l'Etat, il reprit ses augustes fonctions (1) avec la même
grandeur d'ame ; il ne s'occupa qu'à réparer
un mal qu'il n'avoit pu empêcher.

L'état de la France étoit tel, qu'il sembloit
qu'elle ne pouvoit plus supporter ni ses maux
ni les remèdes qu'ils exigeoient. Des conjonctures si critiques ne firent que ranimer l'ardeur
du zèle de M. le Chancelier ; et le choix des
tempéramens qui convenoient seuls aux maux
dont l'Etat étoit affligé, fit admirer son discernement et sa sagesse. Mais à peine la France
commençoit-elle à jouir des fruits de ses travaux, qu'une tempête nouvelle vint encore le
lui enlever (2).

Il avoit eu pour compagnon de sa disgrâce (3)
celui qui l'avoit été de son crédit et de son
amour pour le bien de l'Etat, l'émule de ses
talens et de ses connoissances, son ami fidèle,
un vrai citoyen, aussi utile à sa patrie dans la
paix que dans la guerre. Puisse l'union de deux
tiges, si fécondes en grands hommes, procurer à la France une longue suite de tels citoyens
et de pareils ministres !

Le spectacle le plus digne des regards du
ciel et de la terre, disoient autrefois les stoï-

---

(1) Au mois de juillet 1720.
(2) En février 1722.
(3) M. le maréchal de Noailles. Il fut disgracié au
mois de février 1718, en même temps que M. le chancelier d'Aguesseau, dont la petite-fille a épousé en 1755
M. le comte d'Ayen, petit-fils de M. le maréchal de
Noailles.

ciens (1), est celui du sage aux prises avec la
fortune. M. le chancelier d'Aguesseau donne
ici, pour la seconde fois, ce grand spectacle à
l'univers. Les nouvelles attaques que la fortune
livre à sa sagesse ne servent qu'à lui donner
un nouveau lustre. Au milieu des intrigues les
plus sourdes et les plus dangereuses, en butte
à une ambition sans bornes, il s'enveloppe
dans sa vertu, et à la faveur de ce bouclier
fidèle, il brave tous les traits de l'envie et de
la jalousie; il retourne dans sa solitude avec
plus de plaisir qu'il ne l'avoit quittée; mais il
n'en est que plus occupé des intérêts de l'Etat
et du bien public. Ses vues sont tournées sans
cesse vers cet objet; il met à profit jusqu'à
l'inconstance de la fortune; il use de son repos
pour se livrer tout entier à ces vastes projets
qu'il avoit conçus sur la législation; et débar-
rassé du tourbillon des affaires extraordinaires,
il forme le plan si bien ordonné de toutes ces
lois qui devoient être la sauve-garde des familles, la lumière du barreau, le désespoir
de la chicane, et la gloire de notre siècle. Il
amasse des matériaux précieux pour un temps
plus heureux; et s'il lui reste quelques momens, c'est à l'étude de la religion, c'est à
former le cœur et l'esprit de ses enfans qu'il
les consacre.

A cette école on méprisa toujours ces vains
et frivoles amusemens qui dissipent l'esprit,
en ralentissent la vigueur, en éteignent le feu.
Là, on ne connut jamais que les règles sévères
que prescrivent la bienséance et l'honnêteté.
Là, tout étoit utile, tout étoit ennobli, même

---

(1) Senec. *de Provid. cap, II.*

les plaisirs. Les savans y accouroient, et en revenoient plus instruits. Les artistes étoient surpris d'y voir leurs projets perfectionnés et exécutés de la main même de celui qui les avoit surpassés par l'élévation de son génie. C'est au milieu de cette heureuse vie, *au milieu de ses plus beaux jours*, pour nous servir de ses expressions mêmes, que ce nouveau Fabricius fut enlevé pour la seconde fois (1) aux délices de sa campagne, pour reprendre ses fonctions où la voix publique n'avoit cessé de l'appeler ; et si elles ne lui furent pas encore rendues en entier, il prouva bientôt par l'usage qu'il fit de celles qu'on lui laissa, combien il étoit peu juste de le priver des autres.

C'est ici qu'on va le voir prodiguer avec magnificence les trésors qu'il avoit amassés pendant sa solitude, et répandre dans la France et dans l'Europe les fruits de sa capacité et de toute l'expérience d'une longue vie.

Il n'avoit besoin pour remplir cette vaste carrière que de ses seules lumières. Mais plus elles sembloient au public ne rien laisser à désirer, plus elles lui paroissoient insuffisantes ; et il veut être instruit par les autres de ce qu'il auroit pu leur enseigner. Il associe donc à ces grandes opérations les personnes les plus capables de contribuer à leur succès ; et comme la reine des abeilles, qui dès le matin partage son peuple en légions, et distribue ses fonctions à chacune, il assigne à chacun de ceux qu'il a choisis le genre de travail auquel il le juge le plus propre. Il confie d'abord à l'examen de toutes les cours du royaume les différens points de

_____

(1) 14 août 1727.

diversité de jurisprudence qu'il avoit rassemblés ; il veut que les plus profonds et les plus
expérimentés de leurs magistrats s'assemblent,
se communiquent leurs recherches et leurs
réflexions ; qu'ils l'informent de leur jurisprudence et de leurs usages ; que ceux qui en auront fait une étude plus particulière lui envoient
leurs observations ; il y invite même les plus
fameux jurisconsultes du barreau. Par-là, il se
procure toutes les connoissances qui peuvent
assurer l'excellence de la loi. Par-là, il fait
mouvoir tous les ressorts de l'esprit national,
il excite au travail, il force, pour ainsi dire,
toute la magistrature à mettre en œuvre ses
talens, à les augmenter, peut-être même à en
acquérir. Il s'enrichit de tout ce qu'ils ont appris. Par-là, il assure à la loi le succès le plus
brillant et le plus durable. Mais tout cela ne
suffit pas encore à sa prudence ; il faut que
tant de trésors passent au creuset.

Des avocats fameux du parlement de Paris,
qui tirèrent leur plus grande gloire de son
choix, sont chargés de les rassembler, d'en
discuter le poids, d'en donner leur avis, et le
tout est porté, comme à son centre, à cette
auguste compagnie, source pure et brillante de
toutes les autres, et moins fameuse, si on peut
le dire, par la sagesse de ses oracles, que par
son attachement inviolable aux principes cons-
titutifs de la monarchie, aussi anciens que la
monarchie même.

Quel éclat de lumières, quelles richesses
d'ordre et de bien public, ne résultoit-il
pas de pareils préliminaires, quand tout ce travail immense étoit réuni sous les yeux mêmes
de la justice ; quand, discuté dans l'assemblée
des plus grands personnages du conseil du sou-

verain, au rapport des maîtres des requêtes les plus distingués par leurs connoissances et par leur expérience, il se trouvoit concentré, pour ainsi dire, dans le chef même de la justice, par le compte exact qui lui en étoit rendu par cette assemblée consacrée à la législation, et qui en a retenu le nom : assemblée dont le souvenir se perpétuera autant que celui des belles ordonnances qui en furent l'objet.

Quelle satisfaction pour le cœur du grand homme qui avoit enfanté et nourri un projet si admirable, de s'y voir secondé par deux enfans qu'il avoit pris soin de former lui-même, et dont il goûtoit les fruits précoces.

Tel a été, Messieurs, cet art digne d'étonnement, digne de servir de modèle à la postérité, avec lequel tant de lois si sages ont été conduites à cette perfection dont nous recueillons les fruits ; lois utiles dont la France s'applaudira tant qu'il y aura des Français, et qui feront revivre à jamais dans le cœur de tout bon citoyen, la mémoire du grand Chancelier à la sagesse et à la sagacité duquel elles sont dues.

La révocation du fameux édit de Saint-Maur fut le signal de ce grand ouvrage. Cette belle loi ramena les choses aux vrais principes ; et rejetant un mélange dangereux du droit écrit avec le coutumier, elle rendit aux mères la succession luctueuse de leurs enfans, dont cet édit et une déclaration accordée ensuite à l'intérêt et à l'ambition d'un courtisan, les avoient privées si mal-à-propos.

Il étoit réservé à M. le chancelier d'Aguesseau de porter la jurisprudence française à ce degré de perfection où les autres arts avoient été portés en France. Les matières bénéficiales, les matières criminelles, les donations, les testamens, les substitutions, sont tour à tour l'objet de son attention ; il met les ministres de l'Eglise, à qui le soin des ames est confié, en état de se procurer une justice prompte sur les dîmes destinées à leur subsistance ; tandis que jusque-là, la facilité de les traduire de tribunaux en tribunaux à la faveur des priviléges souvent obtenus par crédit ou par importunité, les mettoit dans l'impuissance de revendiquer leur patrimoine et de subsister.

Il limite la jurisdiction des prévôts, des maréchaux et des présidiaux, étendue à un point qui devenoit dangereux pour la vie des sujets du roi, et sait ainsi concilier ce qui est dû à la sûreté publique, avec les précautions qu'exigent la vie et l'honneur du citoyen.

Il fait cesser cette diversité de jurisprudence sur la matière importante des dispositions des hommes ; il établit des règles simples sur les donations, les testamens et les substitutions, et il délivre le citoyen de cette quantité de lois, d'arrêts et d'ouvrages de jurisconsultes qui troubloit le repos des familles ou absorboit leur fortune ; et gardant un juste milieu entre les maximes du droit romain qui favorisent à l'excès la liberté de tester, et celles du droit coutumier qui paroissent trop la restreindre, entre le danger de déroger à des usages que leur antiquité rend respectables, et la necessité de faire cesser les abus et les inconvéniens qui en résultent, entre ce que la contrainte a d'odieux et ce que l'arbitraire a de dangereux, il fait le bonheur de la société civile : semblable à cet artiste qui exerçant son art sur deux métaux de qualités contraires et opposées, les met en fusion, et trouve le secret d'en composer la matière la plus précieuse, il forma, par sa sagesse et sa prudence, l'ouvrage le plus parfait qui soit depuis long-temps sorti des mains d'un législateur.

Mais ces objets ne s'emparoient pas de son attention au point de le rendre indifférent sur tous les autres. Notre province n'oubliera point que dans le temps où il étoit le plus occupé de ces importantes matières, il porta son zèle pour le bien public jusqu'à protéger et encourager cette industrie si utile à cette province, en affranchissant de toutes saisies, même de la part des collecteurs, les feuilles de l'arbre nourricier de cet utile insecte qui produit la soie, et forme un des principaux objets de notre commerce.

Des opérations si utiles au royaume, et un zèle si sage, si éclairé, si infatigable, ne pouvoient permettre de partage dans la confiance du souverain, et il n'étoit pas possible de le laisser plus long-temps sans cet apanage essentiel d'une charge qu'il remplissoit avec une si grande distinction (1) ; mais le surcroît d'occupations que lui donna la restitution de ce précieux dépôt, dont les circonstances l'avoient trop long-temps privé, ne diminua rien de cette ardeur avec laquelle il s'appliquoit à perfectionner les lois et la justice. Il lui restoit de porter ses vues jusqu'à la forme de procéder, cet art si nécessaire pour assurer et pour accélérer la justice distributive, mais en même temps si exposé aux abus par le vil intérêt de ceux qui l'exercent. Il réforma donc d'abord le dédale des procédures du faux, et il les rendît

---

(1) Les sceaux lui furent rendus au mois de février 1731.

si claires et si faciles à suivre , que la seule lecture de la nouvelle ordonnance sur cette matière épineuse suffit à tout juge criminel pour le guider et parvenir à démêler l'artifice ; et c'est ainsi qu'il débarrassa le public de cette quantité de faussaires qui jusque-là échappoient à la justice , à l'abri des embarras de l'ancienne procédure qui leur procuroit souvent l'impunité.

Un autre genre de procédure préliminaire donnoit souvent l'essor à la chicane , par la facilité de susciter sur les évocations et les règlemens des juges , des contestations longues et difficiles à juger , et qui réduisoient ordinairement le plaideur à subir la loi de son adversaire , par l'impossibilité de faire les frais nécessaires pour se soustraire à son odieuse industrie ; c'est cependant ce qu'il vint à bout de réformer , en prescrivant , par une nouvelle ordonnance sur ces deux objets , des règles capables d'en prévenir l'abus , et d'en rendre l'instruction courte et peu dispendieuse , quand il seroit nécessaire d'y avoir recours.

Mais il étoit indispensable que le conseil suprême de sa Majesté montrât l'exemple à toutes les jurisdictions du royaume , et un Chancelier tel que celui à qui nous rendons nos hommages ne pouvoit tolérer long-temps que , sous les yeux du chef de la justice , les parties fussent fatiguées par des longueurs et des frais considérables , lorsqu'elles se trouvoient obligées de recourir au trône même , et d'y porter des demandes qui exigent la plus grande célérité , puisqu'elles suspendent l'instruction et le jugement du fond de leurs contestations.

De tout temps les mêmes vues avoient procuré des règlemens sages et utiles ; mais les abus qui se glissent par-tout s'étoient encore multipliés par le laps du temps, et par l'espoir de l'impunité de la part d'un chef presque toujours occupé de plus grands objets.

M. le chancelier d'Aguesseau regarda celui-ci comme un des principaux devoirs de sa place; et à peine y fût-il entré qu'il s'en occupa. Mais les différens événemens qui se succédoient ne lui permirent de le consommer qu'en 1738, par ce fameux règlement du conseil qui, en substituant à des procédures trop longues une forme de procéder courte et facile, met à jamais un frein à la chicane, et donne un bel exemple à tous les tribunaux.

Si triompher de la contradiction par le succès peut prouver la sagesse d'une entreprise; si l'exécution facile et paisible de la loi en manifeste la perfection; si les bénédictions dont elle fait combler son auteur en font connoître l'utilité, quels éloges ne peut-on pas donner à un règlement qui a écarté du trône tout ce qui pouvoit servir de prétexte et d'instrument à la chicane!

Mais qui mieux que vous, Messieurs, peut lui rendre cet hommage de vérité et de sentimens! Vous qui pouvez vous glorifier d'avoir été les premiers à l'adopter dans votre siége; vous qui, semblables en ce point à son auteur, avez méprisé les contradictions, et par une sage fermeté, exempte de toute passion, les avez surmontées si heureusement; vous enfin qui recueillez tous les jours l'heureux fruit de vos travaux par le spectacle flatteur de voir la justice rendue sous vos yeux avec une célérité et une économie aussi utile pour le public qu'honorable pour ce siége. Vous jouissez du plaisir si sensible pour de vrais magistrats, de

renvoyer en peu de jours et à peu de frais le
négociant à son commerce, le financier à son
emploi, le citoyen à ses occupations, l'artisan
à son travail, la veuve au sein de sa famille ;
et si quelque chose peut troubler une si douce
satisfaction, n'est-ce pas de n'avoir trouvé
d'émules que parmi les étrangers ? Oui, Messieurs, le Code Frédéric est une copie de cette
sage loi ; et lui-même a été copié par de semblables institutions en Autriche, à Naples, en
Dannemarck, de sorte que l'on peut dire que
le chancelier de France a été, à cet égard, le
chancelier de l'Europe.

Les nouvelles occupations que la confiance
du roi lui donne, en lui faisant tenir tous ses
conseils pendant son absence, n'interrompirent
pas ses utiles travaux sur la législation ; et tandis que sa Majesté étonnoit l'univers par la
rapidité de ses conquêtes, et par les batailles
qu'elle gagnoit en personne pour procurer la
paix à son royaume, l'on vit paroître cette fameuse ordonnance, datée *du camp du Vieux-
Jong*, qui mettoit la paix dans les familles de
ses sujets, en donnant aux substitutions la
juste faveur qu'elles pouvoient mériter, en mettant les créanciers à l'abri du préjudice qu'ils
pouvoient en souffrir, et en prévenant par l'uniformité et la clarté des principes de cette matière, tout ce que la subtilité des anciennes
lois ou des jurisconsultes, et la diversité de la
jurisprudence y avoient produit jusqu'alors de
doutes, de difficultés et de contestations.

Ainsi l'on vit, peut-être pour la première
fois, que sous un roi juste les armes ne font
pas taire les lois. Le public reçut celle-ci avec
applaudissement, les parlemens l'enregistrè-
rent avec joie ; et il n'est point de magistrat et

de jurisconsulte qui ne convienne que cette loi nouvelle est digne d'être placée au rang de celles qui ont illustré les anciens législateurs.

Que ne m'est-il permis de fouiller dans les précieux dépôts que ce grand homme a laissés, pour vous faire connoître, Messieurs, combien il étoit profond dans le droit des nations, et sur-tout dans celui de la France! Tous les âges de notre monarchie étoient présens à sa mémoire; il étoit rempli de la lecture des capitulaires et des chartes de nos rois; il possédoit si bien les différentes coutumes du royaume et ses usages, qu'on eût dit qu'il étoit habitant de toutes les provinces; et il en jugeoit avec tant d'impartialité, qu'on eût dit qu'il ne l'étoit d'aucune.

Profond dans les monumens ecclésiastiques, il avoit admiré l'Eglise dans sa naissance et dans ses accroissemens; il la voyoit humble et pauvre dans son berceau, enrichie ensuite par les dons de nos rois et par les libéralités des fidèles, et devenue enfin le corps le plus riche et le plus puissant de l'Etat. Dans sa source, c'étoit comme un filet d'eau, qui dans son cours étoit devenu un grand fleuve; mais les fleuves, après s'être enflés d'eaux étrangères, se débordent, se répandent et partagent le cours de leurs ondes bienfaisantes pour fertiliser l'aride sein de la terre; au lieu que les biens immeubles une fois confondus dans le patrimoine de l'Eglise, deviennent inaliénables, et n'en sortent plus; ils sont enlevés au commerce sans jamais lui être rendus; ce sont comme des biens morts pour tout le reste des vivans. Les domaines des particuliers se trouvent d'ailleurs surchargés par les immunités des gens de main-morte; et comme un foible arbrisseau sèche et languit auprès d'un grand arbre qui prend tout le suc de la terre, la fortune du citoyen souffre nécessairement de ces faveurs accordées à un corps sans cesse engraissé de la substance des autres. Notre Solon consacra ses derniers travaux à remédier à ces inconvéniens ; et c'est ce qui donna lieu à ce fameux édit, aussi propre à conserver aux gens de main-morte les biens qu'ils tiennent des bienfaits de nos rois ou de leurs sujets, qu'à calmer l'inquiétude du citoyen sur l'augmentation des richesses de ces corps immortels.

Ne croyez pas, Messieurs, au récit de tant de lois si capables de remplir en entier la vie la plus longue et la plus laborieuse, que l'administration de la justice fût le seul objet des travaux de ce magistrat universel. Tout ce qui pouvoit avoir rapport à l'ordre public, au bien de l'Etat, au progrès des sciences et des arts, à la gloire du souverain et à la félicité de ses peuples, ne servoit pas moins de matière et d'exercice à son zèle ; il étendoit ses devoirs à tout ce qui intéresse l'humanité. Les sages dispositions de ces règlemens qui tendent à prévenir les malheurs que la disette des grains produit dans le royaume, le rétablissement de l'ordre et de la discipline dans les universités, et sur-tout dans les facultés de droit, la police établie dans ce commerce si utile, mais si dangereux, de la librairie, par des précautions si bien combinées, que la licence se trouve réprimée sans gêner la liberté si nécessaire aux progrès de cet art ; les règles de bienséance, de modération et d'impartialité, scrupuleusement observées dans un journal qui, s'il étoit moins imparfait, seroit peut-être encore plus recherché ; cet ample et utile recueil des or-

donnances de nos rois, dont la presse royale
et ses soins ont enrichi le public, et tant d'autres ouvrages précieux en tous genres de littérature et de sciences, dont il avoit conçu le
plan, et confié l'exécution aux mains les plus
capables de répondre à la grandeur et à la recherche de ses vues, sont autant d'effets et de
monumens de ce zèle infatigable pour le bien
public.

Il croyoit devoir à sa patrie tous les momens
de sa vie, et il auroit cru lui dérober ceux
qu'il n'auroit pas consacrés à son service : esclave de ce devoir, il lui sacrifioit tout, et jusqu'aux plus vifs sentimens de la nature.

Au milieu de ses travaux, la mort lui enleva
une épouse (1) digne de lui et du sang respectable dont elle étoit issue ; qui par la douceur
de son caractère, par les agrémens de son esprit, par son tendre attachement pour lui, et
plus encore par cette heureuse conformité d'inclinations, de sentimens et de vertus que le
ciel avoit mis entr'eux, faisoit le bonheur et
le charme de sa vie pénible et laborieuse.

Ceux qui les ont connus l'un et l'autre peuvent seuls juger de l'excès de sa douleur. Cependant, à peine avoit-il essuyé ses larmes,
qu'il se livra aux fonctions de sa place ; et si
sa famille et ses amis lui représentoient qu'il
ne devoit pas ajouter ainsi le poids des affaires
à celui de l'affliction dont il étoit accablé : *Je
me dois au public*, leur disoit-il, *et il n'est
pas juste qu'il souffre de mes malheurs domestiques.*

Tel est, Messieurs, au naturel, le portrait

---

(1) Anne Lefèvre d'Ormesson.

de Henri-François d'Aguesseau, chancelier de France. Il eût fallu le pinceau d'Apelle pour peindre dignement un héros grand par lui-même et sans les dons de la fortune, et dont les revers n'ont servi qu'à rehausser l'éclat de ses vertus et à immortaliser sa mémoire.

Courbé malheureusement sous le poids des années, et accablé d'infirmités, il abdiqua cette place importante (1), si long-temps et si glorieusement remplie, dès qu'il sentit que ses forces ne pouvoient plus suffire à tous les devoirs qu'elle lui imposoit; et quoique les plus grandes occupations ne lui eussent jamais fait perdre de vue le grand objet de l'éternité, il voulut réunir et diriger toutes les facultés de son ame vers cet objet important et seul nécessaire; et les restes précieux de sa vie édifiante ne furent occupés qu'à s'assurer dans le ciel l'immortalité que ses talens et ses vertus lui avoient déjà assurée sur la terre.

La mort ne surprend point ceux qui, comme lui, ont toute leur vie étudié l'art de mourir. Après une course de plus de quatre-vingt-deux années, consommées dans la pratique de toutes les vertus chrétiennes, il finit sa carrière; et la mort la plus précieuse aux yeux de Dieu termine la vie la plus glorieuse aux yeux des hommes (2).

Il n'est donc plus, ce grand homme qui, dans tout le cours de sa vie, n'a cessé de donner les plus grands exemples de vertu; ce fils tendre et docile qui avoit égalé, ou même surpassé, les rares qualités de son père et de ses

(1) 27 novembre 1750.
(2) 9 février 1751.

aïeux; ce père de famille si respectable et si respecté, que dis-je? presque adoré de sa femme, de ses enfans, et de tous ceux qui avoient le bonheur de l'approcher; ce savant du premier ordre, l'arbitre, le protecteur et l'instigateur de toute bonne littérature; ce magistrat sans égal, qui avoit ranimé la vigueur dans la magistrature, qui n'avoit vécu que pour procurer aux citoyens l'asile sûr et facile des tribunaux, pour la paix et la tranquillité des familles; cet homme d'Etat qui, toujours prudent et modéré, exempt de préventions comme de passions, toujours animé par l'amour du bien public, ne se servoit de l'autorité que lui donnoit la dignité dont il étoit revêtu, et plus encore la supériorité de son génie, que pour maintenir le bon ordre, l'union et la paix, pour faire régner dans le royaume cette tranquillité si désirée, qui fut toute sa vie l'unique objet de ses vœux, pour prévenir tout ce qui pouvoit tendre à la troubler, et pour procurer enfin, par tous les moyens que ses lumières et la bonté de son cœur pouvoient lui inspirer, la gloire du roi, le bonheur des peuples et la prospérité de l'Etat.

Quels regrets n'a-t-il pas laissés, non-seulement à ces précieux rejetons d'une si belle tige, mais encore à tant de malheureux dont il étoit la ressource et l'appui, à tant d'affligés dont il étoit la consolation, à tant de pauvres dont il étoit le père, à tant de savans dont il étoit la lumière, à tant de magistrats dont il étoit le conseil et le modèle, à tant de tribunaux dont il étoit l'oracle et le restaurateur!

Sa perte sera une source éternelle de larmes, comme sa vie a été une source inépuisable de bienfaits et d'instructions. Les grands hommes qui,

qui, comme lui, honorent l'humanité, sont
des dons précieux du ciel, mais qu'il fait si rarement à la terre, qu'on ne peut trop en déplorer la perte ; ses actions du moins ne péri-
ront jamais, et ses rares qualités seront immor-
telles ; son nom est écrit au livre de vie, et
les monumens de son vaste génie, et de son
cœur vraiment juste et pieux, seront toujours
gravés dans l'esprit des Français. Oui, Messieurs, il vit encore et il vivra toujours dans
ce royaume par le souvenir de tant de vertus,
par les heureux fruits de son érudition et de
ses talens, par les ordonnances et les règlemens qu'il nous a laissés, et par ce tissu d'actions toujours consacrées à la félicité publique.
Il vit dans ses enfans qui courent si rapidement sur ses traces, et dans ces magistrats
qu'il a formés pendant le cours d'une si longue
vie. Il vit dans le cœur de ce grand prince,
si juste appréciateur du mérite du cœur et de
l'esprit.

Il vit enfin dans sa propre mémoire, et son
nom seul imprime toujours le même amour, la
même confiance, la même crainte et le même
respect. Oui, Messieurs, ce seul nom fait encore l'office de la voix ; à son nom les juges
aperçoivent le flambeau qui doit les éclairer,
les magistrats se rappellent leurs devoirs, le
conseil se détermine ; à ce nom frémissent la
chicane, l'injustice, la licence, l'impiété, et
tous ces monstres qu'il a combattus et terrassés
pendant sa vie ; cher à la vertu, à la religion,
à la justice, aux sciences et aux arts, ce nom
sera à jamais une leçon continuelle de piété,
d'équité et d'attachement à tous les devoirs.

Que tous les magistrats fassent donc leur
étude la plus chère de ses exemples ; qu'ils con-

L. 6

sultent ses ouvrages ; qu'ils pénètrent l'esprit
de ses lois ; qu'ils lisent l'histoire de sa vie ;
ils apprendront à bien vivre , à aimer la justice ;
à servir l'Etat, à payer à leur souverain ce tribut d'amour et de respect si légitimement dû à
un roi bien-aimé , à remplir enfin avec dignité
et utilité toutes les fonctions de la magistrature. Qu'ils se rendent en foule à son tombeau,
ils n'y verront ni ces mausolées superbes , ni
ces titres fastueux de la vanité humaine ; ils y
verront ses cendres déposées au milieu de
celles des pauvres , à côté de celles de sa vertueuse épouse ; et ils y trouveront pour tout ornement le souvenir de toutes ces vertus éminentes
qui avoient ombragé son berceau , et qui crois-
sant avec ses années , ont décoré d'une manière si éclatante tout le cours de sa vie. Qu'à
la vue de ces cendres si dignes de vénération
et de respect , ils réunissent leurs vœux pour
obtenir du ciel que ses grands projets pour le
rétablissement de l'empire de la justice et de
l'éclat de la magistrature , soient continués ; et
qu'une longue paix mette ceux qui ont le bonheur d'en être dépositaires , comme de ses
pensées , en état d'employer le précieux trésor
de tant d'excellens matériaux qu'il leur a laissés ; que semblables à leur père , ils comptent
leurs jours par de tels bienfaits ; que comme
lui , ils établissent leur gloire sur le bonheur
des peuples , et que mettant à profit la juste
confiance qu'ils méritent , ils achèvent ce qu'il
avoit commencé , et fassent toujours admirer
le règne d'Astrée sous celui de LOUIS LE BIEN-
AIMÉ.

DISCOURS

DE M. LE CHANCELIER

D'AGUESSEAU.

PREMIER DISCOURS,

Prononcé en 1693.

L'INDÉPENDANCE DE L'AVOCAT.

Tous les hommes aspirent à l'indépendance ; mais cet heureux état, qui est le but et la fin de leurs desirs, est celui dont ils jouissent le moins.

Avares de leurs trésors, ils sont prodigues de leur liberté ; et pendant qu'ils se réduisent dans un esclavage volontaire, ils accusent la nature d'avoir formé en eux un vœu qu'elle ne contente jam··.

Ils cherchent dans les objets qui les environnent un bien qu'ils ne peuvent trouver que dans eux-mêmes, et ils demandent à la fortune un présent qu'ils ne doivent attendre que de la vertu.

Trompés par la fausse lueur d'une liberté apparente, ils éprouvent toute la rigueur d'une véritable tyrannie. Malheureux par la vue de ce qu'ils n'ont pas, sans être heureux par la

jouissance de ce qu'ils possèdent ; toujours esclaves parce qu'ils désirent toujours, leur vie
n'est qu'une longue servitude, et ils arrivent
à son dernier terme avant que d'avoir senti
les premières douceurs de la liberté.

Les professions les plus élevées sont les plus
dépendantes ; et dans le temps même qu'elles
tiennent tous les autres états soumis à leur autorité, elles éprouvent à leur tour cette sujé-
tion nécessaire, à laquelle l'ordre de la société
a réduit toutes les conditions.

Celui que la grandeur de ses emplois élève
au-dessus des autres hommes, reconnoît bientôt que le premier jour de sa dignité a été le
dernier de son indépendance.

Il ne peut plus se procurer aucun repos qui
ne soit fatal au public : il se reproche les plaisirs les plus innocens, parce qu'il ne peut plus
les goûter que dans un temps consacré à son
devoir.

Si l'amour de la justice, si le désir de servir sa patrie peuvent le soutenir dans son état,
ils ne peuvent l'empêcher de sentir qu'il est
esclave, et de regretter ces jours heureux
dans lesquels il ne rendoit compte de son travail et de son loisir qu'à lui-même.

La gloire fait porter des chaînes plus éclatantes à ceux qui la cherchent dans la profession des armes ; mais elles ne sont pas moins
pesantes, et ils éprouvent la nécessité de servir dans l'honneur même du commandement.

Il semble que la liberté, bannie du commerce des hommes, ait quitté le monde qui
la méprisoit ; qu'elle ait cherché un port et un
asile assuré dans la solitude, où elle n'est connue que d'un petit nombre d'adorateurs, qui
ont préféré la douceur d'une liberté obscure

aux peines et aux dégoûts d'une illustre servitude.

Dans cet assujétissement presque général
de toutes les conditions, un ordre aussi ancien
que la magistrature, aussi noble que la vertu,
aussi nécessaire que la justice, se distingue
par un caractère qui lui est propre ; et seul
entre tous les états, il se maintient toujours
dans l'heureuse et paisible possession de son
indépendance

Libre sans être inutile à sa patrie, il se
consacre au public sans en être esclave ; et
condamnant l'indifférence d'un philosophe qui
cherche l'indépendance dans l'oisiveté, il plaint
le malheur de ceux qui n'entrent dans les
fonctions publiques que par la perte de leur
liberté.

La fortune le respecte, elle perd tout son
empire sur une profession qui n'adore que la
sagesse : la propérité n'ajoute rien à son bonheur, parce qu'elle n'ajoute rien à son mérite;
l'adversité ne lui ôte rien, parce qu'elle lui
laisse toute sa vertu.

Si elle conserve encore des passions, elle
ne s'en sert plus que comme d'un secours utile
à la raison ; et les rendant esclaves de la justice, elle ne les emploie que pour en affermir
l'autorité.

Exempte de toute sorte de servitudes, elle
arrive à la plus grande élévation, sans perdre
aucun des droits de sa première liberté ; et
dédaignant tous les ornemens inutiles à la
vertu, elle peut rendre l'homme noble sans
naissance, riche sans biens, élevé sans dignités, heureux sans le secours de la fortune.

Vous qui avez l'avantage d'exercer une profession si glorieuse, jouissez d'un si rare hon-

heur ; connoissez toute l'étendue de vos priviléges ; et n'oubliez jamais que, comme la
vertu est le principe de votre indépendance,
c'est elle qui l'élève à sa dernière perfection.

Heureux d'être dans un état où faire sa fortune et faire son devoir ne sont qu'une même
chose ; où le mérite et la gloire sont inséparables ; où l'homme, unique auteur de son élévation, tient tous les autres hommes dans la dépendance de ses lumières, et les force de rendre hommage à la seule supériorité de son
génie !

Ces distinctions qui ne sont fondées que sur
le hasard de la naissance, ces grands noms
dont l'orgueil du commun des hommes se
flatte, et dont les sages mêmes sont éblouis,
deviennent des secours inutiles dans une profession dont la vertu fait toute la noblesse, et
dans laquelle les hommes sont estimés, non
par ce qu'ont fait leurs pères, mais par ce
qu'ils font eux-mêmes.

Ils quittent, en entrant dans ce corps célèbre, le rang que les préjugés leur donnoient
dans le monde, pour reprendre celui que la
raison leur donne dans l'ordre de la nature et
de la vérité.

La justice qui leur ouvre l'entrée du barreau,
efface jusqu'au souvenir de ces différences injurieuses à la vertu, et ne distingue plus que
par le degré du mérite ceux qu'elle appelle
également aux fonctions d'un même ministère.

Les richesses peuvent orner une autre profession ; mais la vôtre rougiroit de leur devoir
son éclat. Elevés au comble de la gloire, vous
vous souvenez encore que vous n'êtes souvent
redevables de vos plus grands honneurs qu'aux
généreux efforts d'une vertueuse médiocrité.

Ce qui est un obstacle dans les autres états devient un secours dans le vôtre. Vous mettez à profit les injures de la fortune ; le travail vous donne ce que la nature vous a refusé; et une heureuse adversité a souvent fait éclater un mérite qui auroit vieilli sans elle dans le repos obscur d'une longue prospérité.

Affranchis du joug de l'avarice, vous aspirez à des biens qui ne sont point soumis à sa domination. Elle peut à son gré disposer des honneurs ; aveugle dans ses choix, confondre tous les rangs, et donner aux richesses les dignités qui ne sont dues qu'à la vertu : quelque grand que soit son empire, ne craignez pas qu'il s'étende jamais sur votre profession.

Le mérite, qui en est l'unique ornement, est le seul bien qui ne s'achète point; et le public, toujours libre dans son suffrage, donne la gloire, et ne la vend jamais.

Vous n'éprouvez ni son inconstance, ni son ingratitude ; vous acquérez autant de protecteurs que vous avez de témoins de votre éloquence ; les personnes les plus inconnues deviennent les instrumens de votre grandeur : et pendant que l'amour de votre devoir est votre unique ambition, leur voix et leurs applaudissemens forment cette haute réputation que les places les plus éminentes ne donnent point. Heureux de ne devoir ni les dignités aux richesses, ni la gloire aux dignités !

Que cette élévation est différente de celle que les hommes achètent aux prix de leur bonheur, et souvent même de leur innocence ! Ce n'est point un tribut forcé que l'on paye à la fortune par bienséance ou par nécessité : c'est un hommage volontaire, une déférence naturelle que les hommes rendent à la vertu, et que la vertu seule a droit d'exiger d'eux.

Vous n'avez pas à craindre que l'on confonde, dans les honneurs que l'on vous rend, les droits du mérite avec ceux de la dignité, ni que l'on accorde aux emplois le respect que l'on refuse à la personne : votre grandeur est toujours votre ouvrage, et le public n'admire en vous que vous-mêmes.

Une gloire si éclatante ne sera pas le fruit d'une longue servitude : la vertu dont vous faites profession n'impose à ceux qui la suivent d'autres lois que celle de l'aimer ; et sa possession, quelque précieuse qu'elle soit, n'a jamais coûté que le désir de l'obtenir.

Vous n'aurez point à regretter des jours vainement perdus dans les voies pénibles de l'ambition, des services rendus aux dépens de la justice, et justement payés par le mépris de ceux qui les ont reçus.

Tous vos jours sont marqués par les services que vous rendez à la société. Toutes vos occupations sont des exercices de droiture et de probité, de justice et de religion. La patrie ne perd aucun des momens de votre vie ; elle profite même de votre loisir, et elle jouit des fruits de votre repos.

Le public, qui connoît quel est le prix de votre temps, vous dispense des devoirs qu'il exige des autres hommes ; et ceux dont la fortune entraîne toujours après elle une foule d'adorateurs, viennent déposer chez vous l'éclat de leur dignité, pour se soumettre à vos décisions, et attendre de vos conseils la paix et la tranquillité de leurs familles.

Quoique rien ne semble plus essentiel aux fonctions de votre ministère que la sublimité des pensées, la noblesse des expressions, les grâces extérieures, et toutes les grandes qualités dont le concours forme la parfaite éloquence, ne croyez pourtant pas que votre réputation soit absolument dépendante de tous ces avantages; et quand même la nature vous auroit envié quelqu'un de ces talens, ne privez pas le public des secours qu'il a droit d'attendre de-vous.

Ces talens extraordinaires, cette grande et sublime éloquence, sont des présens du ciel, qu'il n'accorde que rarement. On trouve à peine un orateur parfait dans une longue suite d'années; tous les siècles n'en ont pas produit, et la nature s'est reposée long-temps après avoir formé les Cicéron et les Démosthènes.

Que ceux qui ont reçu ce glorieux avantage jouissent d'une si rare félicité; qu'ils cultivent ces semences de grandeur qu'ils trouvent dans leur génie; qu'ils joignent les vertus acquises aux talens naturels; qu'ils dominent dans le barreau, et qu'ils fassent revivre dans nos jours la noble simplicité d'Athènes, et l'heureuse fécondité de l'éloquence de Rome.

Mais si les premiers rangs sont dus à leurs grandes qualités, on peut vieillir avec honneur dans les seconds; et dans cette illustre carrière, il est glorieux de suivre ceux mêmes qu'on n'espère pas d'égaler.

Disons enfin, à la gloire de votre ordre, que l'éloquence même, qui paroît son plus riche ornement, ne vous est pas toujours nécessaire pour arriver à la plus grande élévation; et le public, juste estimateur du mérite, a fait voir par d'illustres exemples, qu'il savoit accorder la réputation des plus grands avocats à ceux qui n'avoient jamais aspiré à la gloire des orateurs.

6*

La science a ses couronnes aussi-bien que l'éloquence. Si elles sont moins brillantes, elles ne sont pas moins solides ; le temps, qui diminue l'éclat des unes, augmente le prix des autres. Ces talens stériles pendant les premières années, rendent avec usure dans un âge plus avancé ce qu'ils refusent dans la jeunesse ; et votre ordre ne se vante pas moins des grands hommes qui l'ont enrichi par leur érudition, que de ceux qui l'ont orné par leur éloquence.

C'est ainsi que, par des routes différentes, mais toujours également assurées, vous arrivez à la même grandeur ; et ceux que les moyens ont séparés se réunissent dans la fin.

Parvenus à cette élévation qui, dans l'ordre du mérite, ne voit rien au-dessus d'elle, il ne vous reste plus, pour ajouter un dernier caractère à votre indépendance, que de rendre hommage à la vertu de qui vous l'avez reçue.

L'homme n'est jamais plus libre que lorsqu'il assujettit ses passions à la raison, et sa raison à la justice. Le pouvoir de faire le mal est une imperfection, et non pas un caractère essentiel de notre liberté ; et elle ne recouvre sa véritable grandeur que lorsqu'elle perd cette triste capacité qui est la source de toutes ses disgrâces.

Le plus libre et le plus indépendant de tous les êtres n'est tout-puissant que pour faire le bien ; son pouvoir infini n'a point d'autres bornes que le mal.

Les plus nobles images de la divinité, les rois que l'Écriture appelle les dieux de la terre, ne sont jamais plus grands que lorsqu'ils soumettent toute leur grandeur à la justice, et qu'ils joignent au titre de maître du monde, celui d'esclave de la loi.

Dompter par la force des armes ceux qui n'ont pu souffrir le bonheur d'une paix que la seule modération du vainqueur leur avoit accordée ; résister aux efforts d'une ligue puissante de cent peuples conjurés contre sa grandeur ; forcer des princes jaloux de sa gloire d'admirer la main qui les frappe et de louer les vertus qu'ils haïssent ; agir également par-tout, et ne devoir ses victoires qu'à soi-même ; c'est le portrait d'un héros , et ce n'est encore qu'une idée imparfaite de la vertu d'un roi.

Etre aussi supérieur à sa victoire qu'à ses ennemis , ne combattre que pour faire triompher la religion , ne régner que pour couronner la justice, donner à ses désirs des bornes moins étendues que celles de sa puissance , et ne faire connoître son pouvoir à ses sujets que par le nombre de ses bienfaits ; être plus jaloux du nom de père de la patrie que du titre de conquérant, et moins sensible aux acclamations qui suivent ses triomphes qu'aux bénédictions du peuple soulagé dans sa misère : c'est la parfaite image de la grandeur d'un prince. C'est ce que la France admire , c'est ce qui fait son indépendance dans la guerre, et qui fera un jour son bonheur dans la paix.

Tel est le pouvoir de la vertu : c'est elle qui fait régner les rois, qui élève les empires, et qui, dans toutes sortes d'états , ne rend l'homme parfaitement libre que lorsqu'elle l'a rendu parfaitement soumis aux lois de son devoir.

Vous donc qui, par une heureuse prérogative, avez reçu du ciel le riche présent d'une entière indépendance, conservez ce précieux trésor ; et si vous êtes véritablement jaloux de votre gloire, joignez la liberté de votre cœur à celle de votre profession.

Moins dominés par la tyrannie des passions que le commun des hommes, vous êtes plus esclaves de la raison ; et la vertu acquiert autant d'empire sur vous que la fortune en a perdu.

Vous marchez dans une route élevée, mais environnée de précipices ; et la carrière où vous courez est marquée par les chutes illustres de ceux qu'un sordide intérêt et un amour déréglé de leur indépendance ont précipités du comble de la gloire à laquelle ils étoient parvenus.

Les uns, indignes du nom d'orateur, ont fait de l'éloquence un art mercenaire ; et se réduisant les premiers en servitude, ils ont rendu le plus célèbre de tous les états esclave de la plus servile de toutes les passions.

Le public a méprisé ces ames vénales, et la perte de leur fortune a été la juste punition de ceux qui avoient sacrifié toute leur gloire à l'avarice.

D'autres insensibles à l'amour des richesses, n'ont pu être maîtres d'eux-mêmes. Leur esprit, incapable de discipline, n'a jamais pu plier sous le joug de la règle. Non contens de mériter l'estime, ils ont voulu l'enlever.

Flattés par la grandeur de leurs premiers succès, ils se sont aisément persuadés que la force de leur éloquence pouvoit être supérieure à l'autorité de la loi.

Singuliers dans leurs décisions, pleins de jalousie contre leurs confrères, de dureté pour leurs cliens, de mépris pour tous les hommes, ils ont fait acheter leur voix et leurs conseils au prix de toute la bizarrerie d'un esprit qui ne connoît d'autres règles que les mou-

vemens inégaux de son humeur, et les saillies
déréglées de son imagination.

Quelque grande réputation qu'ils aient acquise par leurs talens extraordinaires, la gloire
la plus solide a manqué à leurs travaux; s'ils
ont pu dominer sur les esprits, ils n'ont jamais pu se rendre maîtres des cœurs. Le public admiroit leur éloquence, mais il craignoit
leur caprice; et tout ce qu'on peut dire de
plus favorable pour eux, c'est qu'ils ont eu de
grandes qualités, mais qu'ils n'ont pas été de
grands hommes.

Craignez ces exemples fameux, et ne vous
flattez pas de pouvoir jouir de la véritable liberté à laquelle vous aspirez, si vous ne mé-
ritez ce bonheur par le parfait accomplissement de vos devoirs.

Vous êtes placés pour le bien du public,
entre le tumulte des passions humaines et le
trône de la justice; vous portez à ses pieds
les vœux et les prières des peuples; c'est par
vous qu'ils reçoivent ses décisions et ses oracles; vous êtes également redevables et aux
juges et à vos parties; et c'est ce double en-
gagement qui est le principe de toutes vos
obligations.

Respectez l'empire de la loi; ne la faites jamais servir, par des couleurs plus ingénieuses
que solides, aux intérêts de vos cliens; soyez
prêts à lui sacrifier non-seulement vos biens
et votre fortune, mais ce que vous avez de plus
précieux, votre gloire et votre réputation.

Apportez aux fonctions du barreau un amour
de la justice digne des plus grands magistrats;
consacrez à son service toute la grandeur de
votre ministère; et n'approchez jamais de ce
tribunal auguste, le plus noble séjour qu'elle

ait sur la terre, qu'avec un saint respect qui vous inspire des pensées et des sentimens aussi proportionnés à la dignité des juges qui vous écoutent, qu'à l'importance des sujets que vous y traitez.

Vous ne devez pas moins de vénération aux ministres de la justice qu'à la justice même ; travaillez à mériter leur estime, considérez-les comme les véritables distributeurs de cette gloire parfaite qui est l'objet de vos désirs, et regardez leur approbation comme la plus solide récompense de vos travaux.

Egalement élevés au-dessus des passions et des préjugés, ils sont accoutumés à ne donner leur suffrage qu'à la raison, et ils ne forment leurs jugemens que sur la lumière toujours pure de la simple vérité.

S'ils sont encore susceptibles de quelque prévention, c'est de ce préjugé avantageux que la probité reconnue de l'avocat fait naître en faveur de sa patrie. Servez-vous de cet innocent artifice pour concilier leur attention, et pour attirer leur confiance.

Ne vous flattez jamais du malheureux honneur d'avoir obscurci la vérité, et plus sensibles aux intérêts de la justice qu'au desir d'une vaine réputation, cherchez plutôt à faire paroître la bonté de votre cause que la grandeur de votre esprit.

Que le zèle que vous apporterez à la défense de vos cliens ne soit pas capable de vous rendre les ministres de leurs passions, et les organes de leur malignité secrète, qui aime mieux nuire aux autres que d'être utile à soi-même, et qui est plus occupée du désir de se venger que du soin de se défendre.

Quel caractère peut être plus indigne de la

gloire d'un ordre qui met tout son bonheur dans son indépendance, que celui d'un homme qui est toujours agité par les mouvemens empruntés d'une passion étrangère, qui s'apaise et s'irrite au gré de sa partie, et dont l'éloquence est esclave d'une expression satirique, qui le rend toujours odieux et souvent méprisable à ceux mêmes qui lui applaudissent?

Refusez à vos parties, refusez-vous à vous-mêmes le plaisir inhumain d'une déclamation injurieuse : bien loin de vous servir des armes du mensonge et de la calomnie, que votre délicatesse aille jusqu'à supprimer même les reproches véritables, lorsqu'ils ne font que blesser vos adversaires sans être utiles à vos parties; ou si leur intérêt vous force à les expliquer, que la retenue avec laquelle vous les proposerez soit une preuve de leur vérité, et qu'il paroisse au public que la nécessité de votre devoir vous arrache avec peine ce que la modération de votre esprit souhaiteroit de pouvoir dissimuler.

Ne soyez pas moins éloignés de la basse timidité d'un silence pernicieux à vos parties, que de la licence aveugle d'une satire criminelle; que votre caractère soit toujours celui d'une généreuse et sage liberté.

Que les foibles et les malheureux trouvent dans votre voix un azile assuré contre l'oppression et la violence; et dans ces occasions dangereuses, où la fortune veut éprouver ses forces contre votre vertu, montrez-lui que vous êtes non-seulement affranchis de son pouvoir, mais supérieurs à sa domination.

Quand, après avoir passé par les agitations et les orages du barreau, vous arrivez enfin à ce port heureux où, supérieurs à l'envie, vous jouissez en sûreté de toute votre réputation ; c'est le temps où votre liberté reçoit un nouvel accroissement, et où vous devez en faire un nouveau sacrifice au bien public.

Arbitres de toutes les familles, juges volontaires des plus célèbres différens, tremblez à la vue d'un si saint ministère, et craignez de vous en rendre indignes, en conservant encore ce zèle trop ardent, cet esprit de parti, cette prévention autrefois nécessaire pour la défense de vos cliens.

Laissez, en quittant le barreau, ces armes qui ont remporté tant de victoires dans la carrière de l'éloquence ; oubliez cette ardeur qui vous animoit lorsqu'il s'agissoit de combattre, et non pas de décider du prix ; et quoique votre autorité ne soit fondée que sur un choix purement volontaire, ne croyez pas que votre suffrage soit dû à celui qui vous a choisis, et soyez persuadés que votre ministère n'est distingué de celui des juges que par le caractère, et non par les obligations.

Sacrifiez à de si nobles fonctions tous les momens de votre vie : vous êtes comptables envers la patrie de tous les talens qu'elle admire en vous ; et tant que vos forces peuvent vous le permettre, c'est une espèce d'impiété de refuser à vos concitoyens un secours aussi utile pour eux qu'il est glorieux pour vous.

Enfin, si dans une extrême vieillesse, votre santé affoiblie par les efforts qu'elle a faits pour le public, ne souffre pas que vous lui consacriez le reste de vos jours, vous goûterez alors ce repos durable, cette paix intérieure, qui est la marque de l'innocence et le prix de la sagesse ; vous jouirez de la gloire d'un orateur et de la tranquillité d'un philosophe ; et si vous

êtes attentifs a observer les progrès de votre
élévation, vous reconnoîtrez que l'indépendance de la fortune vous a élevés au-dessus des
autres hommes, et que la dépendance de la
vertu vous a élevés au-dessus de vous-mêmes.

Les procureurs n'ont pas l'avantage d'exercer une profession si éclatante ; mais quelque
différence qu'il y ait entre leurs fonctions et
celles des avocats, ils peuvent s'appliquer les
mêmes maximes ; et s'ils veulent jouir de la
liberté qui peut convenir à leur état, ils ne doivent la chercher que dans une exacte observation de leurs devoirs. Etre soumis à la justice
et fidèles à leurs parties, c'est à quoi se réclui-
sent toutes leurs obligations. Nous voyons avec
plaisir l'application qu'ils ont donnée à la réformation des abus qui s'étoient glissés dans
leur corps, et nous les exhortons à faire de
nouveaux efforts pour éviter les justes reproches du public, et pour mériter cette protection favorable que la cour ne refuse jamais à
ceux qui se distinguent par leur droiture et leur
capacité.

II.ᵉ DISCOURS,

Prononcé en 1695.

LA CONNOISSANCE DE L'HOMME.

C'EST en vain que l'orateur se flatte d'avoir le talent de persuader les hommes, s'il n'a acquis celui de les connoître.

L'étude de la morale et celle de l'éloquence sont nées en même temps, et leur union est aussi ancienne dans le monde que celle de la pensée et de la parole.

On ne séparoit point autrefois deux sciences qui par leur nature sont inséparables ; le philosophe et l'orateur possédoient en commun l'empire de la sagesse ; ils entretenoient un heureux commerce, une parfaite intelligence entre l'art de bien penser et celui de bien parler ; et l'on n'avoit pas encore imaginé cette distinction injurieuse aux orateurs, ce divorce funeste à l'éloquence, de l'esprit et de la raison, des expressions et des sentimens, de l'orateur et du philosophe.

S'il y avoit quelque différence entr'eux, elle étoit toute à l'avantage de l'éloquence : le philosophe se contentoit de convaincre, l'orateur s'appliquoit à persuader.

L'un supposoit ses auditeurs attentifs, dociles, favorables ; l'autre savoit leur inspirer l'attention, la docilité, la bienveillance.

L'austérité des mœurs, la sévérité du discours, l'exacte rigueur du raisonnement, faisoient admirer le philosophe : la douceur d'esprit, ou naturelle ou étudiée, les charmes de la parole, le talent de l'insinuation, faisoient aimer l'orateur.

L'esprit étoit pour l'un, et le cœur étoit pour l'autre. Mais le cœur se révoltoit souvent contre les vérités dont l'esprit étoit convaincu ; l'esprit au contraire ne refusoit jamais de se soumettre aux sentimens du cœur : le philosophe, roi légitime, se faisoit souvent craindre comme un tyran, au lieu que l'orateur exerçoit une tyrannie si douce et si agréable, qu'on la prenoit pour la domination légitime.

Ce fut dans ce premier âge de l'éloquence que la Grèce vit autrefois le plus grand de ses orateurs jeter les fondemens de l'empire de la parole sur la connoissance de l'homme, et sur les principes de la morale.

En vain la nature, jalouse de sa gloire, lui refuse ses talens extérieurs, cette éloquence muette, cette autorité visible qui surprend l'ame des auditeurs, et qui attire leurs vœux avant que l'orateur ait mérité leurs suffrages ; la sublimité de son discours ne laissera pas à l'auditeur, transporté hors de lui-même, le temps et la liberté de remarquer ses défauts : ils seront cachés daus l'éclat de ses vertus ; on sentira son impétuosité, mais on ne verra point ses démarches ; on le suivra comme un aigle dans les airs, sans savoir comment il a quitté la terre.

Censeur sévère de la conduite de son peuple, il paroîtra plus populaire que ceux qui le flattent : il osera présenter à ses yeux la triste image de la vertu pénible et laborieuse ; et il le portera à préférer l'honnête difficile, et souvent même malheureux, à l'utile agréable, et aux douceurs d'une indigne prospérité.

La puissance du roi de Macédoine redoutera
l'éloquence de l'orateur athénien ; le destin de
la Grèce demeurera suspendu entre Philippe
et Démosthènes ; et comme il ne peut survivre
à la liberté de sa patrie, elle ne pourra jamais
expirer qu'avec lui.

Ce ne sont point des armes préparées dans
l'école d'un déclamateur ; ces foudres, ces
éclairs qui font trembler les rois sur leur trône,
sont formés dans une région supérieure. C'est
dans le sein de la sagesse qu'il avoit puisé cette
politique hardie et généreuse, cette liberté
constante et intrépide, cet amour invincible
de la patrie : c'est dans l'étude de la morale
qu'il avoit reçu des mains de la raison même
cet empire absolu, cette puissance souveraine
sur l'ame de ses auditeurs. Il a fallu un Platon
pour former un Démosthènes, afin que le plus
grand des orateurs fît hommage de toute sa
réputation au plus grand des philosophes.

Que si, après avoir porté les yeux sur ces
vives lumières de l'éloquence, nous pouvons
encore soutenir la vue de nos défauts, nous aurons du moins la consolation d'en connoître la
cause et d'en découvrir le remède.

Ne nous étonnons point de voir en nos jours
cette décadence prodigieuse de la profession
de l'éloquence ; nous devrions être surpris, au
contraire, si elle étoit florissante.

Livrés dès notre enfance aux préjugés de
l'éducation et de la coutume, le desir d'une
fausse gloire nous empêche de parvenir à la
véritable ; et par une ambition qui se précipite en voulant s'élever, on veut agir avant
d'avoir appris à se conduire, juger avant d'a-
voir connu, et, si nous osons même le dire,
parler avant d'avoir pensé.

On méprise la connoissance de l'homme comme une spéculation stérile, plus propre à dessécher qu'à enrichir l'esprit ; comme l'occupation de ceux qui n'en ont point, et dont le travail, quelque éclatant qu'il soit par la beauté de leurs ouvrages, n'est regardé que comme une illustre et laborieuse oisiveté.

Mais l'éloquence se venge elle-même de cette témérité ; elle refuse son secours à ceux qui veulent la réduire à un simple exercice de paroles ; et les dégradant de la dignité d'orateurs, elle ne leur laisse que le nom de déclamateurs frivoles, ou d'historiens souvent infidèles du différend de leurs parties.

Vous qui aspirez à relever la gloire de votre ordre, et à rappeler en nos jours au moins l'ombre et l'image de cette ancienne éloquence, ne rougissez point d'emprunter des philosophes ce qui étoit autrefois votre propre bien : et avant que d'approcher du sanctuaire de la justice, contemplez avec des yeux attentifs ce spectacle continuel que l'homme présente à l'homme même.

Que son esprit attire vos premiers regards, et attache pour un temps toute votre application.

La vérité est son unique objet ; il la cherche dans ses plus grands égaremens ; elle est la source innocente de ses erreurs ; et même le mensonge ne sauroit lui plaire que sous l'image et sous l'apparence trompeuse de la vérité.

L'orateur n'a qu'à la montrer, il est sûr de la victoire ; il a rempli le premier et le plus noble de ses devoirs quand il a su éclairer, instruire, convaincre l'esprit, et présenter aux yeux de ses auditeurs une lumière si vive et si éclatante, qu'ils ne puissent s'empêcher de re-

connoître à ce caractère auguste, la présence
de la vérité.

Qu'il ne se laisse pas éblouir par le succès
passager de cette vaine éloquence qui cherche
à surprendre les suffrages par des grâces étu-
diées, et non pas à les mériter par les beautés
solides d'un raisonnement victorieux. L'auditeur flatté sans être convaincu, condamne le
jugement de l'orateur dans le temps qu'il loue
son imagination ; et lui accordant à regret le
triste éloge d'avoir su plaire sans avoir su persuader, il préfère sans hésiter une éloquence
grossière et sauvage, mais convaincante et persuasive, à une politesse languissante, énervée,
et qui ne laisse aucun aiguillon dans l'ame des
auditeurs.

Celui qui aura bien connu la nature de l'esprit humain, saura trouver un juste milieu
entre ces deux extrémités. Instruit dans l'art
difficile de montrer la vérité aux hommes, il
sentira que, même pour leur plaire, il n'est
point de moyen plus sûr que de les convaincre :
mais il saura ménager la superbe délicatesse
de l'auditeur, qui veut être respecté dans le
temps même qu'on l'instruit ; et la vérité ne
dédaignera pas d'emprunter dans sa bouche les
ornemens de la parole.

Il la dévoilera avec tant d'art, que ses auditeurs croiront qu'il n'a fait que dissiper le
nuage qui la cachoit à leurs yeux, et ils join-
dront au plaisir de la découvrir celui de se
flatter en secret qu'ils partagent avec l'orateur
l'honneur de cette découverte.

Persuadé que, sans l'art du raisonnement,
la rhétorique est un fard qui corrompt les beautés naturelles, le parfait orateur en épuisera
toutes les sources, et il découvrira tous les ca-

naux par lesquels la vérité peut entrer dans l'esprit de ceux qui l'écoutent.

Il ne négligera pas même ces sciences abstraites que le commun des hommes ne méprise que parce qu'il les ignore. La connoissance de l'homme lui apprendra qu'elles sont comme les routes naturelles, et, si l'on peut s'exprimer ainsi, les avenues de l'esprit humain. Mais attentif à ne pas confondre les moyens avec la fin, il ne s'y arrêtera pas trop long-temps. Il se hâtera de les parcourir avec l'empressement d'un voyageur qui retourne dans sa patrie ; on ne s'apercevra point de la sécheresse des pays par lesquels il aura passé ; il pensera comme un philosophe, et il parlera comme un orateur.

Par un secret enchaînement de propositions, également simples et évidentes, il conduira l'esprit de vérités en vérités, sans jamais lasser ni partager son attention ; et dans le temps même que ses auditeurs s'attendent encore à une longue suite de raisonnemens, ils seront surpris de voir que, par un artifice innocent, la simple méthode a servi de preuve, et que l'ordre seul a produit la conviction.

Mais ce sera peu pour lui de convaincre, il voudra persuader ; et il découvrira d'abord dans l'étendue du cœur humain les caractères différens de la conviction et de la persuasion.

Pour convaincre il suffit de parler à l'esprit ; pour persuader il faut aller jusqu'au cœur. La conviction agit sur l'entendement, et la persuasion sur la volonté : l'une fait connoître le bien, l'autre le fait aimer ; la première n'emploie que la force du raisonnement, la dernière y ajoute la douceur du sentiment ; et si l'une règne sur les pensées, l'autre étend son empire sur les actions mêmes.

Tous les cœurs sont capables de sentir et d'aimer ; tous les esprits ne le sont pas de raisonner et de connoître.

Pour apercevoir distinctement la vérité, il faut quelquefois autant de lumières que pour la découvrir aux autres. La preuve devient inutile si l'esprit de celui qui l'écoute n'est pas capable de la comprendre ; et un grand orateur demande souvent un grand auditeur pour suivre le progrès de son raisonnement.

Mais pour régner par la force ou par la douceur du sentiment, il suffit de parler devant les hommes : leur amour-propre prête à l'orateur des armes pour les combattre ; sa première vertu est de connoître les défauts des autres ; sa sagesse consiste à découvrir leurs passions, et sa force à savoir profiter de leur foiblesse.

C'est par là qu'il achève de surmonter les obstacles qui s'opposent au succès de son éloquence : les ames les plus rebelles, ces esprits opiniâtres, sur lesquels la raison n'avoit point de prise et qui résistoient à l'évidence même, se laissent entraîner par l'attrait de la persuasion. La passion triomphe de ceux que la raison n'avoit pu dompter ; leur voix se mêle avec celle des génies d'un ordre supérieur : les uns suivent volontairement la lumière que l'orateur leur présente ; les autres sont élevés par un charme secret, dont ils éprouvent la force sans en connoître la cause : tous les esprits convaincus, tous les cœurs persuadés, payent également à l'orateur ce tribut d'amour et d'admiration, qui n'est dû qu'à celui que la connoissance de l'homme a élevé au plus haut degré de l'éloquence.

Maîtres dans l'art de parler au cœur, ne craignez

craignez pas de manquer jamais de figures, d'ornemens, et de tout ce qui compose cette innocente volupté dont l'orateur doit être l'artisan.

Ceux qui n'apportent à la profession de l'éloquence qu'une connoissance imparfaite, pour ne pas dire une ignorance entière de la science des mœurs, peuvent craindre de tomber dans ce défaut; destitués du secours des choses, ils recherchent ambitieusement celui des expressions, comme un voile magnifique à la faveur duquel ils espèrent de cacher la disette de leur esprit, et de paroître dire beaucoup plus qu'ils ne pensent.

Mais ces mêmes paroles qui fuient ceux qui les cherchent uniquement, s'offrent en foule à un orateur qui s'est nourri pendant long-temps de la substance des choses mêmes. L'abondance des pensées produit celle des expressions; l'agréable se trouve dans l'utile; et les armes qui ne sont données au soldat que pour vaincre, deviennent son plus bel ornement.

Avouons néanmoins qu'il est une science de plaire différente de celle d'émouvoir les passions. L'orateur ne touche pas toujours: son sujet y résiste souvent; mais l'orateur doit toujours plaire; l'intérêt de sa cause le demande toujours.

Telle est la nature de l'esprit humain, qu'il veut que la raison même s'assujettisse à lui parler le langage de l'imagination. La vérité simple et négligée trouve peu d'adorateurs: le commun des hommes la méconnoît dans sa simplicité, ou la méprise dans sa négligence: leur entendement se fatigue en vain à tracer les premiers traits du tableau qui se peint dans leur ame, si l'imagination ne prête ses cou-

I.   7.

leurs. L'ouvrage de l'entendement n'est souvent pour eux qu'une figure morte et inanimée ; l'imagination lui donne la vie et le mouvement. La conception pure, quelque lumineuse qu'elle soit, fatigue l'attention de l'esprit : l'imagination le délasse, et revêt tous les objets des qualités sensibles dans lesquelles il se repose agréablement.

Il s'élève presque toujours contre ceux qui osent prendre une route nouvelle, et qui veulent aller à l'entendement sans passer par l'imagination. Accoutumé à ne recevoir les impressions de la vérité que quand elles sont accompagnées de ce plaisir secret qu'il prend pour un de ses caractères, il préfère souvent un mensonge agréable à une austère vérité ; et son imagination indignée du mépris de l'orateur qui s'est contenté de parler à l'intelligence, s'en venge souvent sur l'orateur même, et détruit en secret cette conviction qu'il se flattoit d'avoir su produire.

Que cette disposition est favorable aux orateurs, et qu'il est vrai de dire que c'est l'imagination qui a élevé l'empire de l'éloquence, et qui lui a soumis tous les hommes !

C'est par son moyen que l'orateur sait approcher si près de notre ame les images de tous les objets, qu'elle les prend pour les objets mêmes. Elle substitue, pour ainsi dire, les choses aux paroles ; ce n'est plus l'orateur, c'est la nature qui parle. L'imitation devient si parfaite qu'elle se cache elle-même ; et par une espèce d'enchantement, ce n'est plus une description ingénieuse, c'est un objet véritable que l'auditeur croit voir, croit sentir, et se peindre à lui-même.

Ces miracles de l'art sont des effets de ce

pouvoir naturel que la connoissance de l'imagination donne à l'orateur sur l'imagination même. Il n'appartient qu'à lui de faire ce choix si difficile entre des beautés différentes ; de savoir quitter le bien pour prendre le mieux ; d'enlever, pour ainsi dire, et de cueillir la première fleur des objets qu'il présente à l'esprit, et d'attraper dans la peinture qui se fait par la parole, ce jour, cette lumière, ce moment heureux que le grand peintre saisit, et que le peintre médiocre cherche inutilement après qu'il a passé.

Il possède le talent encore plus rare de connoître jusqu'où il faut aller ; de savoir garder la modération dans le bien même ; de ne passer jamais les bornes presqu'imperceptibles qui séparent ce qui ne convient de ce qui ne convient pas ; et d'observer en tout l'exacte rigueur de la bienséance.

C'est cette dernière science qui embellit tout ce que l'orateur touche, qui donne des grâces à sa négligence même et qui fait aimer jusqu'à ses défauts : c'est une secrète sympathie, qui attachant l'ame à tous les objets extérieurs, lui fait apercevoir tous les rapports qui les unissent, et toutes les différences qui les séparent ; ou, si l'on veut, c'est une justesse d'oreille que la moindre dissonance blesse, et qui goûte toute la beauté de l'harmonie ; une convenance que l'on sent mieux qu'on ne peut la définir, que l'on trouve en soi-même, et que l'on perd souvent en voulant la chercher ; et pour tout dire en un mot, c'est le chef-d'œuvre de l'art des rhéteurs ; et c'est néanmoins ce que l'art des rhéteurs ne sauroit apprendre.

La nature donne à l'orateur ce génie heureux, cet instinct secret, ce goût sûr et délicat

qui sent comme par inspiration ce qui sied et
ce qui ne sied pas.

La morale y ajoute la connoissance des sujets sur lesquels il doit exercer ses talens naturels : et après lui avoir découvert les préceptes généraux de la rhétorique dans l'étude
de l'homme en général, elle lui présente l'homme
en particulier, comme un second tableau dans
lequel il doit chercher les règles particulières
de la bienséance.

Attentif à se connoître lui-même, s'il veut
prévenir la censure du public, qu'il soit le premier censeur de ses défauts. Le caractère le
plus ordinaire de ceux qui déplaisent aux autres, est de se plaire trop à eux-mêmes. Heureux celui qui a commencé par se déplaire pendant long-temps, qui a pu être frappé plus vivement de ses défauts que ses propres ennemis, et qui a éprouvé dans les premières années de sa vie l'utile déplaisir de ne pouvoir
jamais se contenter lui-même ! Il semble que
la nature ne lui donne cette inquiétude que
pour lui faire mieux goûter le plaisir du succès, et que ce soit à ce prix qu'elle lui fasse
acheter la gloire qu'elle lui prépare.

Il joint à ce dégoût de lui-même une heureuse défiance de ses forces : sa modestie fait
sans peine ce discernement si pénible à l'amour-
propre, des sujets qui lui sont proportionnés ;
ou plutôt, par un amour-propre plus éclairé,
pour réussir dans tout ce qu'il entreprend, il
n'entreprend rien qui soit au-dessus de lui ; et
il n'oublie jamais que quelque grand que l'on
soit, on paroît toujours médiocre quand on est
inférieur à son sujet; et qu'au contraire on paroît toujours assez grand quand on a pu remplir
toute l'étendue de sa cause.

Si le caractère de son esprit lui refuse la har-

diesse des expressions, la véhémence des figures, la rapidité de la déclamation, il ne pré-
férera point, vainement ambitieux, un sublime mal soutenu à une sage et précieuse médiocrité : la justesse d'esprit, la pureté du discours, la dignité de la prononciation, seront
son partage ; l'égalité de son style suppléera
ce qui manque à son élévation ; il s'insinuera
par la douceur dans l'ame de ceux qui se révoltent contre la fierté dominante des orateurs
véhémens ; il saura mettre à profit jusqu'à ses
imperfections ; elles ne serviront qu'à rendre
l'auditeur moins défiant et plus facile à être
touché ; sa foiblesse deviendra sa force, et
fera partie de son éloquence.

Il n'affectera point la gloire d'une vaste érudition, si la multitude de ses occupations ne
lui a pas permis de l'acquérir ; ou s'il est assez
heureux pour l'avoir acquise, elle perdra dans
sa bouche cet air sauvage et impérieux que les
savans lui prêtent, pour reprendre ce caractère de douceur et de modestie que la nature
lui avoit donné ; et par une adroite dissimulation de ses forces, il jouira du précieux avantage d'avoir su mériter l'estime, sans exciter
la jalousie, et de s'être fait aimer des hommes
dans le temps même qu'il les forçoit à l'admirer.

Cette noble modestie relèvera l'éclat de toutes ses vertus : c'est elle qui embellit, pour
ainsi dire, la beauté même ; qui répand une
bienséance générale sur toutes les paroles de
l'orateur, et qui intéresse si fortement ceux
qui l'écoutent au succès de son action, qu'au
lieu d'en être les juges, ils en deviennent les
protecteurs. Ornement naturel de ceux qui
commencent, plus estimable encore dans ceux
qui sont plus avancés, elle est la vertu de tous

les temps et de tous les âges, qui doit accompagner l'orateur dans tout le cours de sa réputation, quoique la même éloquence ne lui convienne pas toujours, et que le progrès de son style doive imiter celui de ses années.

La jeunesse peut se permettre pour un temps l'abondance des figures, la richesse des ornemens, et tout ce qui compose la pompe et le luxe de l'éloquence : cette heureuse témérité, ces efforts hardis d'une éloquence naissante, sont les défauts de ceux qui sont destinés aux grandes vertus. Un style sec et aride est odieux dans la jeunesse, par la seule affectation d'une sévérité prématurée. Malheur à ces génies ingrats et stériles qui prennent la sécheresse pour la justesse d'esprit, la disette pour la modération, la foiblesse pour le bon usage de ses forces, et qui croient que la vertu consiste seulement à n'avoir point de vices !

Il viendra un âge plus avancé, qui retranchera cette riche superfluité : le style de l'orateur vieillira avec lui ; ou pour mieux dire, il acquerra toute la maturité de la vieillesse, sans perdre la vigueur de la jeunesse. Il ne manquera pas même alors de grâces et d'ornemens ; mais ces grâces seront austères, ces ornemens seront graves et majestueux.

Ainsi, suivant toujours les règles de la plus exacte bienséance, il sentira que le moyen le plus sûr de plaire aux autres est de ne sortir jamais de son propre caractère, et de ne parler que d'après soi-même.

Mais obligé par la nature de son ministère de parler aussi d'après ses parties, il ne s'appliquera pas moins à les connoître, s'il veut remplir les devoirs de l'avocat, et mériter la gloire de l'orateur.

Etudier les inclinations de ses parties, pour les suivre si elles sont justes, et pour les réprimer si elles sont déréglées ; connoître leur vertu pour prévenir les juges en leur faveur, et leurs défauts pour détruire ou pour affoiblir le préjugé qui leur est contraire ; examiner avec attention leur naissance et leur état, leur réputation et leur dignité, pour ménager avec art ces avantages équivoques qui peuvent exciter ou la faveur ou l'envie, souvent plus à craindre pour ceux qui les ont, qu'à désirer pour ceux qui ne les ont pas, c'est le devoir commun de tous ceux qui portent le nom d'avocat : mais ce n'est encore qu'une légère idée des obligations de l'orateur.

S'il veut être toujours sûr de plaire et de réussir, il faut que, sans prendre ni les passions ni les erreurs de ses parties, il se transforme, pour ainsi dire, en elles-mêmes ; et que les exprimant avec art dans sa personne, il paroisse aux yeux du public, non tel qu'elles sont, mais tel qu'elles devroient être.

Qu'il imite l'adresse de ces peintres qui savent prêter des grâces à ce que la nature a de plus affreux ; et qui diminuant les défauts sans toucher à la ressemblance, donnent aux personnes les plus difformes la joie de se reconnoître et de se plaire dans leurs portraits.

C'est par le moyen de cette fiction ingénieuse, et sous cette personne empruntée, que l'orateur animé, pénétré, agité des mêmes mouvemens que sa partie, ne dira jamais rien qui ne lui convienne parfaitement : il réunira la douceur et la sagesse de la raison avec la force et l'impétuosité de la passion ; ou plutôt la passion de la partie deviendra raisonnable dans la bouche de son défenseur : et se renfermant dans l'usage auquel la nature l'avoit destinée, elle saura toucher le cœur sans offenser l'esprit.

Ce ne sera plus un seul homme dont le style toujours le même, ne fait que changer de sujet sans changer de tour.

Il se multipliera, pour ainsi dire; il empruntera autant de formes différentes qu'il aura de causes et de parties d'un caractère différent.

Tantôt sublime et pompeux, son style imitera la rapidité d'un torrent impétueux, ou la majesté d'un fleuve tranquille : tantôt simple et modeste, il saura descendre sans s'abaisser, et par des grâces naïves et des ornemens naturels, délasser l'attention de ceux qui l'avoient à peine suivi dans son élévation.

Il refusera d'orner ce qui ne demande que d'être expliqué; après avoir porté la lumière dans les longues obscurités d'une procédure ennuyeuse, il se contentera d'arracher les épines qui lui sont naturelles, sans vouloir y mêler mal-à-propos des fleurs étrangères.

Souvent la véhémence et la triste sévérité de son discours protégeront la vertu opprimée, et feront trembler le vice triomphant. Quelquefois plus facile et plus doux en apparence, mais plus redoutable en effet, il ne s'attachera pas tant à rendre le vice odieux, qu'à le rendre méprisable : mais la nécessité autorisera son ironie, ou du moins l'utilité la fera excuser; la vérité lui servira toujours de fondement, et la sagesse en saura modérer et adoucir l'usage.

Ainsi prenant successivement toutes sortes de caractères, né pour tous, et réussissant dans chacun comme s'il n'étoit que pour celui-là seul, il ne lui restera plus qu'à souhaiter

que ce personnage étranger que la nécessité
de son ministère lui impose, n'exige jamais
rien de l'avocat qui soit contraire au devoir
de l'homme de bien.

Mais s'il éprouve quelquefois ce combat intérieur entre lui-même et sa partie, sa vertu
seule le décidera, ou plutôt elle saura le prévenir. Elle rougiroit d'avoir pu hésiter un moment entre l'honnête et l'utile. Jaloux de sa
réputation, il l'estimera trop pour la sacrifier
à sa partie; et sagement infidèle il acquerra
plus de vraie et de solide gloire par un silence
judicieux, qu'il n'auroit fait par tous les efforts
de son éloquence. Plus heureux en cet état que
les anciens orateurs, il n'aura pas besoin de
connoître le caractère particulier de ses juges
pour être assuré de leur plaire.

Dans ce temps d'une liberté ennemie de la
justice, où la qualité de juge étoit un présent
de la naissance, plutôt que le prix du mérite;
dans ces assemblées tumultueuses, où la raison vaincue par le nombre, devoit s'estimer
heureuse si elle n'étoit que méprisée sans être
punie, l'orateur, qui comptoit souvent ses propres ennemis dans le nombre de ses juges,
ne pouvoit presque espérer un succès favorable
s'il ne s'appliquoit à découvrir les erreurs du
peuple pour le tromper, ses passions pour le
séduire, ses caprices pour le flatter, son foible
pour l'entraîner.

Et lorsque la fortune, lasse de présider aux
jugemens populaires, voulut remettre l'empire du monde entre les mains d'un seul, pour
régner par un homme sur tous les autres hommes, l'orateur trouva souvent tous les défauts
du peuple réunis dans son juge avec une autorité encore plus absolue.

7*

Ce fut à la vérité un jour de triomphe, non-seulement pour l'orateur, mais encore pour l'éloquence même, que celui où la fortune prit plaisir à commettre deux héros d'un caractère différent; ces grands hommes qui ont eu tous deux pour but de régner et de vaincre, l'un par la force des armes, l'autre par les charmes de la parole.

Le conservateur de la république, celui que Rome libre appela le père de la patrie, parle devant l'usurpateur de l'empire et le destructeur de la liberté. Il défend un de ces fiers républicains qui avoient porté les armes contre César, et il a César même pour juge.

C'est peu de parler pour un ennemi vaincu en présence du victorieux; il parle pour un ennemi condamné, et il entreprend de le justifier devant celui qui a prononcé sa condamnation avant que de l'entendre, et qui, bien loin de lui donner l'attention d'un juge, ne l'écoute plus qu'avec la maligne curiosité d'un auditeur prévenu.

Mais l'orateur connoît la passion dominante de son juge, et c'en est assez pour le vaincre. Il flatte sa vanité pour désarmer sa vengeance; et malgré l'indifférence obstinée de César, il sait l'intéresser si vivement à la conservation de celui qu'il vouloit perdre, que son émotion ne peut plus se contenir au dedans de lui-même.

Le trouble extérieur de son visage rend hommage à la supériorité de l'éloquence: il absout celui qu'il avoit déjà condamné, et Cicéron mérite l'éloge qu'il donne à César, d'avoir su vaincre le vainqueur, et triompher de la victoire.

Quels éloges auroit-il donnés à la modéra-

tion d'un prince aussi grand que César, mais
plus maître de lui-même; qui se rend, non à
l'éloquence, mais à la justice, et qui ne partage avec personne la gloire de savoir se vaincre lui-même, sans trouble, sans efforts, par
la seule supériorité d'une vertu qui a tellement
dompté les passions, qu'elle règne sans violence
et qu'elle triomphe sans combat?

Heureux les orateurs qui parlent devant les
juges animés de cet esprit, et soutenus par ce
grand exemple!

Vous savez qu'ils sont juges, et c'est en savoir assez pour les connoître parfaitement. Ils
n'ont point d'autre caractère que celui qu'ils
portent dans le tribunal de la justice souveraine : aucun mélange de passions, d'intérêt,
d'amour-propre, n'a jamais troublé la pureté
des fonctions de leur ministère; on les a dé-
finis quand on a défini la justice, et la personne privée ne se laisse jamais entrevoir sous
le voile de la personne publique.

Ne travaillez donc point à concilier leur attention par les vaines figures d'une déclamation étudiée : un motif plus noble et plus élevé,
une vue plus sainte et plus efficace les rend
attentifs. Ne recherchez point leur faveur par
des artifices superflus; la raison seule peut la
mériter : la bienséance à leur égard est la même
chose que le devoir, et rien n'est plus éloquent
auprès d'eux que la vertu.

Assurés de leur approbation, ne doutez point
de celle du public.

Ce peuple, cette multitude qui, dans le temps
qu'elle exerçoit elle-même les jugemens, se
faisoit craindre aux parties par son caprice,
n'est plus terrible qu'aux orateurs, par la juste
sévérité d'une censure rigoureuse. Ceux qui

abusoient de leur ministère dans le temps
qu'ils étoient juges, ne se trompent presque
plus depuis qu'ils sont devenus simples spectateurs ; et le caractère de l'infaillibilité est
presque toujours attaché au sentiment de la multitude.

C'est elle qui fait le partage de la réputation
entre les grands hommes, et qui, par un juste
discernement du mérite, donne des éloges différens aux différentes qualités de ceux de vos
confrères dont vous regrettez la perte.

Elle loue dans l'un l'étendue de la science
et la profondeur de l'érudition ; dans l'autre
une parfaite intelligence des affaires et une expérience consommée. Elle plaint une justesse
d'esprit, une force de raisonnement peu commune dans celui qu'une mort précipitée a enlevé au milieu de sa course ; et elle admire dans
le dernier ce mérite qui n'a paru que parfait,
cette élévation dont on n'a remarqué ni le commencement ni le progrès, cette réputation subite qui est sortie toute éclatante de l'obscurité
de sa retraite laborieuse.

C'est donc ce jugement, cette approbation
du public qui donne le privilége de l'immortalité à vos ouvrages. Vous jouissez auprès de
lui du même avantage qu'auprès de vos juges.
Incapable d'être corrompu, il n'applaudit constamment qu'au véritable mérite ; mais il lui
applaudit toujours. Un grand orateur n'accuse
jamais son siècle d'injustice : il sait toujours
le rendre juste. La connoissance de l'homme
lui fait mépriser ces goûts passagers qui n'entraînent que les orateurs et les auditeurs médiocres. Elle lui inspire ce goût général et
universel, ce goût de tous les temps et de tous
les pays, ce goût de la nature qui, malgré les

efforts d'une fausse éloquence, est toujours sûr d'enlever l'estime des hommes et de forcer leur admiration.

La chaste sévérité de son éloquence se contente de ne pas déplaire à l'auditeur, en attaquant avec violence une erreur qui le flatte ; mais elle ne cherche jamais à lui plaire par des vices agréables : elle trouve une route plus sûre pour arriver à son cœur ; et redressant son goût sans le combattre, elle lui met devant les yeux de véritables beautés pour lui apprendre à rejeter les fausses.

C'est ainsi que la connoissance de l'homme rend l'orateur supérieur aux jugemens des hommes ; c'est par là qu'il devient l'arbitre du bon goût, le modèle de l'éloquence, l'honneur de son siècle et l'admiration de la postérité ; enfin, c'est par là que son cœur aussi élevé que son esprit réunit la science de bien vivre à celle de bien parler, et qu'il rétablit entr'elles cette ancienne intelligence sans laquelle le philosophe est inutile aux autres hommes, et l'orateur à soi-même.

IIIe DISCOURS,

Prononcé en 1699.

DES CAUSES DE LA DÉCADENCE
DE L'ÉLOQUENCE.

LA destinée de tout ce qui excelle parmi les hommes est de croître lentement, de se soutenir avec peine pendant quelques momens, et de tomber bientôt avec rapidité.

Nous naissons foibles et mortels, et nous imprimons sur tout ce qui nous environne le caractère de notre foiblesse et l'image de notre mort. Les sciences les plus sublimes, ces vives lumières qui éclairent nos esprits, éternelles dans leur source, puisqu'elles sont une émanation de la Divinité même, semblent devenir mortelles et périssables par la contagion de notre fragilité : immuables en elles-mêmes, elles changent par rapport à nous ; comme nous, on les voit naître, et comme nous, on les voit mourir. L'ignorance succède à l'érudition, la grossiéreté au bon goût, la barbarie à la politesse. Les sciences et les beaux-arts rentrent dans le néant dont on avoit travaillé pendant une longue suite d'années à les faire sortir ; jusqu'à ce qu'une heureuse industrie, par une espèce de seconde création, leur donne un nouvel être et une seconde vie.

Ce torrent d'éloquence, ces sources de doctrine qui ont inondé autrefois la Grèce et l'Italie, qu'étoient-elles devenues pendant plu-

sieurs siècles ? Nos aïeux les ont vu renaître ,
l'âge de nos pères a admiré leur éclat , le nôtre
commence à les voir diminuer ; et qui sait si
nos enfans en verront encore les foibles restes ?

Nous avons vu mourir de grands hommes ,
et nous n'en voyons point renaître de leurs
cendres. Une langueur mortelle a pris la place
de cette vive émulation qui nous a fait voir tant
de prodiges dans les sciences et tant de chefs-
d'œuvre dans les arts ; et une molle oisiveté
détruit insensiblement l'ouvrage qu'un travail
opiniâtre avoit à peine élevé. Que nous serions
heureux si nous n'avions à déplorer que les
pertes des autres professions , et si dans le
déclin de la littérature , l'éloquence et l'érudition s'étoient réfugiées dans votre ordre ,
comme dans leur temple naturel , pour y recevoir à jamais le juste tribut des louanges et
de l'admiration des hommes !

Mais après avoir flatté par des souhaits ambitieux l'ardeur que nous avons pour votre
gloire , ces souhaits mêmes se tournent contre
nous. En nous montrant ce que nous devrions
être , ils nous forcent de reconnoître combien
nous en sommes éloignés , et ils nous obligent
de faire une triste comparaison entre ce que
nous avons été et ce que nous sommes.

Vous le savez, vous qui , dans un âge avancé ,
vous souvenez encore avec joie , ou peut-être
avec douleur , d'avoir vu l'ancienne dignité
de votre ordre. Rappelez la mémoire de ces jours
heureux qui éclairoient encore ce barreau lorsque vous y avez été reçus. Quelle multitude
d'orateurs ! Quel nombre de jurisconsultes !
Combien d'éloquence dans les discours , d'érudition dans les écrits , de prudence dans les
conseils !

On n'entendoit dans cet auguste tribunal que des voix dignes de la majesté du sénat, qui, après avoir essayé dans les tribunaux inférieurs les forces timides de leur éloquence naissante, regardoient l'honneur de parler devant le premier trône de la justice comme le prix le plus glorieux de leurs travaux.

Après les avoir admirés dans le tumulte et les agitations du barreau, on les respectoit encore plus lorsque, dans un repos actif et dans un loisir laborieux, ils jouissoient du noble plaisir d'être la lumière des aveugles, la consolation des malheureux, l'oracle de tous les citoyens. On approchoit avec une espèce de religion de ces hommes vénérables. Toutes les vertus présidoient à leurs sages délibérations La justice y tenoit la balance, comme dans les plus saints tribunaux ; la patience y écoutoit avec une scrupuleuse application toutes les raisons des parties qui les consultoient ; la science y plaidoit toujours la cause de l'absent, et ne rougissoit point d'appeler quelquefois à son secours une lenteur salutaire ; la prudence y donnoit en tremblant un conseil assuré ; et la modeste timidité avec laquelle ces sages vieillards proposoient leurs sentimens, étoit presque toujours un caractère infaillible de la sûreté de leur décision.

Tels ont été vos pères, tel est l'état dont nous sommes déchus. A ce haut degré d'éloquence nous avons vu succéder une médiocrité louable en elle-même, mais triste et ingrate, si on la compare avec l'élévation qui l'a précédée. Ne craindrons-nous point de le dire, et ne nous reprochera-t-on pas ou la bassesse ou la force de nos expressions ? Ce pilier fameux où se prononçoient autrefois tant d'oracles est presque muet aujourd'hui ; il gémit, comme ce barreau, de se voir menacé d'une triste solitude ; un petit nombre de têtes illustres sont dans l'opinion publique, les dernières espérances et l'unique ressource de la doctrine comme de l'éloquence ; et si quelque malheur nous affligeoit de leur perte, peut-être serions-nous réduits à regretter inutilement cette même médiocrité que nous déplorons aujourd'hui.

Qui pourra découvrir, et qui entreprendra d'expliquer dignement les véritables sources d'une si sensible décadence ?

Nous plaindrons-nous d'être nés dans ces années stériles où la nature, affoiblie par de grands et continuels efforts, touche au terme fatal d'une languissante vieillesse? Mais jamais l'esprit n'a été un bien plus commun et plus universel.

Nous aspirons à la même gloire qui a couronné les travaux de nos pères, et nous y aspirons avec plus de secours. Nous avons joint nos propres trésors aux richesses étrangères. Sans perdre les anciens modèles, nous en avons acquis de nouveaux ; et les ouvrages que l'imitation des anciens a produits, ont mérité à leur tour d'être l'objet de l'imitation de tous les siècles suivans.

Il semble même que, pour nous rendre inexcusables, le caprice du sort ait pris plaisir à nous offrir les matières les plus illustres, et des sujets véritablement dignes de la plus sublime éloquence. Combien de causes célèbres renfermées dans le cercle étroit d'un petit nombre d'années ! La poésie a-t-elle jamais rien hasardé de plus étonnant sur la scène que ces révolutions imprévues, ces événemens incroya-

bles qui ont excité depuis deux ans l'attention et la curiosité du public ? La fable la plus
audacieuse n'auroit jamais eu la hardiesse d'in-
venter ce que la simple vérité nous a fait voir;
et le vrai a été beaucoup au-delà du vraisemblable.

Que nous reste-t-il donc, si ce n'est de nous
accuser nous-mêmes, et de mériter au moins
la gloire de la sincérité, si nous ne pouvons
plus parvenir à celle de l'éloquence, en nous
redisant tous les jours : n'admirons plus avec
étonnement la chute de notre ordre ; soyons
plutôt surpris de voir qu'il conserve encore
quelques restes de son ancienne splendeur.
Comment se consacre-t-on à une si glorieuse,
mais si pénible profession ? et quelle est la
conduite de ceux qui s'y sont consacrés ?

A voir cette multitude prodigieuse de nouveaux sujets qui se hâtent tous les ans d'entrer
dans votre ordre, on diroit qu'il n'y a point de
profession dans laquelle il soit plus facile d'exceller. La nature accorde à tous les hommes
l'usage de la parole : tous les hommes se persuadent aisément qu'elle leur a donné en même
temps le talent de bien parler. Le barreau est
devenu la profession de ceux qui n'en ont point,
et l'éloquence qui auroit dû choisir avec une
autorité absolue des sujets dignes d'elle dans
les autres conditions, est obligée au contraire
de se charger de ceux qu'elles ont dédaigné de
recevoir.

Combien en voit-on qui luttent pendant toute
leur vie contre un naturel ingrat et stérile,
qui n'ont point de plus grand ennemi à combattre qu'eux-mêmes, ni de préjugé plus difficile à effacer dans l'esprit des autres, que
celui de leur extérieur ! Encore s'ils travailloient

sérieusement à le détruire, ils n'en seroient que plus louables, lorsque par un pénible travail ils auroient pu triompher de la nature, et la convaincre d'injustice. Mais la paresse se joint en eux au défaut des talens naturels; et flattant leurs imperfections au lieu de les corriger, on les voit souvent, et même dans la première jeunesse, lecteurs insipides et récitateurs ennuyeux de leurs ouvrages, ôter à l'orateur la vie et le mouvement, en lui ôtant la mémoire et la prononciation. Et quelle peut être l'impression d'une éloquence froide, languissante, inanimée, qui dans cet état de mort où on la réduit, ne conserve plus que l'ombre, ou, si l'on ose le dire, le squelette de la véritable éloquence?

Que ce succès est digne des motifs qui font entrer dans le barreau ce grand nombre d'orateurs qu'il semble que la nature avoit condamnés à un perpétuel silence!

Ce n'est point le desir de s'immoler tout entier au service du public dans une profession glorieuse; d'être l'organe et la voix de ceux que leur ignorance ou leur foiblesse empêche de se faire entendre; d'imiter la fonction de ces anges que l'Ecriture nous représente auprès du trône de Dieu, offrant l'encens et les sacrifices des hommes, et de porter comme eux les vœux et les prières des peuples aux pieds de ceux que la même Ecriture appelle les dieux de la terre.

Des motifs si purs et si élevés ne nous touchent plus guère; on ne sacrifie aujourd'hui qu'à l'intérêt. C'est lui qui ouvre presque toujours l'entrée de votre ordre, comme celle de tous les autres états; la plus libre et la plus noble de toutes les professions devient la plus servile et la plus mercenaire. Que peut-on attendre de ces ames vénales qui prodiguent, qui prostituent leur main et leur voix à ceux que l'ordre des professions rend leurs inférieurs; ou qui, pour un vil intérêt, adoptant des ouvrages qui les déshonorent, vendent publiquement leur réputation, et trafiquent honteusement de leur gloire ?

L'éloquence n'est pas seulement une production de l'esprit, c'est un ouvrage du cœur. C'est là que se forment cet amour intrépide de la vérité, ce zèle ardent pour la justice, cette vertueuse indépendance dont vous êtes si jaloux, ces grands, ces généreux sentimens qui élèvent l'ame, qui la remplissent d'une noble fierté et d'une confiance magnanime, et qui portant encore plus loin votre gloire que l'éloquence même, font admirer l'homme de bien en vous, beaucoup plus que l'orateur.

Ne croyez pourtant pas qu'il vous suffise d'avoir joint la noblesse et la pureté des motifs à la grandeur des talens naturels ; et sachez que la plaie la plus profonde, et peut-être la plus incurable de votre ordre, est l'aveugle témérité avec laquelle on ose s'y engager, avant que de s'en être rendu digne par une longue et laborieuse préparation.

Quels trésors de science, quelle variété d'érudition, quelle sagacité de discernement, quelle délicatesse de goût ne faudroit-il pas réunir pour exceller dans le barreau ! Quiconque osera mettre des bornes à la science de l'avocat, n'a jamais conçu une parfaite idée de la vaste étendue de votre profession.

Que les autres étudient l'homme par parties; l'orateur n'est point parfait, si, par l'étude continuelle de la plus pure morale, il ne connoît,

il ne pénètre, il ne possède l'homme tout entier.

Que la jurisprudence romaine soit pour lui
une seconde philosophie ; qu'il se jette avec
ardeur dans la mer immense des canons ; qu'il
ait toujours devant les yeux l'autorité des ordonnances de nos rois, et la sagesse des oracles du sénat ; qu'il dévore les coutumes, qu'il
en découvre l'esprit, qu'il en concilie les principes ; et que chaque citoyen de ce grand
nombre de petits états que forme dans un seul
la diversité des lois et des mœurs, puisse
croire en le consultant qu'il est né dans sa patrie, et qu'il n'a étudié que les usages de son
pays.

Que l'histoire lui donne une expérience, et,
si l'on peut s'exprimer ainsi, une vieillesse
anticipée ; et qu'après avoir élevé ce solide
édifice de tant de matériaux différens, il y
ajoute tous les ornemens du langage, et toute
la magnificence de l'art qui est propre à sa profession. Que les anciens orateurs lui donnent
leur insinuation, leur abondance, leur sublimité ; que les historiens lui communiquent leur
simplicité, leur ordre, leur variété ; que les
poètes lui inspirent la noblesse de l'invention,
la vivacité des images, la hardiesse de l'expression, et sur-tout ce nombre caché, cette secrète harmonie du discours, qui, sans avoir
la servitude et l'uniformité de la poésie, en
conserve souvent toute la douceur et toutes les
grâces. Qu'il joigne la politesse française au
sel attique des Grecs et à l'urbanité des Romains. Que, comme s'il s'étoit transformé dans
la personne des anciens orateurs, on recon-
noisse en lui plutôt leur génie et leur caractère, que leurs pensées et leurs expressions ;

et que l'imitation devenant une seconde nature,
il parle comme Cicéron lorsque Cicéron imite
Démosthènes; ou comme Virgile lorsque, par
un noble mais difficile larcin, il ne rougit point
de s'enrichir des dépouilles d'Homère.

Notre imagination prend ici plaisir à former
un souhait accompli, et à se perdre dans un
songe délicieux qui lui montre de loin une
image de la perfection à laquelle nous aspirons.
Ouvrons enfin les yeux, et laissons disparoître
ce fantôme agréable que nos désirs avoient
élevé. Que trouverons-nous à sa place, et quel
triste spectacle nous offrira la vérité ?

Les sciences négligées, la paresse victorieuse
de l'application, le travail regardé comme le
partage de ceux qui n'ont point d'esprit, et
dédaigné par tous ceux qui croient en avoir;
l'ignorance insulte à la doctrine ; la science
timide et tremblante, est obligée d'emprunter
de l'art le secret de se cacher. Ceux qui ont
commencé à élever la gloire du barreau vouloient paroître tout savoir ; nous faisons gloire
de tout ignorer. Ils portoient souvent jusqu'à
l'excès l'amour d'une vaste érudition ; rougissant de penser et de parler d'eux-mêmes,
ils croyoient que les anciens avoient pensé et
parlé pour eux; ils travailloient plus à les traduire qu'à les imiter ; et ne permettant rien à
la force de leur génie, ils mettoient toute leur
confiance dans la profondeur de leur doctrine.
Grâces au retour du bon goût, dont nous avons
vu luire quelques rayons, on a senti le vice
et l'esclavage de cette savante affectation. Mais
la crainte de cet excès nous a fait tomber dans
l'extrémité opposée ; nous méprisons l'utile, le
nécessaire secours de l'étude et de la science ;
nous voulons devoir tout à notre esprit, et rien

à notre travail. Et qu'est-ce que cet esprit dont nous nous flattons vainement, et qui sert de voile favorable à notre paresse?

C'est un feu qui brille sans consumer, c'est une lumière qui éclate pendant quelques momens, et qui s'éteint d'elle-même par le défaut de nourriture; c'est une superficie agréable, mais sans profondeur et sans solidité; c'est une imagination vive, ennemie de la sûreté du jugement, une conception prompte, qui rougit d'attendre le conseil salutaire de la réflexion, une facilité de parler qui saisit avidement les premières pensées, et qui ne permet jamais aux secondes de leur donner leur perfection et leur maturité.

Semblables à ces arbres dont la stérile beauté a chassé des jardins l'utile ornement des arbres fertiles, cette agréable délicatesse, cette heureuse légèreté d'un génie vif et naturel, qui est devenu l'unique ornement de notre âge, en a banni la force et la solidité d'un génie profond et laborieux; et le bon esprit n'a point eu de plus dangereux ni de plus mortel ennemi que ce que l'on honore dans le monde du nom trompeur de bel esprit.

C'est à cette flatteuse idée que nous sacrifions tous les jours par la profession publique d'une orgueilleuse ignorance. Nous croirions faire injure à la fécondité de notre génie si nous nous rabaissions jusqu'à vouloir moissonner pour lui une terre étrangère. Nous négligeons même de cultiver notre propre bien; et la terre la plus fertile ne produit plus que les épines, par la négligence du laboureur qui se repose sur sa fécondité naturelle.

Que cette conduite est éloignée de celle de ces grands hommes dont le nom fameux semble être devenu le nom de l'éloquence même !

Ils savoient que le meilleur esprit a besoin d'être formé par un travail persévérant, et par une culture assidue ; que les grands talens deviennent aisément de grands défauts, lorsqu'ils sont livrés et abandonnés à eux-mêmes ; et que tout ce que le ciel a fait naître de plus excellent dégénère bientôt, si l'éducation, comme une seconde mère, ne conserve l'ouvrage que la nature lui confie aussitôt qu'elle l'a produit.

Ne compter pour rien les travaux de l'enfance, et commencer les sérieuses, les véritables études dans le temps où nous les finissons ; regarder la jeunesse, non comme un âge destiné par la nature au plaisir et au relâchement ; mais comme un temps que la vertu consacre au travail et à l'application ; négliger le soin de ses biens, de sa fortune, de sa santé même ; et faire de tout ce que les hommes chérissent le plus un digne sacrifice à l'amour de la science et à l'ardeur de s'instruire ; devenir invisible pour un temps, se réduire soi-même dans une captivité volontaire, et s'ensevelir tout vivant dans une profonde retraite, pour y préparer de loin des armes toujours victorieuses ; voilà ce qu'ont fait les Démosthène et les Cicéron. Ne soyons plus surpris de ce qu'ils ont été ; mais cessons en même temps d'être surpris de ce que nous sommes, en jetant les yeux sur le peu que nous faisons pour arriver à la même gloire à laquelle ils sont parvenus.

Et que seroit-ce encore si, après avoir plaint la témérité de ceux qui entrent dans votre ordre sans autres dispositions que le simple désir d'être avocats, sans autre motif qu'un vil

vil et sordide intérêt, sans autre préparation qu'un excès de confiance dans leur esprit, nous envisagions la négligence d'une partie de ceux qui y sont entrés ; et si, portant de tous côtés les regards pénétrans d'une salutaire censure, nous y découvrions par-tout de nouvelles plaies et de nouvelles sources de sa décadence !

Que ne pourrions-nous point dire d'abord de ceux qui ne perdent la gloire à laquelle ils aspirent, que par l'aveugle impatience qu'ils ont de l'acquérir ; et qui, prévenant par une ardeur indiscrète la maturité de l'âge et celle de la doctrine, se hâtent d'exposer avant le temps les fruits précoces de leurs études mal digérées ! Ces premières semences de mérite et de réputation qu'ils avoient à peine commencé de cultiver, sont, ou étouffées par les épines des affaires, ou dissipées par les grands efforts d'un esprit qui s'épuise par son ardeur, et qui se consume par sa propre activité. La confiance prévient en eux le mérite, au lieu d'en être l'effet. Ils ne sont jamais grands, parce qu'ils ont trop tôt cru l'être. Impatiens de jouir de la gloire prématurée d'un mérite avancé, ils sacrifient l'utile à l'agréable ; et l'automne n'a point de fruits, par l'empressement qu'ils ont eu de cueillir toutes les fleurs dans le printemps.

Que l'on donne quelques années, si l'on veut, à cette première soif de gloire et de réputation, qui s'éteindroit peut-être bientôt, si elle n'étoit excitée et comme irritée par le succès ; que l'on acquière dans la jeunesse ce que la jeunesse seule peut donner, la sûreté de la mémoire, la facilité des expressions, la hardiesse et la liberté de la prononciation ; mais contens d'avoir acquis ces premiers avantages,

I.   8

ne rougissez point de rentrer dans le sein de l'étude dont vous êtes sortis. Vous savez parler, mais vous n'êtes pas encore orateurs ; il faut achever ce grand ouvrage, dont vous n'avez pu tracer qu'une ébauche légère ; il faut former cette statue dont vous n'avez pu montrer au public qu'une première idée et qu'un modèle imparfait. Peut-être qu'après avoir été exercés, non dans l'ombre de l'école, mais dans la vive lumière du barreau, vous condamnerez la légèreté de vos premières études ; et joignant l'expérience aux préceptes, et l'usage à la doctrine, vous rentrerez dans la carrière pleins d'une nouvelle vigueur, assurés de surpasser en un moment ceux qui croyoient vous avoir laissé bien loin après eux.

Tel fut le sage et utile conseil d'un de ces illustres magistrats, dont la mémoire honorée des savans, précieuse aux gens de bien, chère à la compagnie, est déjà en possession de l'immortalité. Ce grand homme, dans lequel le ciel avoit joint l'éclat de la réputation à celui de la naissance, et l'élévation du génie à la profondeur de la doctrine, vit croître avec plaisir un de ces rares sujets qui s'élèvent de temps en temps parmi vous, pour la gloire de votre ordre et pour l'ornement de leur siècle ; il applaudit le premier à ce mérite naissant ; mais au lieu de lui donner des éloges stériles, il lui imposa l'heureuse nécessité de se dérober pendant quelque temps aux louanges et aux acclamations des hommes, pour apprendre à les mieux mériter.

Le succès passa ses espérances ; et M. *Michel Langlois* fut obligé de reconnoître pendant tout le cours d'une longue et glorieuse carrière, qu'il étoit redevable de toute sa grandeur au

salutaire retardement que son illustre protecteur avoit apporté à son élévation.

Que cet exemple fameux a eu peu d'imitateurs ! Non seulement on se hâte de s'embar-
quer avant le temps sur la mer orageuse du
barreau ; mais un aveugle intérêt, un amour
déréglé de la gloire, une vivacité d'esprit ardente, inquiète, empressée, plongent dans
le courant des affaires tous ceux qui pourroient
exceller dans votre profession ; et cette multiplicité infinie d'occupations différentes, qui
servent d'aliment et de nourriture à l'ardeur de
leur génie, ne leur laisse ni la liberté de digérer
le présent, ni le loisir de se préparer pour l'a-
venir.

De là cette négligence à s'instruire des faits
qui doivent servir de matière aux décisions de
la justice, cette honte de ne pas savoir ce que
l'on entreprend d'expliquer aux autres, ou
cette hardiesse d'expliquer ce qu'on ne sait
pas, et de n'achever d'apprendre sa cause
qu'en achevant de la plaider.

De là cette ignorance du droit, ou du moins
cette science superficielle, toujours douteuse
et toujours chancelante, qui se sert des richesses qu'elle emprunte, non avec la noble sécurité d'un possesseur légitime, mais avec la timide et incertaine défiance d'un voleur mal
assuré, qui craint d'être surpris dans son larcin.

De là cette longueur fatigante, ces répéti-
tions ennuyeuses, ce mépris de ses auditeurs,
cette espèce d'irrévérence pour la sainteté de
la justice et pour la dignité du sénat ; enfin
cette bassesse de style, et cette familiarité in-
décente du discours, plus convenable à la liberté d'une conversation particulière qu'à la
majesté d'une audience publique.

Heureuse l'utile défiance de l'orateur sagement timide, qui dans le choix et dans le partage de ses occupations, a perpétuellement devant les yeux ce qu'il doit à ses parties, à la justice, à lui-même ! Toujours environné de ces censeurs rigoureux, et plein d'un saint respect pour le tribunal dans lequel il doit paroître, il voudroit, suivant le souhait d'un ancien orateur, qu'il lui fût permis, non seulement d'écrire avec soin, mais de graver avec effort les paroles qu'il doit y prononcer. Si quelquefois il n'a pas la liberté de mesurer le style et les expressions de ses discours, il en médite toujours l'ordre et les pensées ; et souvent même la méditation simple prenant la place d'une exacte composition, et la justesse des pensées produisant celle des paroles, l'auditeur surpris croit que l'orateur a travaillé pendant long-temps à perfectionner un édifice dont il a eu à peine le loisir de tracer le premier plan. Mais, bien loin de se laisser éblouir par l'heureux succès d'une éloquence subite, il reprend toujours avec une nouvelle ardeur le pénible travail de la composition. C'est là qu'il pèse scrupuleusement jusques aux moindres expressions dans la balance exacte d'une sévère critique : c'est là qu'il ose retrancher tout ce qui ne présente pas à l'esprit une image vive et lumineuse ; qu'il développe tout ce qui peut paroître obscur ou équivoque à un auditeur médiocrement attentif ; qu'il joint les grâces et les ornemens à la clarté et à la pureté du discours ; qu'en évitant la négligence, il ne fuit pas moins l'écueil également dangereux de l'affectation ; et que prenant en main une lime savante, il ajoute autant de force à son discours qu'il en retranche de paroles inutiles.

imitant l'adresse de ces habiles sculpteurs qui, travaillant sur les matières les plus précieuses, en augmentent le prix à mesure qu'ils les diminuent, et ne forment les chefs-d'œuvre les plus parfaits de leur art que par le simple retranchement d'une riche superfluité.

Mais cette exactitude de style et cette élégance de composition sont des vertus que l'on connoît à peine dans la première jeunesse, et que l'on méprise dans un âge plus avancé : bientôt on laissera aussi la science en partage à la jeunesse ; et les anciens orateurs dédaigneront d'apprendre ce qu'ils devroient rougir de ne pas savoir.

Où sont aujourd'hui les avocats capables d'imiter la sagesse de cet ancien législateur qui regardoit la vie comme une longue éducation, dans laquelle il vieillissoit en acquérant toujours de nouvelles connoissances ? Combien en voyons-nous, au contraire, qui se contentent de conserver les premières notions qu'ils ont apportées en entrant dans le barreau ! Leur doctrine et leur capacité demeurent toujours, si on ose le dire, dans une espèce d'enfance ; et tout ce qu'ils ont de plus que le reste des hommes, lorsqu'ils arrivent à la vieillesse, est le talent de former des doutes, et souvent la dangereuse habitude de proposer les opinions les plus douteuses comme des décisions certaines et infaillibles. C'est alors que l'on commence à sentir, mais trop tard, la nécessité de se soustraire à la multitude des occupations, pour joindre l'assiduité de l'étude à l'exercice de la parole : c'est en cet état que l'orateur regrette vainement sa grandeur passée, lorsqu'il voit son mérite vieillir avec lui, sa réputation

s'user avec ses forces, et l'éclat de son nom
s'éteindre avec le son de sa voix : malheureux
de survivre à sa gloire, et d'être forcé d'apprendre par une triste expérience, combien
l'avocat est au-dessus de l'orateur !

Ce n'est pas ainsi qu'a vécu dans votre ordre
ce modèle accompli d'un sage et savant avocat,
que nous avons pleuré avec vous, et que nous
pleurerions encore si nous n'espérions de le
voir revivre dans la personne d'un fils vraiment
digne de lui, auquel il ne manque que des années pour lui ressembler parfaitement.

Quelle étendue de lumières naturelles ! quelle
droiture d'esprit ! quelle justesse, nous ose-
rions presque dire, quelle infaillibilité de raisonnement ! Il n'y avoit rien au-dessus de la
bonté de son esprit que celle de son cœur. On
voyoit en lui une vive image et une noble expression de la candeur de nos pères, et de
l'ancienne simplicité. Sa probité reconnue étoit
une des armes les plus redoutables de son éloquence ; et son nom seul étoit un préjugé de
la justice des causes qu'il défendoit. Né avec
ces avantages naturels, il les a surpassés par
son travail et par son application. L'exercice
continuel de la parole ne l'a point empêché d'a-
masser pendant toute sa vie ces trésors de
science qu'il a distribués si libéralement dans
sa vieillesse ; et quelle vieillesse a jamais été
plus honorée ? Sa maison sembloit être devenue une heureuse retraite, où la doctrine,
l'expérience, la sagesse, et sur-tout une libre
et sincère vérité, s'étoient retirées avec lui ;
un tribunal domestique, où il prévenoit de loin
avec autant de certitude que de modestie, les
sages décisions de la justice ; une espèce de
temple où se traitoient souvent les plus impor-

tantes affaires de la religion , et où les ministres
des autels étoient tous les jours surpris de trouver dans un séculier , non seulement plus de
lumières et plus de connoissance , mais plus
de zèle pour la pureté de la discipline , plus
d'ardeur pour la gloire de l'Eglise , que dans
ceux qui approchent le plus près du sanctuaire.
Heureux d'avoir joui pendant sa vie de cette
vénération que les plus grands hommes n'ob-
tiennent souvent qu'après leur mort ! et plus
heureux encore d'avoir mérité d'être toujours
proposé pour modèle à ceux qui voudront exceller dans votre profession !

Que pourrions-nous ajouter après cela , qui
ne fût au-dessous d'un si grand exemple ? Puisse-
t-il ranimer votre courage , et dissiper ces vains
prétextes , dont un amour-propre ingénieux se
sert souvent pour pallier les maux de votre
ordre , au lieu de les guérir. Les grands travaux , il est vrai , doivent être inspirés , soutenus , animés par de grandes récompenses ;
mais quelle récompense peut flatter plus dignement la juste ambition d'une ame vertueuse ,
que celle qui vous est préparée si vous osez
marcher sur les traces encore récentes de votre
illustre confrère ?

Etre grand , et ne devoir sa grandeur qu'à
soi-même ; jouir d'une élévation qui , jusqu'à
présent , a seule résisté à l'usurpation générale
de la fortune ; être considéré par ses concitoyens comme leur guide , leur flambeau , leur
génie , et , si on ose le dire , leur ange tutélaire ;
exercer sur eux une magistrature privée , dans
la possession de cet empire naturel que la raison remet entre les mains de ceux que leur
éloquence et leur capacité élèvent au-dessus
des autres hommes ; voilà le digne , le glorieux

prix de vos travaux, que personne ne pourra
jamais vous ravir. Vous seuls pouvez le perdre,
vous seuls pouvez le mériter. Puissiez-vous
sentir toute la douceur d'une si pure récompense ! Puissent les difficultés qui vous arrê-
tent vous inspirer une nouvelle ferveur, et
devenir les instrumens de votre élévation, au
lieu d'en être les obstacles ! Puisse cet illustre
barreau, qui a toujours fait et qui fera toujours
notre gloire et nos délices, rétabli dans son
ancienne splendeur, se distinguer autant des
autres professions, par sa doctrine et par son
éloquence, qu'il en est déjà distingué par sa
droiture et par sa probité ! Puissions-nous
nous-mêmes profiter des instructions que notre
place nous oblige de vous donner ; et après
avoir été réduits à la pénible nécessité de ne
vous parler aujourd'hui que des défauts de
votre ordre, n'être plus occupés qu'à louer et
publier ses vertus !

Les procureurs doivent se renfermer dans
les bornes de leur état, s'ils aspirent à lui
donner le degré de perfection qui peut lui
convenir.

Qu'ils craignent de s'abaisser en voulant s'élever ; et qu'ils sachent que lorsqu'ils entre-
prennent sur les fonctions des avocats, ils
perdent presque toujours le mérite qui est
propre à leur profession, sans acquérir celui
d'un ordre supérieur.

Qu'en évitant cet abus, ils s'appliquent encore plus à retrancher la longueur et l'immensité des procédures, qui, faisant passer souvent entre leurs mains tout le fruit de la victoire
de leurs parties, les exposent justement aux
reproches du public.

Enfin, qu'ils continuent de travailler à rétablir l'ordre et la discipline dans leur corps ; et
que, prévenant nos exhortations, et surpassant
nos espérances mêmes, ils tâchent de mériter
toujours l'approbation de la cour, sans exciter
jamais la censure de notre ministère.

8*

MERCURIALES.

Ire MERCURIALE,

Prononcée à la Saint - Martin 1698.

L'AMOUR DE SON ÉTAT.

LE plus précieux et le plus rare de tous les biens est l'amour de son état. Il n'y a rien que l'homme connoisse moins que le bonheur de sa condition. Heureux s'il croyoit l'être, et malheureux souvent parce qu'il veut être trop heureux ; il n'envisage jamais son état dans son véritable point de vue. Le désir lui présente de loin l'image trompeuse d'une parfaite félicité ; l'espérance séduite par ce portrait ingénieux, embrasse avidement un fantôme qui lui plaît. Par une espèce de possession anticipée, l'ame jouit d'un bien qu'elle n'a pas encore ; mais elle le perdra aussitôt qu'elle aura commencé de le posséder véritablement, et le dégoût abattra l'idole que le désir avoit élevée.

L'homme est presque toujours également malheureux, et par ce qu'il désire, et par ce qu'il possède. Jaloux de la fortune des autres, dans le temps qu'il est l'objet de leur jalousie ; toujours envieux et toujours envié, s'il fait des vœux pour changer d'état, le ciel irrité ne les exauce souvent que pour le punir. Transporté loin de lui par ses désirs, et vieux dans sa jeunesse, il méprise le présent ; et courant après l'avenir, il veut toujours vivre, et ne vit jamais.

Tel est le caractère dominant des mœurs de notre siècle : une inquiétude généralement répandue dans toutes les professions, une agitation que rien ne peut fixer, ennemie du repos, incapable du travail, portant par-tout le poids d'une inquiète et ambitieuse oisiveté ; un soulèvement universel de tous les hommes contre leur condition, une espèce de conspiration générale dans laquelle ils semblent être tous convenus de sortir de leur caractère ; toutes les professions confondues, les dignités avilies, les bienséances violées, la plupart des hommes hors de leur place, méprisant leur état, et le rendant méprisable. Toujours occupés de ce qu'ils veulent être, et jamais de ce qu'ils sont, pleins de vastes projets, le seul qui leur échappe est celui de vivre contens de leur état.

Que nous serions heureux si nous pouvions nous oublier nous-mêmes dans cette peinture ! Mais oserons-nous l'avouer publiquement ? Et dans ce jour que la sagesse de nos pères a consacré à une triste et austère vérité, nous sera-t-il permis de parler le langage de notre ministère, plutôt que celui de notre âge ? et ne craindrons-nous point de vous dire que la justice gémit du mépris que les juges ont conçu pour leur profession, et que la plaie la plus sensible qui ait été faite à la magistrature, elle l'a reçue de la main même du magistrat ?

Tantôt la légèreté l'empêche de s'attacher à son état, tantôt le plaisir l'en dégoûte ; souvent il le craint par mollesse, et presque tou-

jours il le méprise par ambition. Après une
éducation , toujours trop lente au gré d'un
père aveuglé par sa tendresse ou séduit par sa
vanité , mais toujours trop courte pour le bien
de la justice , l'âge plutôt que le mérite , et la
fin des études beaucoup plus que leur succès ,
ouvrent à une jeunesse impatiente l'entrée de
la magistrature. Souvent même prévenant les
momens de maturité si sagement marqués par
les lois , et juges plusieurs années avant que
d'être hommes , le mouvement soudain d'une
secrète inquiétude , ou l'impression fortuite
d'un objet extérieur , sont les seuls principes
de leur conduite. Leur esprit est un feu qui se
détruit par sa propre activité , et qui ne pouvant se renfermer dans sa sphère , se dissipe
en cherchant à se répandre , et s'évapore en
voulant s'élever. Toujours oisifs sans être jamais en repos , toujours agissans sans être
jamais véritablement occupés , l'agitation continuelle que l'on remarque en eux jusques dans
les tranquilles fonctions de la justice , est une
vive peinture du trouble et de la légèreté de
leur ame.

S'ils ne dédaignent pas encore de remplir les
devoirs de la magistrature , ils les placent à regret dans le court intervalle qui sépare leurs
plaisirs ; et dès le moment que l'heure des divertissemens s'approche , on voit un magistrat
sortir avec empressement du sanctuaire de la
justice pour aller s'asseoir sur un théâtre. La
partie qui retrouve dans un spectacle celui
qu'elle avoit respecté dans son tribunal , le méconnoît ou le méprise ; et le public qui le voit
dans ces deux états , ne sait dans lequel des deux
il déshonore plus la justice.

Retenu par un reste de pudeur dans un état

qu'il n'ose quitter ouvertement, s'il ne peut cesser d'être magistrat, il veut au moins cesser de le paroître. Honteux de ce qui devroit faire toute sa gloire, il rougit d'une profession qui peut-être a rougi de le recevoir : il ne peut souffrir qu'on lui parle de son état ; et ne craignant rien tant que de passer pour ce qu'il est, le nom même de juge est une injure pour lui. On reconnoît dans ses mœurs toutes sortes de caractères, excepté celui du magistrat. Il va chercher des vices jusques dans les autres professions ; il emprunte de l'une sa licence et son emportement ; l'autre lui prête son luxe et sa mollesse. Ces défauts opposés à son caractère acquièrent en lui un nouveau degré de difformité. Il viole jusqu'à la bienséance du vice, si le nom de bienséance peut jamais convenir à ce qui n'est pas la vertu. Méprisé par ceux dont il ne peut égaler la sagesse, il l'est encore plus par ceux dont il affecte de surpasser le déréglement. Transfuge de la vertu, le vice même auquel il se livre ne lui sait aucun gré de sa désertion ; et toujours étranger par-tout où il se trouve, le monde le rejette, et la magistrature le désavoue.

Heureux dans son malheur, si le ciel lui envoie d'utiles ennemis, dont la salutaire censure lui apprenne de bonne heure que si les hommes sont quelquefois assez aveugles pour excuser le vice, ils ne sont jamais assez indulgens pour pardonner le vice déplacé ; et que si le monde le plus corrompu paroît d'abord aimer les magistrats qui le cherchent, il n'estime jamais véritablement que ceux qui regardent l'obligation de le fuir comme une partie essentielle de leur devoir.

Qu'il se hâte donc d'éviter cette mer dan-

gereuse où sa sagesse a déjà fait naufrage ; qu'il
se renferme dans son état, comme dans un
port favorable, pour y recueillir les débris de
sa réputation ; mais qu'il se souvienne toujours
que c'est à la vertu seule qu'il appartient d'inspirer cette fuite généreuse.

Si l'inconstance, si l'ennui, si la satiété des
plaisirs sont les seuls guides qui conduisent le
magistrat dans la retraite, il y cherche la paix,
et il n'y trouve qu'un repos languissant, une
molle et insipide tranquillité.

Bien loin d'avoir assez de courage pour réprimer ses passions, il n'en a pas même assez
pour les suivre, et le vice ne lui déplaît pas moins
que la vertu.

S'il demeure encore dans son état, ce n'est
point par un attachement libre et éclairé ; c'est
par une aveugle et impuissante lassitude.

La coutume et la bienséance le conduisent
encore quelquefois au sénat ; mais il y paroît
avec tant de négligence, qu'on diroit que la
justice a fait asseoir la mollesse sur son trône.
S'il fait quelqu'effort pour soutenir un moment
le travail de l'application, il retombe aussitôt
de son propre poids dans le néant de ses pensées, jusqu'à ce qu'une heure favorable, et toujours trop lente pour lui, le délivre du pesant
fardeau d'une fonction importune et le rende
à sa première oisiveté.

C'est là que, livré à son ennui, et réduit à
la fâcheuse nécessité d'habiter avec soi, il n'y
trouve qu'un vide affreux et une triste solitude : toute sa vie n'est plus qu'une longue et
ennuyeuse distraction, un pénible et difficile
assoupissement, dans lequel, inutile à sa patrie,
insupportable à lui-même, il vieillit sans
honneur, et ne peut montrer la longueur de

sa vie que par un grand nombre d'années stériles et de jours vainement perdus.

Si l'ambition vient le tirer de cette profonde
léthargie, il paroîtra peut-être plus sage ; mais
il ne sera pas plus heureux.

Attentif à remplir ses devoirs, et à faire servir sa vertu même à sa fortune, il pourra éblouir
pour un temps les yeux de ceux qui ne jugent
que sur les apparences.

Comme il ne travaille qu'à orner la superficie
de son ame, il étale avec pompe tous les talens
que la nature lui a donnés. Il ne cultive en lui
que les qualités brillantes. Il n'amasse des trésors que pour les montrer.

L'homme de bien, au contraire, se cache
pendant long-temps pour jeter les fondemens
solides d'un édifice durable. Sa vertu patiente,
parce qu'elle doit être immortelle, se hâte lentement, et s'avance vers la gloire avec plus
de sûreté, mais avec moins d'éclat. Semblable
à ceux qui cherchent l'or dans les entrailles
de la terre, il ne travaille jamais plus utilement
que lorsqu'on l'a perdu de vue, et qu'on le croit
enseveli sous les ruines de son travail. Il cherche moins à paroître homme de bien qu'à l'être
effectivement ; souvent on ne remarque rien en
lui qui le distingue des autres hommes ; il laisse
échapper avec peine un foible rayon de ces
vives lumières qu'il cache au-dedans de lui-
même ; peu d'esprits ont assez de pénétration
pour percer ce voile de modestie dont il les
couvre ; plusieurs doutent de la supériorité de
son génie, et cherchent sa réputation en le
voyant.

Ne craignons pourtant pas pour l'homme de
bien ; la vertu imprime sur son front un caractère auguste que sa noble simplicité rendra

toujours inimitable à l'ambitieux. Qu'il retrace,
s'il est possible, qu'il exprime dans sa personne
les autres qualités du sage magistrat, il n'ap-
prochera jamais de cette douce et profonde
tranquillité qu'inspire à une ame vertueuse l'a-
mour constant de son état ; la nature se réserve
toujours un degré de vérité au-dessus de tous
les efforts de l'art, un jour, une lumière que
l'imitation la plus parfaite ne sauroit jamais
égaler. Le temps en fait bientôt un juste discernement ; et il ajoute à la réputation du vertueux magistrat, ce qu'il retranche à celle du
magistrat ambitieux.

L'un voit croître tous les ans sa solide grandeur ; l'autre voit tomber chaque jour une partie de ce superbe édifice qu'il n'avoit bâti que
sur le sable.

L'un ne doit souhaiter que d'être connu des
hommes ; l'autre ne craint rien tant que de se
faire connoître.

Le cœur du sage magistrat est un asyle sacré que les passions respectent, que les vertus habitent, que la paix, compagne inséparable de la justice, rend heureux par sa présence. Le cœur du magistrat ambitieux est un
temple profane : il y place la fortune sur l'autel
de la justice ; et le premier sacrifice qu'elle lui
demande, est celui de son repos : heureux si
elle veut bien ne pas exiger celui de son innocence ! Mais qu'il est à craindre que des yeux
toujours ouverts à la fortune ne se ferment
quelquefois à la justice, et que l'ambition ne
séduise le cœur pour aveugler l'esprit !

Qu'est devenu ce temps où le magistrat jouissant de ses propres avantages, renfermé dans
les bornes de sa profession, trouvoit en lui le
centre de tous ses désirs, et se suffisoit plei-

nement à lui-même ? Il ignoroit heureusement
cette multiplicité de voies entre lesquelles on
voit souvent hésiter un cœur ambitieux ; sa modération lui offroit une route plus simple et plus
facile ; il marchoit sans peine sur la ligne indivisible de son devoir. Sa personne étoit souvent inconnue, mais son mérite ne l'étoit jamais. Content de montrer aux hommes sa réputation , lorsque la nécessité de son ministère ne l'obligeoit pas de se montrer lui-même ,
il aimoit mieux faire demander pourquoi on le
voyoit si rarement, que de faire dire qu'on le
voyoit trop souvent ; et dans l'heureux état
d'une vertueuse indépendance , on le regardoit
comme une espèce de divinité que la retraite
et la solitude consacroient , qui ne paroissoit
que dans son temple , et qu'on ne voyoit que
pour l'adorer ; toujours nécessaire aux autres
hommes sans jamais avoir besoin de leur secours , et sincèrement vertueux sans en attendre
d'autre prix que la vertu même. Mais la fortune
sembloit disputer à sa vertu la gloire de le récompenser ; on donnoit tout à ceux qui ne demandoient rien ; les honneurs venoient s'offrir
d'eux-mêmes au magistrat qui les méprisoit ;
plus il modéroit ses désirs , plus il voyoit croître
son pouvoir , et jamais son autorité n'a été plus
grande que lorsqu'il vivoit content de ne pouvoir rien pour lui-même, et de pouvoir tout pour
la justice.

Mais depuis que l'ambition a persuadé au magistrat de demander aux autres hommes une
grandeur qu'il ne doit attendre que de lui-même ;
depuis que ceux que l'Ecriture appelle les dieux
de la terre se sont répandus dans le commerce
du monde, et ont paru de véritables hommes ,
on s'est accoutumé à voir de près sans frayeur

cette majesté qui paroissoit de loin si saintement redoutable. Le public a refusé ses hommages à ceux qu'il a vu confondus avec lui dans
la foule des esclaves de la fortune ; et ce culte
religieux qu'on rendoit à la vertu du magistrat,
s'est changé en un juste mépris de sa vanité.

Au lieu de s'instruire par sa chute et de prendre conseil de sa disgrâce, il se consume souvent en regrets superflus. On l'entend déplorer
l'obscurité de ses occupations, se plaindre de
l'inutilité de ses services, annoncer lugubrement
ment le déshonneur futur de sa condition, et
la triste prophétie de sa décadence.

Accablé d'un fardeau qu'il ne peut ni porter ni quitter, il gémit sous le poids de la pourpre, qui le charge plutôt qu'elle ne l'honore :
semblable à ces malades qui ne connoissent
point d'état plus fâcheux que leur situation présente, il s'agite inutilement ; et se flattant de
parvenir au repos par le mouvement, bien loin
de guérir ses maux imaginaires, il y ajoute le
mal réel d'une accablante inquiétude. Qu'on
ne lui demande point les raisons de son ennui ; une partie de ses maux est d'en ignorer la
cause : qu'on n'en accuse pas les peines attachées à son état, il n'en est point qui ne lui
fût également pénible dès le moment qu'il y seroit parvenu : la fortune la plus éclatante auroit
toujours le défaut d'être la sienne. Le supplice
de l'homme mécontent de son état est de se
fuir sans cesse, et de se trouver toujours lui-
même ; et portant son malheur dans toutes les
places qu'il occupe, parce qu'il s'y porte toujours lui-même, si le ciel ne change son cœur,
le ciel même ne sauroit le rendre heureux.

Réduit en cet état à emprunter des secours
étrangers pour soutenir les foibles restes d'une

dignité chancelante, le magistrat a ouvert la porte à ses plus grands ennemis. Ce luxe, ce faste, cette magnificence qu'il avoit appelés pour être l'appui de son élévation, ont achevé de dégrader la magistrature, et de lui arracher jusqu'au souvenir de son ancienne grandeur.

L'heureuse simplicité des anciens sénateurs, cette riche modestie qui faisoit autrefois le plus précieux ornement du magistrat, contrainte de céder à la force de la coutume et à la loi injuste d'une fausse bienséance, s'est réfugiée dans quelques maisons patriciennes, qui retracent encore, au milieu de la corruption du siècle, une image fidèle de la sage frugalité de nos pères.

Si le malheur de leur temps leur avoit fait voir ce nombre prodigieux de fortunes subites sortir en un moment du sein de la terre, pour répandre dans toutes les conditions, et jusques dans le sanctuaire de la justice, l'exemple contagieux de leur luxe téméraire ; s'ils avoient vu ces bâtimens superbes, ces meubles magnifiques, et tous ces ornemens ambitieux d'une vanité naissante qui se hâte de jouir, ou plutôt d'abuser d'une grandeur souvent aussi précipitée dans sa chute que rapide dans son élévation, ils auroient dit avec un des plus grands hommes que Rome vertueuse ait jamais produits dans le temps qu'elle ne produisoit que des héros (1) : « Laissons aux Tarentins leurs dieux irrités ; » ne portons à Rome que des exemples de sa- » gesse et de modestie, et forçons les plus ri- » ches nations de la terre de rendre hommage » à la pauvreté des Romains ».

_____

(1) FABIUS MAXIMUS, apud Plutarch. in ejus vita; et Tit. Liv., lib. XXVII, n.º 16.

Heureux le magistrat qui, successeur de la dignité de ses pères, l'est encore plus de leur sagesse ; qui, fidèle comme eux à tous ses devoirs, attaché inviolablement à son état, vit content de ce qu'il est, et ne désire que ce qu'il possède !

Persuadé que l'état le plus heureux pour lui est celui dans lequel il se trouve, il met toute sa gloire à demeurer ferme et inébranlable dans le poste que la république lui a confié : content de lui obéir, c'est pour elle qu'il combat, et non pour lui-même. C'est à elle de choisir la place dans laquelle elle veut recevoir ses services ; il saura toujours la remplir dignement. Convaincu qu'il n'en est point qui ne soit glorieuse, dès le moment qu'elle a pour objet le salut de la patrie, il respecte son état, et le rend respectable. Prêtre de la justice, il honore son ministère autant qu'il en est honoré. Il semble que sa dignité croisse avec lui, et qu'il n'y ait point de places qui ne soient grandes aussitôt qu'il les occupe ; il les transmet à ses successeurs plus illustres et plus éclatantes qu'il ne les a reçues de ceux qui l'ont précédé, et son exemple apprend aux hommes qu'on accuse souvent la dignité lorsqu'on ne devroit accuser que la personne, et que, dans quelque place que se trouve l'homme de bien, la vertu ne souffrira jamais qu'il y soit sans éclat. Si ses paroles sont impuissantes, ses actions seront efficaces ; et si le ciel refuse aux unes et aux autres le succès qu'il pourroit en attendre, il donnera toujours au genre humain le rare, l'utile, le grand exemple d'un homme content de son état, qui se roidit par un généreux effort contre le torrent de son siècle. Le mouvement qui le pousse de toutes parts ne sert qu'à l'affermir dans le repos, et à le rendre plus immobile dans le centre du tourbillon qui l'environne.

Toujours digne d'une fonction plus éclatante par la manière dont il remplit la sienne, il la mérite encore plus par la crainte qu'il a d'y parvenir. Il n'a point d'autre protecteur que le public. La voix du peuple le présente au prince; souvent la faveur ne le choisit pas, mais la vertu le nomme toujours

Bien loin de se plaindre alors de l'injustice qu'on lui a faite, il se contente de souhaiter que la république trouve un grand nombre de sujets plus capables que lui de la servir utilement; et dans le temps que ceux qui lui ont été préférés rougissent des faveurs de la fortune, il applaudit le premier à leur élévation, et il est le seul qui ne se croit pas digne d'une place que ses envieux mêmes lui destinoient en secret.

Aussi simple que la vérité, aussi sage que la loi, aussi désintéressé que la justice, la crainte d'une fausse honte n'a pas plus de pouvoir sur lui que le désir d'une fausse gloire: il sait qu'il n'a pas été revêtu du sacré caractère de magistrat pour plaire aux hommes, mais pour les servir, et souvent malgré eux-mêmes; que le zèle gratuit du bon citoyen doit aller jusqu'à négliger, pour sa patrie, le soin de sa propre réputation; et qu'après avoir tout sacrifié à sa gloire, il doit être prêt à sacrifier, s'il le faut, sa gloire même à la justice. Incapable de vouloir s'élever aux dépens de ses confrères, il n'oublie jamais que tous les magistrats ne doivent se considérer que comme autant de rayons différens, toujours foibles, quelque lumineux qu'ils soient par eux-mêmes, lorsqu'ils se séparent les uns des autres; mais toujours éclatans, quelque foibles qu'ils soient séparément, lorsque, réunis ensemble, ils forment par leur concours ce grand corps de lumière qui réjouit la justice, et qui fait trembler l'iniquité.

Les autres ne vivent que pour leurs plaisirs, pour leur fortune, pour eux-mêmes; le parfait magistrat ne vit que pour la république. Exempt des inquiétudes que donne au commun des hommes le soin de leur fortune particulière, tout est en lui consacré à la fortune publique: ses jours, parfaitement semblables les uns aux autres, ramènent tous les ans les mêmes occupations avec les mêmes vertus; et par une heureuse uniformité, il semble que toute sa vie ne soit que comme un seul et même moment, dans lequel il se possède tout entier pour se sacrifier tout entier à sa patrie. On cherche l'homme en lui, et l'on n'y trouve que le magistrat; sa dignité le suit par-tout, parce que l'amour de son état ne l'abandonne jamais; et toujours le même en public, en particulier il exerce une perpétuelle magistrature, plus aimable, mais non pas moins puissante, quand elle est désarmée de cet appareil extérieur qui la rend formidable.

Enfin, si dans un âge avancé, la patrie lui permet de jouir d'un repos que ses travaux ont si justement mérité, c'est l'amour même de son état qui lui inspire le dessein de le quitter: tous les jours il sent croître son ardeur, mais tous les jours il sent diminuer ses forces; il craint de survivre à lui-même, et de faire dire aux autres hommes, que s'il n'a pas encore assez vécu pour la nature, il a trop vécu pour la justice. Il sort du combat, couronné des mains de la victoire. Sa retraite n'est pas une fuite, mais un triomphe. Toutes les passions qui ont vainement essayé d'attaquer en lui l'amour de son état, vaincues et désarmées, suivent comme autant de captifs le char du victorieux. Tous ceux qui ont goûté les fruits précieux de sa justice lui donnent par leurs regrets la plus douce et la plus sensible de toutes les louanges. Les vœux des gens de bien l'accompagnent; et la justice qui triomphe avec lui, le remet entre les bras de la paix dans le tranquille séjour d'une innocente solitude. Et soit qu'avec ces mêmes mains qui ont tenu si long-temps la balance de la justice, il cultive en repos l'héritage de ses pères; soit qu'appliqué à former des successeurs de ses vertus, et cherchant à revivre dans ses enfans, il travaille aussi utilement pour le public que lorsqu'il exerçoit les plus importantes fonctions de la magistrature; soit enfin qu'occupé de l'attente d'une mort qu'il voit sans frayeur approcher tous les jours, il ne pense plus qu'à rendre à la nature un esprit meilleur qu'il ne l'avoit reçu d'elle : plus grand encore dans l'obscurité de sa retraite que dans l'éclat des plus hautes dignités, il finit ses jours aussi tranquillement qu'il les a commencés. On ne l'entend point, comme tant de héros, se plaindre en mourant de l'ingratitude des hommes et du caprice de la fortune. Si le ciel lui permettoit de vivre une seconde fois, il vivroit comme il a vécu; et il rend grâce à la providence, bien moins de l'avoir conduit glorieusement dans la carrière des honneurs, que de lui avoir fait le plus grand et le plus inestimable de tous les présens en lui inspirant l'amour de son état.

~~~~~~

II.ᵉ MERCURIALE,

Prononcée après Pâques 1699.

LA CENSURE PUBLIQUE.

LA plus glorieuse, mais la plus pénible de toutes nos fonctions, c'est le ministère important de la censure publique. Nous sommes nés dans un siècle où la généreuse liberté de nos pères est traitée d'indiscrétion, où le zèle du bien public passe pour l'effet d'un chagrin aveugle et d'une ardeur téméraire, et où les hommes étant devenus également incapables de supporter et les maux et leurs remèdes, la censure est inutile, et souvent la personne du censeur odieuse.

Ces grande noms de vengeurs de la discipline, d'organes de la vérité, de sévères réformateurs uniquement occupés de la grandeur et de la dignité du sénat, ne sont plus que des titres magnifiques, et des qualités imaginaires dont nous nous honorons vainement. Nos pères les méritoient, et nous les avons perdues depuis que, plus attentifs à plaire qu'à être utiles aux hommes, nous avons préféré la gloire frivole d'un applaudissement passager à l'honneur solide d'une censure durable, souvent amère à ceux qui la reçoivent, mais toujours salutaire à la magistrature.

La vérité n'ose plus paroître, même dans le temple de la justice, que sous le voile trompeur et sous les ornemens empruntés d'une
fausse

fausse éloquence. On la méconnoît dans cet indigne déguisement ; ce n'est plus cette vérité mâle et intrépide , redoutable par sa seule simplicité , qui , pour condamner les hommes , se contentoit de les peindre tels qu'ils étoient. C'est une vérité foible , timide , chancelante , qui craint le jour et la lumière , qui se cache sous les couleurs de l'art, et qui , contente d'avoir peint l'homme en général , n'ose jamais aller jusqu'à le caractériser en particulier. Tremblante devant ceux qu'elle devroit faire trembler , toujours foible parce qu'elle veut toujours ignorer sa force , elle mérite la censure qu'elle devroit faire.

Heureux si nous pouvions tirer la vérité de cette triste servitude où elle gémit depuis si long-temps ! mais plus convaincus encore de notre propre foiblesse que de celle des autres , il nous semble que nous entendons la voix secrète de ce censeur domestique que nous portons tous au-dedans de nous-mêmes , qui nous avertit continuellement que la censure ne peut être dignement confiée qu'à ceux qui ne la sauroient craindre ; que pour réformer l'homme , il faudroit être au-dessus de l'homme même , et que c'est à Caton seul qu'il a été permis de briguer la censure.

Notre siècle , aussi fécond autrefois en vertus qu'il l'est à présent en vices , a eu la gloire de produire plusieurs Catons. Que ne nous est-il permis de les ranimer aujourd'hui, et de les faire parler pour nous avec cette noble fermeté que l'amour constant de la vertu inspire à ceux qui ont commencé par eux-mêmes la réforme du public !

Que vous diroient-ils , ces graves magistrats , si , pour votre bonheur et pour le nôtre , ils

I. 9

pouvoient encore se faire entendre dans ces places importantes que nous remplissons aujourd'hui avec le même zèle, mais avec un mérite bien différent?

Quelle seroit leur surprise, s'ils apprenoient qu'au lieu de cette docilité, de ce respect, de cette déférence avec laquelle les jeunes magistrats écoutoient de leur temps les suffrages de ceux qui avoient vieilli avec honneur dans la magistrature, on ne trouve plus aujourd'hui parmi ceux qui entrent dans le sanctuaire de la justice, qu'indocilité, que présomption, que jalousie de leurs sentimens, que mépris de ceux des anciens sénateurs?

Autrefois, vous diroient ces grands hommes, le partage de la jeunesse étoit la pudeur, la retenue, l'application; attentifs à s'instruire des maximes par les avis de ceux qu'une longue expérience faisoit regarder comme des oracles, les jeunes sénateurs croyoient que les commencemens de la magistrature devoient ressembler à cette école de philosophie où l'on achetoit par l'utile silence de quelques années, le droit de parler sagement pendant tout le reste de sa vie.

Ils respectoient ceux que l'âge ou la dignité avoit élevés au-dessus d'eux comme les premiers et les plus dignes interprètes de la loi. Recevoir leur doctrine avec une sainte avidité, embrasser leurs avis avec une louable prévention, ne les contredire qu'en tremblant, et ne marquer jamais plus de respect pour leur personne, que lorsqu'on se croyoit obligé de combattre leurs sentimens : tel étoit le caractère de ceux que la vertu seule avoit initiés dans les mystères de la justice. C'est ainsi que se formoient ces savans, ces vertueux magistrats dont nous admirons encore aujourd'hui les précieux restes. Les vieillards voyoient croître avec plaisir une jeunesse capable de consoler un jour la patrie de leur perte ; ils se flattoient de revivre dans les successeurs de leurs vertus ; et si les hommes étoient mortels, ils espéroient au moins que la dignité de la compagnie seroit immortelle.

Mais qui peut remarquer sans douleur combien leurs espérances sont trompées ?

A cette modeste timidité qui faisoit autrefois la principale recommandation d'un mérite naissant, on a vu succéder une hardiesse téméraire, une hauteur, une intrépidité de décision qui fait souvent trembler les parties et gémir la justice. Le privilége de bien juger n'est plus le fruit d'une longue étude ou l'effet d'une sérieuse méditation ; c'est le présent fortuit d'une dangereuse vivacité, c'est le don de ceux qui croiroient faire injure à la pénétration de leurs lumières, s'ils se permettoient de douter un moment. Tel est le changement que l'esprit a produit dans le monde depuis qu'il en a chassé la raison. Avec elle on a vu sortir l'amour de l'ordre et de la discipline, on a secoué le joug importun du respect, de la discrétion, de la modestie ; des hommes nouveaux auxquels la sévérité de nos pères a long-temps interdit l'entrée de la magistrature, y ont introduit avec eux cette confiance aveugle en soi-même, ce mépris injuste des autres hommes qui naît dans le sein de l'opulence, qui ne mesure le mérite que par la grandeur des richesses, et qui estime les hommes, non parce qu'ils sont, mais par ce qu'ils possèdent.

Accoutumés à voir dès l'enfance l'exemple contagieux de l'utile, de la féconde ignorance de leurs pères, ils dédaignent de se rabaisser jusqu'à vouloir arracher avec peine les ronces et les épines qui environnent une science honorable, à la vérité, mais toujours stérile et toujours infructueuse.

Ils ont plus de bien que les autres, ils croient avoir aussi plus d'esprit, plus de lumière, plus d'autorité ; et comme si tout devoit céder à l'empire des richesses, ils se persuadent vainement qu'ils ont acheté avec elles le droit d'être savans sans étude, habiles sans expérience, et prudens sans réflexion.

Quelle matière fut jamais plus propre à la censure ? mais elle mériteroit un discours tout entier. Passons à d'autres points qui n'exciteroient pas moins le zèle des anciens censeurs, et ne suivons point d'autre ordre que celui de l'importance des sujets, dans une remontrance qui doit être beaucoup plus une effusion du cœur qu'un ouvrage de l'esprit.

Après avoir méprisé l'âge des anciens et la dignité des supérieurs, qu'il est à craindre que l'on ne porte la prévention pour son avis particulier jusqu'à mépriser l'avis du plus grand nombre des juges, et à ne pas sentir combien l'on doit respecter la règle immobile de la pluralité des suffrages !

Ce seroit renverser les plus solides fondemens de l'autorité des juges, et rompre les liens les plus sacrés qui unissent les grandes compagnies, que d'altérer, par une négligence inexcusable ou une liberté criminelle, la moindre partie d'un jugement que le suffrage du plus grand nombre des sénateurs a consacré, pour ainsi dire, à l'immutabilité.

Avant l'arrêt, loin de défendre le combat des sentimens, la loi le permet, l'intérêt des parties le désire, la vérité même le commande, puisqu'elle est souvent le prix et la récompense du combat. Mais à peine l'arrêt est-il formé, qu'une soumission respectueuse doit succéder à cette contrariété d'opinions : l'avis du plus grand nombre des magistrats devient le sentiment de tous : la raison avoit divisé les suffrages, l'autorité les réunit, et la vérité adopte éternellement ce que la justice a une fois décidé.

Malheur à ceux qui osent se charger seuls d'un fardeau qui, quoique partagé entre plusieurs, est capable de les faire trembler tous, et peut-être de les accabler. Un digne ministre de la justice trouve dans la pluralité des suffrages son instruction, sa décharge, sa sûreté. Fidèle dans l'explication des faits qu'il propose aux autres juges ; plus fidèle encore, s'il se peut, dans le soin qu'il prend de recueillir leurs décisions, il sait qu'un oracle perd toute sa force lorsque le prêtre qui l'écrit ose le profaner, en mêlant témérairement les paroles de l'homme à celles de la divinité. Il respecte la grandeur et la sainteté du dépôt qui lui est confié ; il craint de l'altérer par sa précipitation, de le perdre par sa négligence, de le violer par son affectation.

Ce sont, Messieurs, les inconvéniens que vous avez voulu prévenir par le règlement que vous avez fait touchant les arrêtés des procès qui se voient de grands commissaires. Ne souffrez pas qu'un règlement si utile s'efface jamais par l'oubli, ou s'abolisse par l'inexécution. Vous avez été les législateurs, soyez vous-mêmes les protecteurs et les rigides observateurs de la loi que vous vous êtes imposée.

Que la diligence avec laquelle vous donne-

rez la dernière forme à vos arrêts égale celle
svec laquelle vous avez résolu de rédiger les
arrêtés qui les précèdent. Ne permettez pas
que la longueur du temps obscurcisse la clarté
de vos décisions, et que, confondant peu à
peu la vivacité et la distinction des premières
images, elle donne des armes à la malice des
plaideurs, et commette l'autorité des jugemens
les plus équitables.

Que la justice, au lieu d'exercer tranquillement la fonction de juger et de condamner les
hommes, ne soit jamais réduite à la triste nécessité de se défendre elle-même. Un juge
souvent soupçonné peut n'être pas coupable,
mais il est rare qu'il soit entièrement innocent.
Et que lui sert devant les hommes la pureté de
son innocence, s'il est assez malheureux pour
ne pas conserver l'intégrité de sa réputation?

Ce n'est point à ceux qui sont élevés à la dignité de juges souverains qu'il est permis de
se contenter du témoignage de leur conscience.
Jaloux de leur honneur autant que de leur
vertu même, qu'ils sachent que leur réputation
n'est plus à eux, que la justice la regarde
comme un bien qui lui est propre et qu'elle
consacre à sa gloire; qu'ils trahiroient ses intérêts s'ils négligeoient les intérêts du public,
puisque telle est la délicatesse de ce censeur
inflexible, qu'il impute au corps les fautes des
membres, et qu'un juge suspect répand souvent sur ceux qui l'environnent la contagion
funeste de sa mauvaise réputation.

Heureux au contraire le magistrat dont la
vertu reconnue honore le tribunal qui a le
bonheur de le posséder! les méchans le craignent, les bons le désirent; mais ceux qui le

fuient et ceux qui le cherchent rendent tous
également hommage à sa sévère probité.

Il se souvient toujours que le premier soin
du juge doit être de rendre la justice ; et le
second de conserver sa dignité , de se respecter soi-même , et de révérer la sainteté de son
ministère.

Que ce talent est rare en nos jours ! Où
trouve-t-on des magistrats attentifs à montrer
aux autres hommes l'exemple du respect que
l'on doit à la magistrature ? Vous le savez ,
Messieurs , et nous le savons tous : on accuse
souvent des causes étrangères et peut-être innocentes de la décadence extérieure de notre
profession. Pour nous , si nous voulons travailler sérieusement à renouveler son premier
lustre, n'en accusons jamais que nous-mêmes.
C'est nous qui abolissons ces anciens honneurs
que la vénération des peuples rendoit à la justice dans la personne de ses ministres. Nous
effaçons de nos propres mains ces marques de
respect qu'un culte volontaire déféroit autrefois
à la sagesse des magistrats ; et commençant les
premiers à nous mépriser nous-mêmes , nous
nous plaignons vainement du mépris des autres
hommes. Méritons leur estime , et nous serons
alors en droit de l'exiger , ou plutôt nous serons toujours assurés de l'obtenir.

Malgré toutes les révolutions qui changent
souvent la face extérieure des dignités , il est
une grandeur solide et durable que les hommes
ne mépriseront jamais , parce que , quelque
corrompus qu'ils soient, ils ne mépriseront jamais la vertu. C'est cette véritable liberté que
la fortune ne sauroit ôter , parce que la fortune
ne la donne point ; dignité inviolable , qui a
sa source et son principe au dedans de nous ,

mais qui se répand au dehors, et qui imprime
sur toute la personne du magistrat un caractère
de majesté qui attire infailliblement le juste
tribut de l'admiration des hommes.

Mais comment trouveroit-on ce caractère
respectable dans une jeunesse imprudente qui
se hâte d'avancer sa ruine, et qui insulte elle-
même à la chute d'une dignité qu'elle déshonore? Confondant son ministère avec sa personne, elle lui rend une espèce de justice lorsqu'elle le méprise; et jusqu'où ce mépris n'a-
t-il pas été porté?

Autrefois on ménageoit encore, on respectoit au moins les dehors et les apparences d'une
dignité que l'on n'osoit profaner ouvertement;
et le vice rendoit hommage à la vertu par le
soin qu'il prenoit de se cacher en sa présence.
Mais aujourd'hui tout le zèle de la justice ne
va pas même jusqu'à faire des hypocrites. On
a vu de jeunes magistrats, indignes de ce nom,
se faire un faux honneur d'en prodiguer publiquement la gloire et la dignité, se signaler par
l'excès de leurs déréglemens, et trouver dans
l'éclatant scandale de leur conduite une distinction qu'ils n'ont pas voulu chercher dans
la voie honorable de la vertu.

Qu'il nous soit permis de gémir au moins une
fois pendant tout le cours de l'année, sur des
désordres qui font rougir le front de la justice.
Ceux que leur conscience condamne en secret
nous accuseront peut-être d'en avoir trop dit;
mais nous craignons bien plus que ceux qui
sont véritablement sensibles à l'honneur de la
compagnie ne nous reprochent de n'en avoir
pas dit assez: c'est à ces derniers que nous
voulons plaire uniquement; leur exemple est

une censure infiniment plus forte que la nôtre ,
à laquelle nous renvoyons les premiers.

C'est là qu'ils apprendront qu'au milieu de
la dépravation des mœurs et de la licence de
notre siècle , la vertu se conserve toujours un
petit nombre d'adorateurs , dont la sagesse
instruit ceux qui osent l'imiter , et condamne
ceux qui ne l'imitent pas.

Dociles aux avis et aux instructions des anciens sénateurs , ils ont mérité d'instruire à leur
tour les jeunes magistrats qui ont le courage
de marcher sur leurs traces.

Soumis inviolablement à la loi nécessaire de
la pluralité des suffrages , ils se sont accoutumés de bonne heure à respecter le jugement
du plus grand nombre des juges comme celui
de Dieu même.

Jaloux de leur réputation , attentifs à conserver leur dignité , ils ont rendu encore plus
d'honneur à la magistrature qu'ils n'en avoient
reçu d'elle.

Enfin la pureté de leurs mœurs , l'uniformité de leur vie , la gravité de leur conduite
sont la terreur du vice , le modèle de la vertu ,
la condamnation de leur siècle et la consolation
de la justice.

Heureux nous-mêmes si nous pouvions suivre
de si grands exemples avant que de vous les
proposer , et si une fonction prématurée ne
nous imposoit la nécessité de censurer les autres dans un âge où nous ne devrions nous occuper que de la crainte de mériter la censure !

9*

~~~~~~

III.e MERCURIALE,

Prononcée à la Saint-Martin 1699.

LA GRANDEUR D'AME.

I L n'y a point de vertu plus rare et plus inconnue dans notre siècle que la véritable grandeur d'ame ; à peine en conservons-nous encore une idée imparfaite et une image confuse.
Nous la regardons souvent comme une de ces
vertus qui ne vivent que dans notre imagination , qui n'existent que dans les écrits des
philosophes , que nous concevons , mais que
nous ne voyons presque jamais , et qui s'élevant au-dessus de l'humanité , sont plutôt l'objet d'une admiration stérile que celui d'une
utile imitation.

Cette supériorité d'une ame qui ne connoît
rien au-dessus d'elle que la raison et la loi ;
cette fermeté de courage qui demeure immobile au milieu du monde ébranlé ; cette fierté
généreuse d'un cœur sincèrement vertueux, qui
ne se propose jamais d'autre récompense que
la vertu même, qui ne désire que le bien public,
qui le désire toujours , et qui , par une sainte
ambition, veut rendre à sa patrie encore plus
qu'il n'a reçu d'elle , sont les premiers traits
et les plus simples couleurs dont notre esprit
se sert pour tracer le tableau de la grandeur
d'ame.

Mais étonnés par la seule idée d'une si noble
vertu, et désespérant d'atteindre jamais à la

hauteur de ce modèle , nous la regardons comme le partage des héros de l'antiquité ; nous croyons que , bannie de notre siècle , et proscrite du commerce des vivans , elle n'habite plus que parmi ces illustres morts , dont la grandeur vit encore dans les monumens de l'histoire.

Triste et funeste jugement que nous prononçons contre notre âge , et par lequel nous nous condamnons nous-mêmes à une perpétuelle foiblesse ! Il semble que le privilége d'être véritablement grand ait été réservé au sénat de l'ancienne Rome ; et que la solide , la sincère grandeur d'ame , attachée à la fortune de l'empire romain , ait été comme enveloppée dans sa chute et ensevelie sous ses ruines.

Nos pères , à la vérité , en ont vu luire quelques rayons éclatans , qui sembloient vouloir se faire jour au travers des ténèbres de leur siècle ; mais la maligne foiblesse du nôtre ne peut plus même supporter les précieux restes de cette vive lumière ; toujours dominés par la vue de nos intérêts particuliers , nous ne saurions croire qu'il y ait des ames assez généreuses pour n'être occupées que des intérêts publics : nous craignons de trouver dans les autres une grandeur que nous ne sentons point en nous ; sa présence importune seroit un reproche continuel qui offenseroit la superbe délicatesse de notre amour-propre ; et persuadés qu'il n'y a que de fausses vertus , nous ne pensons plus à imiter , ni même à honorer les véritables.

La grandeur d'ame ne reçoit des hommages sincères que dans les siècles où elle est plus commune.

Il n'appartient qu'aux grands hommes de se

connoître les uns les autres, et de s'honorer
véritablement. Le reste des hommes ne les
connoît pas ; ou s'il les connoît, il s'en défie
souvent, et il les craint presque toujours. Leur
simplicité, que nous ne saurions croire véritable, ne peut nous rassurer contre leur élévation, qui condamne et qui désespère notre
foiblesse. Au milieu de ces préventions si contraires au véritable mérite, heureux le magistrat qui ose apprendre aux hommes que la
grandeur d'ame est une vertu de tous les siècles
comme de tous les états ; et que si la corruption de nos mœurs la fait paroître plus difficile, il ne sera jamais en son pouvoir de la
rendre impossible à l'homme de bien !

Né pour la patrie beaucoup plus que pour
lui-même, depuis ce moment solemnel où,
comme un esclave volontaire, la république
l'a chargé de chaînes honorables, il ne s'est
plus considéré que comme une victime dévouée,
non seulement à l'utilité, mais à la justice du
public. Il regarde son siècle comme un adversaire redoutable, contre lequel il sera obligé
de combattre pendant tout le cours de sa vie ;
pour le servir, il aura le courage de l'offenser ;
et s'il s'attire quelquefois sa haine, il méritera
toujours son estime.

Qu'il ne se laisse pas détourner d'un si noble
dessein par les fausses idées de ceux qui déshonorent la justice en lui arrachant la grandeur
d'ame qui lui est si naturelle, pour en faire le
glorieux apanage de la vertu militaire.

Que nous serions à plaindre s'il falloit toujours acheter le plaisir de voir de grandes ames
par les larmes et par le sang qui accompagnent
le char des conquérans ! et que la condition
des hommes seroit déplorable s'ils étoient obli-

gés de souhaiter la guerre, ou de renoncer à la véritable grandeur !

Que ce pompeux appareil qui environne la gloire des armes éblouisse les yeux d'un peuple ignorant, qui n'admire que ce qui frappe et qui étonne ses sens ; qu'il n'adore que la vertu armée et redoutable ; qu'il la méprise tranquille, et qu'il la méconnoisse dans sa simplicité.

Le sage plaint en secret l'erreur des jugemens du vulgaire. Il connoît tout le prix de cette grandeur intérieure qui ne partage avec personne la gloire de régner et de vaincre ; et qui tenant de la nature des choses divines, vit contente de ses seules richesses et environnée de son propre éclat.

Il est, n'en doutons point, des héros de tous les temps et de toutes les professions. La paix a les siens comme la guerre ; et ceux que la justice consacre ont au moins la gloire d'être plus utiles au genre humain que ceux que la valeur a couronnés. Le plus parfait modèle de la véritable grandeur, Dieu même qui en possède la source et la plénitude, n'est pas moins jaloux du titre de juste juge que de celui de Dieu des armées. Il permet la guerre, mais il ordonne la paix : et si le conquérant est l'image terrible d'un Dieu vengeur et irrité, le juste est la noble expression d'une divinité favorable et bienfaisante.

Car, qu'est-ce qu'un magistrat, et quelle est l'idée que la vertu en offre à notre esprit ? Heureux si une sensible expérience la rendoit toujours présente à nos yeux !

C'est un homme toujours armé pour faire triompher la justice ; protecteur intrépide de l'innocence, redoutable vengeur de l'iniquité,

capable, suivant la sublime expression de la
sagesse même, de forcer et de rompre avec
un courage invincible ces murs d'airain et ces
remparts impénétrables qui semblent mettre le
vice à couvert de tous les efforts de la vertu.
Foible souvent en apparence, mais toujours
grand et toujours puissant en effet, les orages
et les tempêtes des intérêts humains viennent
se briser vainement contre sa fermeté.

Enfin, c'est un homme tellement lié, tellement uni, et si nous osons le dire, tellement
confondu avec la justice, qu'on diroit qu'il
soit devenu une même chose avec elle. Le
bonheur du peuple est non seulement sa loi suprême, mais son unique loi. Ses pensées, ses
paroles, ses actions sont les pensées, les paroles, les actions d'un législateur; et seul dans
sa patrie il jouit du rare bonheur d'être regardé
par tous ses citoyens comme un homme dévoué au salut de la république.

Que si les grandes ames ne demandent au ciel
que de grands travaux à soutenir, de grands
dangers à mépriser, de grands ennemis à combattre; quels travaux, quels dangers, quels
ennemis plus dignes des généreux efforts de
l'homme de bien, que ceux que la vertu prépare au magistrat dans le cours d'une longue
et pénible carrière.

Plus avare pour lui que pour le reste des
hommes, à quel prix ne lui fait-elle pas acheter
la grandeur qu'elle lui destine! Occuper un
esprit né pour les grandes choses à suivre scrupuleusement les détours artificieux et les profonds replis d'une procédure embarrassée; voir
la justice gémir sous le poids d'un nombre infini de formalités captieuses, et ne pouvoir la
soulager; se perdre et s'abîmer tous les jours

de plus en plus dans cette mer immense de lois anciennes et nouvelles, dont la multitude a toujours été regardée par les sages comme une preuve éclatante de la corruption de la république ; avoir continuellement devant les yeux le triste spectacle des foiblesses et des misères humaines, plus puissant pour les condamner que pour les prévenir, toujours obligé de punir les hommes sans espérer presque jamais de pouvoir les corriger, et demeurer inviolablement attaché au culte de la justice dans un temps où elle n'offre que des peines à ses adorateurs, et où il semble que ce soit prendre une route opposée à la fortune que de s'engager dans celle de la magistrature ; c'est le premier objet que la vertu présente à la grandeur d'ame du magistrat.

La jeunesse n'a point pour lui de plaisir, la vieillesse ne lui offre point de repos. Ceux qui mesurent la durée de leur vie par l'abondance et par la variété de leurs divertissemens, croient qu'il n'a point vécu, ou plutôt ils regardent sa vie comme une longue mort, dans laquelle il a toujours vécu pour les autres, sans vivre jamais pour lui ; comme si nous perdions tous les jours que nous donnons à la république, et comme si ce n'étoit pas au contraire l'unique moyen d'enchaîner la rapidité de nos années, et de les rendre toujours durables, en les mettant comme en dépôt dans le sein de cette gloire solide qui consacre la mémoire de l'homme juste à l'immortalité.

Heureux au moins si, forcé de suivre une route pénible et laborieuse, il pouvoit y marcher avec assurance ! ou plutôt, pour parler toujours le langage de la vertu, heureux de trouver de nouveaux motifs pour redoubler sa

vigilance et son activité dans des dangers qui
ne sont pas moins dignes de la grandeur de son
ame que les travaux de son état !

Telle est la glorieuse nécessité que la justice
impose au magistrat lorsqu'elle imprime sur son
front le sacré caractère de son autorité. Image
vivante de la loi, il faut qu'il marche toujours
comme elle entre deux extrémités opposées ;
et que, s'ouvrant un chemin difficile entre
les écueils qui environnent sa profession, il
craigne d'aller se briser contre l'un en voulant
éviter l'autre.

C'est, à la vérité, un grand spectacle et un
objet digne des regards de la justice même,
que l'homme de bien accompagné de sa seule
vertu, aux prises avec l'homme puissant soutenu de ce que la faveur peut avoir de plus
redoutable. Qu'il est beau de convaincre la fortune d'impuissance, de lui faire avouer que le
cœur du magistrat est affranchi de sa domination, et que toutes les fois qu'elle a osé attaquer
sa vertu, elle n'est jamais sortie que vaincue
de ce combat !

La gloire de ce triomphe semble même obs-
curcir l'éclat des autres victoires du magistrat :
c'est par là seulement que le commun des
hommes lui permet de s'élever jusqu'au rang
des héros, et d'entrer avec eux en partage de
la grandeur d'ame.

N'attaquons point ici l'excès de cette prévention. A Dieu ne plaise que nous voulions jamais
diminuer le prix de ces grandes actions où l'on
a vu de sages, d'intrépides magistrats sacrifier, sans balancer, leurs plus justes espérances, devenir avec joie les victimes illustres
de la droiture et de la probité ; et renonçant

aux promesses de la fortune, se renfermer glorieusement dans le sein de leur vertu!

Avouons-le néanmoins, et disons comme ces grands hommes l'auroient dit eux-mêmes, que ce que les ames communes regardent comme une illustre mais dure nécessité pour le magistrat, est une rare félicité.

Quel est l'homme de bien qui ne porte envie à une si heureuse disgrâce, et qui ne soit prêt à l'acheter au prix de la plus haute fortune?

Disons-le donc hardiment : il est plus honteux de céder à la faveur, qu'il n'est glorieux de lui résister. La véritable grandeur d'ame rougit en secret des applaudissemens qu'elle est forcée de recevoir, lorsqu'elle a goûté le plaisir si pur de triompher de la faveur en s'immolant à la justice. Elle rejette avec une espèce d'indignation ces éloges injurieux à sa probité, et il lui semble qu'on la loue de n'avoir pas fait un crime.

Si quelque ennemi lui paroît redoutable, c'est ce désir naturel à toutes les grandes ames, de soutenir toujours le pauvre et le foible contre le riche et le puissant.

Tentation dangereuse, séduction d'autant plus à craindre pour l'homme de bien, qu'il semble qu'elle conspire contre lui avec ses propres vertus. Elle lui fait prendre pour un excès de force ce qui n'est qu'un excès de foiblesse; il adore une fausse image de grandeur, et il offre à l'iniquité le sacrifice qu'il croit présenter à la justice.

Il s'élève du fond de notre cœur une secrète fierté et un orgueil d'autant plus dangereux, qu'il est plus subtil et plus délicat, qui nous révolte contre le crédit et l'autorité : ce n'est point l'amour de la justice qui nous anime, c'est la haine de la faveur. On regarde ces jours éclatans où l'on voit les plus hautes puissances abattues, consternées, captives sous le joug de la justice, comme le triomphe de la magistrature. C'est alors que le magistrat recueille avec plaisir les louanges d'un peuple grossier, qui ne lui applaudit que par ce qu'il croit que l'injustice est la compagne inséparable de la faveur; et goûtant avec encore plus de satisfaction les reproches des grands qu'il a sacrifiés à sa gloire, il se flatte du faux honneur de mépriser les menaces de la fortune irritée, dans le temps qu'il ne devoit songer qu'à apaiser la justice.

Mais savoir s'exposer, non pas à la haine et à la vengeance des grands, mais à la censure et à l'indignation des gens de bien même, qui se laissent quelquefois entraîner par le torrent des jugemens populaires; aimer mieux être grand que de le paroître; n'être sensible ni à la fausse gloire de s'élever au dessus de la plus redoutable puissance, ni à la fausse honte de paroître succomber à son crédit; et se charger volontairement des apparences odieuses de l'iniquité, pour servir la justice au prix de toute sa réputation par une constante et glorieuse infamie; c'est ce qui n'est réservé qu'à un petit nombre d'ames généreuses que leur vertu élève au dessus de leur gloire même.

Ennemies de la fausse gloire, elles fuient encore plus l'esprit de hauteur et de domination, écueil souvent fatal à la plupart des grandes ames.

Qu'il est rare de trouver des génies assez supérieurs pour tempérer par leur modestie l'éclat de la supériorité de leurs lumières, et pour adoucir par leur sagesse l'empire d'une raison dominante qui se sent née pour être souveraine !

Qu'il est difficile de savoir conserver la modération dans le bien même , et d'éviter l'excès jusques dans les avantages de l'esprit ! Et quelle grandeur d'ame ne faut-il pas avoir pour échapper à ce péril , puisqu'il faut être grand pour pouvoir même y succomber.

C'est à cette rare sagesse que le vertueux magistrat aspire continuellement. S'il plaint la basse timidité de ces ames pusillanimes qui se laissent ébranler par la moindre contradiction, et qui n'abandonnent leur premier suffrage que parce qu'il est combattu ; il ne condamne pas moins la fierté présomptueuse de ces génies indociles , qui soutiennent leurs avis , moins parce qu'ils sont justes, que parce qu'ils les ont proposés ; et qui , sans respecter souvent ni la prérogative de l'âge , ni celle de la dignité , veulent que tout genou fléchisse , et que toute langue rende hommage à la hauteur de leur esprit. Attentif à ménager la foiblesse du cœur humain , qui, dans le temps même qu'il a le plus besoin d'être gouverné , ne craint rien tant que de sentir qu'on le gouverne , il appréhende encore plus de déshonorer la raison en lui prêtant cet extérieur tyrannique qui ne convient qu'à la passion : et jusqu'à quel point ne portera-t-il pas sa timide retenue , lorsqu'il pensera qu'un ton trop décisif , un air trop plein de confiance , ont souvent nui à la justice même ; que les esprits les plus modérés se soulèvent presque toujours contre ceux qui pensent moins à les convaincre qu'à les subjuguer ; et que , par un de ces mouvemens secrets qui se glissent en nous malgré nous-mêmes , ils font porter à la justice la peine des manières indiscrètes de celui qui la leur montre !

S'il règne souvent sur les opinions des autres juges, c'est par la seule évidence de ses raisons, et par la sage modestie avec laquelle il les insinue. Il semble qu'il s'instruise lui-même dans le temps qu'il les instruit; l'on diroit qu'il ne fait que les suivre lorsque c'est lui qui leur trace le chemin; et il possède si parfaitement l'art de conduire les hommes dans la voie de la vérité, que ceux qu'il conduit ne s'en aperçoivent jamais que par les chutes qu'ils font lorsqu'il ne les conduit pas.

Avec de si heureuses dispositions, que l'on ne craigne rien de la grandeur et de l'étendue de ses talens. La justice ne sera jamais réduite à redouter la force et l'élévation de son génie. On n'appréhendera point qu'il tourne contre la loi les armes qu'elle ne lui a données que pour la défendre, et qu'il usurpe sur elle un empire dont il n'est le dépositaire que pour la faire régner.

Loin du sage magistrat l'indigne affectation de ces juges dangereux, qui dédaignent la gloire facile d'avoir suivi le bon parti; qui soutiennent le parti contraire, parce qu'il est plus propre à faire paroître la vivacité et la supériorité de leur génie; qui se déclarent les protecteurs de toutes les affaires déplorées, et qui croient que la grandeur de l'esprit humain consiste à paroître supérieur à la raison et à la vérité.

D'autant plus soumis qu'il est plus éclairé, le magistrat qui aspire à être véritablement grand, dépose toute sa grandeur au pied du trône de la justice. Heureux quand il a pu la connoître lui-même! plus heureux encore quand il a eu l'avantage de la faire connoître aux autres! Aussi simple que religieux adorateur

de la loi, on ne le voit jamais s'exercer vainement à en combattre la lettre par des inconvéniens imaginaires, à en éluder l'esprit par des
interprétations captieuses, pour en détruire
l'autorité par une feinte et apparente soumission.

Quels dangers pourroient ébranler une ame
si forte et si généreuse?

Sera-t-elle sensible aux charmes de l'amitié,
elle qui a résisté aux caresses de la fortune?

Se laissera-t-elle éblouir par l'éclat de sa dignité, et croira-t-elle que tout doit céder à
son crédit, et plier sous le poids de ce pouvoir
étranger que la crainte de l'autorité du magistrat, beaucoup plus que l'estime de sa vertu,
lui donne quelquefois sur l'esprit des autres
hommes? Mais elle a toujours regardé avec indignation ces ministres infidèles, qui consi-
dèrent leur dignité comme un bien qui leur appartient; qui cherchent à jouir de leur élévation, comme s'ils étoient juges pour eux-mêmes
et non pour la république; et qui veulent s'approprier une grandeur que la patrie ne leur
prête que pour les rendre esclaves de tous ceux
qui réclament leur autorité.

Enfin sera-ce le dégoût de son état qui ré-
pandra un poison secret sur toutes ses occupations? Il en connoîtra tous les dangers; mais
ces dangers mêmes seront les liens qui l'atta-
cheront encore plus étroitement à sa profession.
Au lieu de s'en dégoûter parce qu'elle est difficile, c'est au contraire parce qu'elle est difficile qu'il sentira combien elle doit paroître
honorable aux plus grandes ames. S'il ne peut
aimer la place à laquelle il est attaché, il aimera le bien qu'il y fait. On pourra ne le pas
élever, mais on ne pourra l'empêcher d'être

grand ; et cette grandeur immuable que l'homme
de bien reçoit des mains de la vertu même,
est celle qui fait son unique ambition.

Vainqueur de tant de dangers qui, pour ainsi
dire, naissent sous ses pas dans la carrière de
la magistrature, il sera trop élevé pour craindre
les attaques des ennemis qui l'environnent.

Les plaisirs respecteront la sainte rigueur de
son austère sagesse ; les passions timides et
tremblantes se tairont, ou s'enfuiront devant
lui ; une seule de ses paroles fera plus d'impression que les plus longs discours des autres
magistrats ; le déréglement ne pourra pas
même soutenir la censure muette de son visage sévère, et le vice redoutera jusqu'à ses
regards.

L'ambition pourra se flatter d'abord de rem-
porter sur lui une victoire plus facile ; mais
elle éprouvera bientôt qu'il n'est pas plus sensible à la soif des honneurs qu'à l'ardeur des
plaisirs : elle cherchera souvent à se venger de
ses mépris ; mais elle sera confuse de n'avoir
pu troubler la tranquillité de son ame ; et bien
loin d'avoir excité ses plaintes et ses murmu-
res, elle avouera avec regret qu'elle n'a pu
même arracher un soupir du fond de son cœur.

Enfin, jamais l'intérêt ni l'avarice n'entre-
prendront de déshonorer les suites d'une vie si
glorieuse. Les fonctions les plus infructueuses de
la justice sont celles qu'il remplira avec le plus
d'empressement ; il suivra avec peine l'usage
établi dans les autres ; et conservant jusqu'à la
fin de sa vie cette timide et louable pudeur qui
semble le partage de la première jeunesse, il
croira avoir perdu son travail dès le moment
qu'il en aura reçu quelque récompense.

C'est ainsi que la grandeur d'ame rend le

magistrat également supérieur aux travaux, aux dangers, aux ennemis de son état.

Mais qui sont ceux qui osent aujourd'hui aspirer à la possession d'une si haute qualité? Ne craignons point de le dire encore une fois ; on la regarde comme une vaine spéculation, comme le modèle d'une perfection imaginaire ; et peut-être que, dans le temps même que nous parlons, une partie de ceux qui nous écoutent nous reprochent en secret de tomber dans l'excès de ces peintres audacieux qui voulant surpasser la nature au lieu de l'imiter, attrapent le grand, mais perdent le vraisemblable.

S'il nous reste encore un souvenir confus de la véritable grandeur, c'est une lueur trompeuse qui ne sert qu'à nous égarer. Nous ne mesurons l'étendue de notre ame que par celle de nos desirs ; et telle est la corruption de nos mœurs, que l'ambition même nous paroît une vertu.

Combien voyons-nous de magistrats se flatter de devenir grands en briguant avec avidité le frivole, le dangereux honneur de vivre avec les grands ! Pour parvenir à cette fausse grandeur, ils arrachent les bornes que la sagesse de nos pères avoit établies ; ils confondent les limites de deux professions dont les mœurs sont absolument incompatibles ; et que peuvent-ils mettre de leur part dans ce commerce inégal où ils se flattent de voir rejaillir sur eux une portion de cet éclat qui environne les grands? Quel est le prix auquel ils achètent une illustre et pesante amitié ?

Ne disons point ici qu'il est à craindre que, prodigues de leur dignité, ils ne s'accoutument insensiblement à n'être pas plus avares de leur devoir, et qu'ils ne chargent quelquefois la justice de les acquitter de cette espèce de dette qu'ils contractent envers les grands.

Ne peignons point les hommes plus foibles ou plus corrompus qu'ils ne le sont, et craignons de dire ce que nous rougirions même de penser. Disons seulement que l'on sacrifie toujours une partie de cette constante et intrépide liberté qui est le plus ferme appui de la grandeur du magistrat. Il devient dépendant de ceux que l'état de leurs affaires met presque toujours dans sa dépendance. S'il se sent assez fort pour résister au crédit et à l'amitié réunis contre lui, pourra-t-il s'assurer d'être toujours assez heureux pour échapper aux artifices secrets de cette prévention presque imperceptible qui se cache au fond de notre cœur, et qui aveugle notre esprit avant même qu'il ait eu le loisir de penser à s'en défendre ? Enfin, quand il espéreroit de n'être pas moins au dessus de la prévention que de la foiblesse, pourquoi s'exposer à des combats dont le péril est certain, dont le succès est douteux, et où la victoire même, toujours fatale au vainqueur, fait succéder à une amitié feinte une haine véritable, et à une protection passagère une vengeance immortelle ?

D'autres esprits, encore plus foibles que les premiers, cherchent une élévation imaginaire dans le spectacle qu'ils donnent au public de leur somptueuse magnificence : toute leur vie n'est qu'une longue représentation dans laquelle on admire en public l'éclat de leur grandeur fastueuse, mais on déplore en secret la vanité de leur superbe foiblesse.

La véritable grandeur gémit de cette pompe qui ne sert qu'à la déguiser ; et craignant d'être confondue avec les vices qui accompagnent presque

presque toujours le faste et le luxe, elle s'é-
chappe du sein de l'abondance, pour se retirer
dans le vertueux séjour de la médiocrité.

C'est la qu'elle se plaît à former un cœur vraiment digne d'elle.

Elle ne se contente pas d'avoir donné au magistrat ce fonds de grandeur intérieure qui n'est
parfaitement connu que de Dieu seul, elle répand sur tout son extérieur quelques rayons
éclatans de cette vive lumière qu'il renferme
au-dedans de 'ui-même.

La simplicité de son cœur, l'égalité de son
ame, l'uniformité de sa vie, sont des vertus que
sa modestie ne sauroit cacher. Une douce et
majestueuse tranquillité, une autorité visible
et reconnoissable l'accompagnent toujours ; sa
propre grandeur le trahit, et le livre malgré lui
aux louanges qu'il méprise.

Au dessus de l'admiration des hommes, il
n'exige pas même leur reconnoissance. Heureux s'il peut leur cacher le bien qu'il leur fait,
et être l'auteur inconnu de la félicité publique !

Supérieur à tous les événemens, il semble
que les ayant tous prévus, il les ait tous également méprisés. Jamais la colère n'a troublé la
sérénité de son visage ; jamais l'orgueil n'y a
imprimé sa fierté : jamais l'abattement n'y a
peint sa foiblesse.

Enfin, toujours grand sans faste, sans ostentation, souvent même sans le savoir, le dernier caractère de sa grandeur est de l'ignorer.

Il est regardé comme le terme de la sagesse
humaine. Les pères le montrent à leurs enfans
comme le plus parfait modèle qu'ils puissent
jamais imiter : si l'on demande un homme de
bien, tous ses concitoyens se hâteront à l'envi
de le nommer.

1.   10

Ou ne pourra plus peindre la vertu sans paroître avoir voulu faire son portrait. Le poëte (1) proteste inutilement qu'il n'a pensé qu'à tracer en général le caractère d'un homme de bien ; tout le peuple se récrie qu'il a voulu peindre Aristide ; et quittant la fiction pour la vérité, il oublie le héros fabuleux que le théâtre lui offre, pour admirer un plus grand spectacle que la vertu d'un simple particulier lui présente.

Tels sont les fruits précieux de cette grandeur d'ame qui est propre au magistrat. C'est par elle que ce sage Athénien mérita autrefois le titre glorieux d'homme juste ; et c'est elle que nous proposons aujourd'hui pour modèle à ceux qui sont tous appelés par le bonheur de leur état à porter ce grand nom. Heureux si nous pouvons ne perdre jamais de vue une si rare vertu dans le cours de nos occupations, et si nous méritons de parler de la grandeur d'ame en nous exerçant à la pratiquer !

(1) ESCHYLE, *Septem contra Theb.*

IV.e MERCURIALE,

Prononcée à la Saint - Martin 1700.

LA DIGNITÉ DU MAGISTRAT.

SOUFFREZ que nous suspendions durant quelques momens les sévères fonctions de la censure publique pour n'envisager que la perte qu'elle vient de faire.

La voix qui venoit se faire entendre aujourd'hui s'est éteinte avant le temps par une mort précipitée ; et la censure presque réduite au silence, semble ne devoir être occupée qu'à regretter la mort du censeur (1).

Compagnons de sa dignité et coadjuteurs de ses travaux, nous avons vu, nous avons connu de plus près dans ce sage magistrat, ce fonds de droiture et de probité qui paroissoit tellement né avec lui, qu'on eût dit qu'il étoit vertueux, non-seulement par choix, mais par une heureuse nécessité ; ces inclinations bienfaisantes qui tempéroient la rigueur de son ministère ; ce caractère de candeur et de sincérité que la nature avoit gravé sur son front comme une vive image de celle de son ame ; cette douceur et cette affabilité qui rassuroient les foibles, qui consoloient les malheureux, qui guérissoient les plaies que sa justice avoit faites, et qui donnoient des grâces jusqu'à ses

_____

(1) M. de la Briffe, procureur-général.

refus ; enfin cette religion si pure et si sincère
qui s'est toujours également soutenue dans une
longue suite de dignités , et qui l'ayant accompagné depuis sa plus tendre jeunesse jusqu'au
dernier moment de sa vie , a fait respecter en
lui le chrétien encore plus que le magistrat.

Tristes et inutiles honneurs que nous rendons
à sa mémoire ! Cherchons dans l'accomplissement de nos devoirs la seule consolation qui
convienne à la sévérité de notre ministère ; et
souvenons-nous que si les censeurs sont mortels , la censure doit être immortelle.

Avouons-le néanmoins , et disons à la gloire
de la magistrature , que jamais la justice n'a
eu la satisfaction de voir dans ses ministres
tant de droiture et tant d'intégrité. Des mains
pures et innocentes offrent un culte agréable à
ses yeux. La probité est devenue si commune,
qu'elle n'est plus regardée comme une distinction. On rougiroit de n'être point vertueux ; on
ne se glorifie point de l'être ; et le vice , non-
seulement condamné , mais inconnu dans cette
auguste compagnie , est réduit à se cacher
dans des tribunaux obscurs , éloignés de la lumière du sénat.

Mais que sert à la gloire du magistrat cette
innocence dont il se flatte , si sa vertu , renfer-
mée au dedans de lui-même , ne jette aucun
éclat au dehors ; et si pendant qu'il révère la
sainteté de la justice , il ne craint point d'avilir
la dignité du magistrat ?

C'est à cette dignité que la vertu même doit
une partie de sa gloire. Par elle la justice cesse
d'être invisible ; elle se rend sensible ; elle se
communique aux yeux des mortels ; et si elle
reçoit leurs hommages , c'est la dignité seule
qui lui concilie cette espèce d'adoration. Le

public, accoutumé à juger sur les apparences , croit qu'il n'y a point de vertu solide où il ne voit pas de véritable dignité. Et qui sait en effet combien le magistrat conservera encore cette sévérité intérieure dans laquelle il met toute sa confiance ? Il porte déjà l'extérieur du relâche-ment , il livre à son ennemi les dehors de son ame , et peut-étre il le recevra bientôt dans le fond de son cœur.

Ainsi périt tous les jours la gloire du magis-trat ; ainsi s'efface l'éclat de cette dignité , dont le dépôt sacré est remis entre ses mains , pour donner du crédit aux lois et du poids à la justice.

En vain ceux qui ont vu l'ancienne gloire du sénat veulent chercher dans nos mœurs les tra-ces de notre première dignité. A peine en con-serve-t-on une image légère dans les fonctions publiques de la magistrature ; et cette image même , toute foible qu'elle est , ne se trouve plus dans la vie privée du magistrat.

Ennuyé des plaisirs passés , ou impatient d'en goûter de nouveaux , fatigué de sa propre pa-resse et chargé du poids de son inutilité , on voit un jeune magistrat monter négligemment sur le tribunal. Il y traîne avec tant de dégoût les marques extérieures de sa dignité , qu'on diroit que , comme un captif , il gémit du lien auquel il se voit attaché.

Livré aux caprices de ses pensées et à l'in-quiétude d'une imagination vagabonde , il ne se contente pas d'errer dans le vaste pays de ses distractions , il veut avoir des compagnons de ses égaremens ; et plaçant une conversation in-décente dans le silence majestueux d'une au-dience publique , il trouble l'attention des au-tres juges , et déconcerte souvent la timide élo-

quence des orateurs : ou s'il fait quelque effort
pour les écouter, bientôt l'ennui succède à la
dissipation ; et le chagrin qui est peint sur son
visage fait trembler la partie, et glace son défenseur. On le voit inquiet, agité, prévenir les
suffrages des autres juges par des signes indis-
crets, et accuser en eux une lenteur salutaire
qu'il devroit imiter.

Une molle indolence pourra seule fixer cette
agitation importune : mais quelle peut être la
dignité de celui qui ne doit sa tranquillité apparente qu'à une langueur véritable ?

Il semble que le tribunal soit pour lui un lieu
de repos, où il attend entre les bras du sommeil l'heure de ses affaires ou celle de ses plaisirs. C'est ainsi que l'arbitre de la vie et de la
fortune des hommes se prépare à porter un
jugement irrévocable. La justice, il est vrai,
conservera toujours ses droits, nous le présumons ainsi de la sagesse de ses ministres : un
moment d'attention réparera une longue négligence ; il sortira du trône de la justice un
de ces rayons lumineux qui percent les plus
profondes ténèbres, et qui, dissipant les vapeurs du sommeil, éclairent le juge le moins
attentif dans le moment fatal de la décision.
Mais la dignité du magistrat sera blessée,
quand même la justice ne le seroit pas ; et le
témoignage de sa conscience ne sauroit le
mettre à couvert de la maligne censure du public qui voit son indolence, et qui ne peut
être témoin de l'heureuse certitude de son jugement.

Mais ne nous arrêtons pas plus long-temps à
l'envisager dans l'éclat et dans le grand jour de
l'audience. Pleins de cette généreuse liberté
qu'inspire l'amour du bien public, osons le-

ver ce voile respectable qui sépare le sanctuaire du reste du temple, et qui le cache aux
profanes.

Que uous serions heureux si, saisis d'une
sainte frayeur en entrant dans ce sanctuaire
vénérable, étonnés de la majesté des sénateurs qui l'habitent, nous pouvions imiter cet
ancien philosophe qui se récria à la vue du sénat romain, qu'il avoit vu une assemblée, une
multitude de rois !

Nous savons qu'il en est encore qui pourroient attirer les regards de Cinéas, et le remplir de l'admiration de leur dignité. Malgré la
décadence extérieure dont nous nous plaignons,
nous avons la consolation de voir dans ce sénat des magistrats dignes d'être choisis par
Caton pour entrer dans le sénat de l'ancienne
Rome, des sénateurs qui gémissent avec nous
des malheurs de la magistrature ; mais qui ne
se contentent pas de pleurer vainement sur les
ruines du sanctuaire, qui s'appliquent à les
réparer, et dont la vie honorable à la magistrature, précieuse à la justice, est la censure
de leur siècle et l'instruction des siècles à venir.

Mais elle diminue tous les jours, cette troupe
choisie qui renferme dans son sein nos dernières espérances. La justice voit croître sous
ses yeux un peuple nouveau, ennemi de l'ancienne discipline, et de cette contrainte salutaire qui conservoit autrefois la dignité du magistrat.

Les jeunes sénateurs commencent à mépriser les anciens. Les inférieurs se révoltent contre les supérieurs ; chaque membre veut être
le chef ; chaque magistrat s'érige un tribunal
séparé, qui ne relève que de ce qu'il appelle
sa raison. L'esprit divise les hommes, au lieu

de les réunir. La diversité des opinions allume
dans le sein de la justice une espèce de guerre
civile, qui remplit les juges d'aigreur et les
jugemens de confusion. A peine la voix de la
vérité peut-elle se faire entendre dans le tumulte du combat. Et quel spectacle pour les
parties! quelle idée peuvent-elles concevoir
de la magistrature, lorsqu'elles voient que la
discorde règne dans l'empire de la justice, et
que les juges ne peuvent conserver entr'eux
cette paix qu'ils sont chargés de donner aux autres hommes!

Puisse la dignité de la magistrature se soutenir sur le penchant, et s'arrêter sur le bord
du précipice! Puissions-nous même ne trouver ici aucune créance dans les esprits, et mériter qu'on nous reproche l'amertume de notre
censure! Mais qui peut assurer, si la licence
de quelques jeunes magistrats continue à croître sans mesure, que les yeux de la justice ne
soient pas blessés par des emportemens encore
plus indécens que ceux que l'opposition des
sentimens a fait naître? Déjà de tristes préludes ont semblé nous annoncer ce malheur.
Hâtons-nous de tirer le rideau sur un spectacle si humiliant. A quoi serviroient ici nos paroles? On entend jusqu'à notre silence.

Mais si la discorde dégrade honteusement le
magistrat et triomphe publiquement de sa gloire,
il y a d'autres passions plus délicates et souvent
plus dangereuses, qui effacent en secret jusqu'aux moindres traits de sa dignité.

Tel est le caractère de la plupart des hommes,
qu'incapables de modération, un excès est presque toujours pour eux suivi d'un excès contraire. Les premiers feux d'une jeunesse impé-
tueuse n'inspirent au magistrat que du dégoût

pour les affaires ; bientôt il rougit de son état, et met une partie de sa gloire à mépriser sa dignité.

Attendons quelques années , et nous verrons peut-être ce magistrat autrefois si dédaigneux , devenu un homme nouveau , avoir pour les affaires une avidité dont il seroit lui-même surpris s'il conservoit encore le souvenir de ses premières inclinations. Attentif à les prévoir avant qu'elles soient formées, annonçant leur naissance , se réjouissant de leurs progrès , heureux quand il les voit arriver au point de maturité dans lequel il se flatte de s'en rassasier ; assidu courtisan de ceux qu'il considère comme les distributeurs de la fortune ; jaloux de ceux qu'il croit plus accablés de travail que lui, il regarde avec un œil d'envie l'utile douceur de leurs fatigues ; content s'il pouvoit seul porter tout le poids qu'il partage à regret avec les compagnons de sa dignité.

A peine peut-on l'arracher de ce séjour autrefois si craint et maintenant si chéri. L'amour du plaisir l'en éloignoit dans un temps , l'intérêt l'y ramène dans un autre. Il faisoit injure à ses fonctions lorsqu'il les dédaignoit , il ne les déshonore pas moins lorsqu'il les recherche ; et la justice qui condamnoit autrefois sa paresse , rougit à présent de son avidité.

Et que peut-on penser lorsqu'on le voit, indifférent pour les fonctions honorables de la magistrature , en remplir les devoirs utiles avec une exacte , mais servile régularité , si ce n'est que , comme un vil mercenaire , il mesure son travail à la récompense qu'il en reçoit ? Créancier importun de la république , il ignore la douceur de cette gloire si pure que l'homme de bien trouve à pouvoir compter la patrie au nombre

10 *

de ses débiteurs. Il veut que chaque jour, chaque heure, chaque moment, lui apporte le salaire de ses peines : malheureux de se croire ainsi payé de ses travaux, et véritablement digne de n'en recevoir jamais qu'une si basse récompense.

Où trouverons-nous donc la dignité du magistrat ? L'extérieur du tribunal, l'intérieur du sénat, tout semble nous menacer de sa perte : et comment pourroit-elle se conserver hors du temple, si dans le temple même et à la face de ses autels elle n'a pu se soutenir ?

Aussi ne devons-nous presque plus la chercher dans la vie privée du magistrat.

Toutes les passions qui ont conspiré contre sa grandeur l'attendent à la porte du temple, pour partager entr'elles le malheureux emploi de profaner sa dignité.

A peine en sera-t-il sorti que, séduit par les conseils imprudens d'une aveugle jeunesse, il ne connoîtra peut-être plus d'autre école que le théâtre, d'autre morale que les maximes frivoles d'un poëme insipide, d'autre étude que celle d'une musique efféminée, d'autre occupation que le jeu, d'autre bonheur que la volupté. Ou s'il est assez heureux pour conserver encore, malgré la licence qui l'environne, cette première fleur de dignité qui se flétrit si aisément au milieu des plaisirs, il la sacrifiera bientôt à l'intérêt ; et par un malheur qui n'est que trop commun dans la magistrature, il perdra peut-être dans ses affaires particulières cette réputation de droîture et d'équité, qu'il avoit acquise dans ses fonctions publiques.

Telle est la peine fatale des magistrats qui vont demander aux autres juges une justice qu'ils devroient se rendre à eux-mêmes. Il semble souvent qu'ils aient déposé sur le tribunal, non seulement leur dignité, mais leur vertu, lorsqu'ils en descendent pour se rabaisser au rang des parties.

Tantôt foibles et timides cliens, on les voit trembler, gémir, supplier auprès de leurs égaux, oublier qu'eux-mêmes accordent tous les jours la justice, non aux prières, mais aux raisons des parties; ne point rougir d'emprunter la voix d'une sollicitation étrangère; et par-là faire dire, à la honte de la magistrature, qu'un secours qui paroît nécessaire aux magistrats même ne peut pas être inutile auprès d'eux.

Tantôt fiers et impérieux, et souvent plus injustes que le plaideur le moins instruit des règles de la justice, ils consacrent jusqu'à leur caprice, et érigent toutes leurs pensées en oracles. Les plus vaines subtilités reçoivent bientôt entre leurs mains le caractère de l'infaillibilité. Il n'est plus pour eux de règles certaines et inviolables : ils rappellent, comme parties, dans l'empire de la justice, les maximes qu'ils en avoient proscrites comme juges. On les voit se perdre et s'égarer volontairement dans les chemins tortueux d'une procédure artificieuse, marcher avec confiance dans des voies obliques qu'ils ont tant de fois condamnées dans les autres plaideurs, et ne montrer qu'ils sont juges, que parce qu'ils possèdent mieux la science si commune en nos jours d'éluder la justice et de surprendre la loi.

Et que sera-ce encore si l'intérêt, après avoir soumis à ses lois la vie privée du magistrat veut l'introduire dans les voies difficiles de l'ambition, et l'initier dans les mystères de la fortune!

C'est alors qu'insensible à la gloire de sa profession, il commencera, pour son malheur, à

distinguer sa propre grandeur de celle de la
magistrature. Peu content de s'élever avec les
compagnons de sa dignité, il n'aspirera qu'à
s'élever au-dessus d'eux : leur foiblesse pourra
même flatter sa vanité, et leur bassesse fera sa
grandeur. Il verra avec indifférence, et peut-
être avec joie, la magistrature humiliée, pourvu
que sur les ruines de son état il puisse bâtir le
superbe édifice de sa fortune. Mais dédaignant
la grandeur que la justice lui donne, il méritera de ne pas obtenir celle que la fortune lui
promet ; et peut-être il aura la disgrâce, après
avoir dégradé sa dignité, d'avilir encore plus
sa personne.

Enfin le dégoût sera son supplice et le dernier de ses malheurs. Il lui persuadera qu'il
n'est plus pour le magistrat de véritable dignité ;
que nous courons inutilement après une ombre
qui nous fuit ; que c'est un fantôme que la simplicité de nos pères a adoré, mais dont un goût
plus solide et plus éclairé a connu le néant et
la fatigante vanité.

Ainsi parle le dégoût, et la paresse le croit :
mais à Dieu ne plaise que nous portions jamais
un si triste jugement contre notre condition.

Nous savons qu'il y a une dignité qui ne dépend point de nous, parce qu'elle est en quelque manière hors de nous-mêmes. Attachée
dans le jugement du peuple à la puissance extérieur du magistrat, avec elle on la voit croître, avec elle on la voit diminuer ; le hasard
nous la donne et le hasard nous l'enlève. Comme
elle ne s'accorde pas toujours au mérite, on
peut l'acquérir sans honneur, on peut la perdre
sans honte ; et reprocher au magistrat de ne
pas conserver cette espèce de dignité, ce seroit souvent lui imputer l'injustice du sort et le
crime de la fortune.

Mais il est une autre dignité qui survit à la première, qui ne connoît ni la loi des temps ni celle des conjonctures; qui, bien loin d'être attachée en esclave au char de la fortune, triomphe de la fortune même. Elle est tellement propre, tellement inhérente à la personne du magistrat, que comme lui seul peut se la donner, lui seul aussi peut la perdre. Jamais il ne la doit à son bonheur, jamais son malheur ne la lui ravit. Plus respectable souvent dans les temps de disgrâce que dans les jours de prospérité, elle consacre la mauvaise fortune; elle sort plus lumineuse du sein de l'obscurité dans laquelle on s'efforce de l'ensevelir; et jamais elle ne paroît plus sainte et plus vénérable que lorsque le magistrat, dépouillé de tous les ornemens étrangers, renfermé en lui-même, et recueillant toutes ses forces, ne brille que de sa lumière, et jouit de sa seule vertu.

Vivre convenablement à son état, ne point sortir du caractère honorable dont la justice a revêtu la personne du magistrat; conserver les anciennes mœurs, respecter les exemples de ses pères, et adorer, si l'on peut parler ainsi, jusqu'aux vestiges de leurs pas; ne chercher à se distinguer des autres magistrats que par ce qui distingue le magistrat des autres hommes; former son intérieur sur les conseils de la sagesse, et son extérieur sur les règles de la bienséance; faire marcher devant soi la pudeur et la modestie; respecter le jugement des hommes, et se respecter encore plus soi-même; enfin, mettre une telle convenance et une proportion si juste entre toutes les parties de sa vie, qu'elle ne soit que comme un concert de vertu et de dignité, et comme une heureuse harmonie dans laquelle on ne remarque jamais la moindre dissonance , et dont les tons , quoique différens , tendent tous à l'unité : voilà la route qui dans tous les temps nous sera toujours ouverte pour arriver à la véritable dignité. On est toujours assez élevé quand on l'est autant que son état. Les fonctions de la magistrature peuvent diminuer , mais la solide grandeur du vertueux magistrat ne diminuera jamais.

Fidèle observateur de ses devoirs , et timide dépositaire de sa dignité , il ne la confie qu'au secret de la retraite et au silence de la solitude.

Il sait que l'on méprise souvent de près ceux qu'on avoit révérés dans l'éloignement ; que le magistrat doit paroître étranger dans le pays de la fortune ; qu'il lui est glorieux d'en ignorer les lois , souvent jusqu'à la langue même ; que c'est une terre qui dévore ses habitans , et surtout ceux qui la préfèrent au repos de leur patrie ; que la magistrat y devient odieux s'il en condamne les mœurs , méprisable s'il les approuve , coupable s'il les imite ; et que le seul parti qui lui reste est de les censurer par sa retraite , et de les combattre en les fuyant.

On ne le verra donc point , frivole adorateur de la fortune , aller avec tant d'autres magistrats brûler un encens inutile sur ses autels. Si la fortune peut se résoudre à se servir d'un homme de bien , il faudra qu'elle aille le chercher dans l'obscurité de sa retraite. Mais à quelque degré d'élévation qu'elle le fasse parvenir, elle ne pourra jamais lui faire perdre l'ancienne gravité de ses mœurs , et cette austérité rigoureuse , qui sont comme les gardes fidèles de sa dignité.

Disons-le hardiment : comme il n'y a qu'une vie dure et sévère qui assure parfaitement l'innocence du magistrat, elle seule peut aussi conserver l'éclat pur et naturel de sa simple majesté.

C'est dans le séjour laborieux de l'austère vertu que les enfans reçoivent de leurs pères bien moins les dignités que les mœurs patriciennes.

Là se conservent encore, dans le déclin de notre gloire et au milieu de ce siècle de fer, les restes précieux de l'âge d'or de la magistrature.

Là, tous les objets qui frappent les yeux inspirent l'amour du travail et l'horreur de l'oisiveté.

Là, règne une vertueuse frugalité, image de celle des anciens sénateurs : une modération féconde qui s'enrichit de tout ce qu'elle ne désire point, et qui trouve dans le simple retranchement du superflu, la source innocente de son abondance.

Loin de cette heureuse demeure l'excès d'une magnificence inconnue à nos pères, et dont nous rougirions nous-mêmes si les mœurs n'avoient prescrit contre la raison. Le séjour du sage magistrat n'est orné que de la seule modestie. Si le prince veut renfermer le luxe dans les bornes légitimes, sa maison pourra servir de modèle à la sévérité des édits, et l'exemple d'un particulier méritera de devenir une loi de la république.

Accoutumé à porter de bonne heure le joug de la vertu, élevé dès son enfance dans les mœurs rigides de ses ancêtres, le magistrat comprend bientôt que la simplicité doit être non seulement la compagne inséparable, mais l'ame de sa dignité ; que toute grandeur qui n'est point simple n'est qu'un personnage de théâtre, et, si l'on peut s'exprimer ainsi, qu'un

masque emprunté qui tombe bientôt pour laisser voir à découvert la vanité de celui qui le
portoit ; que quiconque affecte de jouir de sa
dignité l'a déjà perdue ; et que telle est la nature de ce bien, qu'il fuit ceux qui le cherchent
avec art, pour s'offrir à ceux qui, marchant
dans la simplicité de leur cœur, sans faste,
sans ostentation, ne travaillent qu'à être vertueux, sans penser à le paroître.

Une égalité parfaite, une heureuse uniformité sera le fruit de la simplicité dont il fait
profession, et le dernier caractère de sa grandeur. Chaque jour ajoute un nouvel éclat à sa
dignité ; on la voit croître avec ses années :
elle l'a fait estimer dans sa jeunesse, respecter
dans un âge plus avancé ; elle le rend vénérable dans sa vieillesse.

Mais ce n'est ni le nombre de ses années, ni
les rides que l'âge a gravées sur son front, qui
lui attirent cette espèce de culte qu'on rend à
sa gravité. Le souvenir de ses longs travaux,
l'image toujours récente de ses grands services, l'idée de cette dignité toujours soutenue
avec une constance invariable pendant tout le
cours de sa vie, l'environnent toujours, et lui
concilient cette autorité qui est le dernier présent, et comme la suprême faveur de la vertu.

Telle est la douce récompense qu'elle prépare aux travaux d'une partie des magistrats
qui nous écoutent. C'est sur le modèle de leur
conduite que nos foibles mains ont essayé de
former le véritable caractère de la dignité du
magistrat.

Puissons-nous suivre de si grands exemples
dans la place à laquelle la bonté du roi nous
appelle, et retracer dans nos actions les vertus
que nous venons de peindre par nos paroles.

Pénétré d'une juste reconnoissance des grâces dont le roi vient de m'honorer, avec quelle effusion de cœur ne devrois-je pas lui offrir ici un encens qui ne peut jamais être rejeté lorsqu'il est offert par les mains de la gratitude ! Mais ne dois-je pas craindre que sa bonté n'ait surpris en cette occasion l'infaillible certitude de son jugement, et que le choix qu'il a fait n'ait plus besoin d'apologie que d'éloge ? Retenons donc nos paroles : un silence respectueux peut seul exprimer, et la grandeur du bienfait, et l'impuissance de le reconnoître : ou si quelque choix excite aujourd'hui nos louanges, que ce soit celui qui nous donne pour successeur (1) un magistrat plus digne de nous précéder que de nous suivre. Et vous, Messieurs, qui avez rassuré les timides démarches de notre première jeunesse, vous qui nous avez toujours animés par votre présence, instruits par vos exemples, éclairés par vos oracles, achevez votre ouvrage, et soutenez avec moi un fardeau que sans vous je n'aurois jamais porté.

Le public, témoin depuis dix ans de votre indulgence pour moi, le sera éternellement de ma reconnoissance pour vous, et de mon zèle pour la dignité d'une compagnie où j'ai presque eu le bonheur de naître, et où la bonté du roi m'assure par ses bienfaits l'honneur de passer avec vous tous les jours d'une vie dont je ne souhaite la durée que pour la consacrer plus long-temps à votre gloire.

_____

(1) M. Le Nain.

~~~~~~

V.e MERCURIALE,

Composée pour Pâques 1702.

L'AMOUR DE LA SIMPLICITÉ.

DANS un temps où l'ancienne sévérité des lois semble se ranimer pour proscrire le luxe et la fausse grandeur, la magistrature, dont un des principaux devoirs a toujours été le sage éloignement de ces vices, ne doit-elle pas par sa conduite prêter de nouvelles forces à l'autorité de la loi qui les condamne, et par la voie moins rigoureuse, mais plus persuasive des exemples, rétablir, s'il est possible, la simplicité dans les mœurs ?

Qu'il nous soit donc permis en ces jours solemnels, destinés à nous retracer l'image de nos devoirs, de rappeler au magistrat l'idée de cette vertu précieuse dans tous les temps, et qui fait le bonheur de toutes les conditions.

Ennemie de l'artifice, de la pompe et de l'ostentation, elle consacre l'homme à la vérité, et l'attache à son devoir par des liens indissolubles ; elle l'éclaire sur la véritable grandeur ; elle lui fait connoître que ce n'est qu'à sa foiblesse qu'il faut imputer la recherche de ces dehors brillans, inventés pour la déguiser aux yeux des autres, et pour la dérober, s'il se pouvoit, aux siens propres ; que l'éclat extérieur n'augmente pas le prix des talens et de la raison ; que la sagesse l'a toujours dédaigné, et qu'il est le partage de ces mérites superficiels qui se repaissent du vain plaisir d'en imposer au vulgaire.

Ce n'est pas que, par un caprice farouche, la simplicité de mœurs méprise l'estime du public ; elle en connoît les avantages utiles à la vertu même ; mais elle cherche à la mériter et non à la surprendre ; elle ignore l'art de se faire valoir ; elle ne pense qu'à faire le bien, et ne s'occupe pas à le faire remarquer aux autres ; elle se montre telle qu'elle est, et néglige les secours et les ornemens étrangers.

Semblable à ces personnes que la nature elle-même a ornées d'une beauté vraie, qui méprisent un éclat emprunté : peu attentives aux grâces qui les parent, elles plaisent sans chercher à plaire, et même sans paroître le savoir, et remportent sur l'art et sur l'affectation une victoire qui ne leur coûte ni soins ni désirs.

Telle se montre à nos yeux une noble et vertueuse simplicité : non contente de conduire le cœur et d'éclairer l'esprit, elle règle encore l'extérieur dont elle écarte tout le faste ; elle se peint dans tous les traits de l'homme de bien, et se fait sentir dans toutes ses paroles ; elle bannit les expressions trop recherchées ; enfin, elle imprime aux moindres actions ce caractère aimable de vérité qui fait toute la sûreté et toute la douceur de la société civile.

Mais si la raison ramène tous les hommes à la simplicité de mœurs, la justice en fait une loi encore plus indispensable au ministre qu'elle choisit pour prononcer ses oracles.

Il doit se regarder quelquefois comme le protecteur et toujours comme le père de ceux qui recourent à son autorité. Loin de les éloigner de lui par un appareil fastueux, son premier devoir est de rassurer leur timidité et d'exciter leur confiance ; il faut que tout annonce en lui un ministre de paix et de justice ; qu'il soit à portée de toutes les conditions, que le foible et l'opprimé puissent espérer que leurs plaintes seront portées directement à celui qui peut les faire finir ; que rien n'arrête et n'étouffe la voix du pauvre qui implore son secours ; et que né pour le peuple, son extérieur ne soit pas moins populaire que son cœur même.

Dépositaire public de toutes les vertus, c'est par leur éclat seul qu'il doit briller ; le luxe, le faste et la vanité ne lui offrent que des objets frivoles, incapables d'éblouir une ame qui se sent destinée à de grandes choses ; le bien public est son objet unique ; il ne trouve de véritable plaisir qu'à être utile à sa patrie.

Toutes les fonctions de la magistrature sont toujours respectables à ses yeux ; si elles ne lui semblent pas également augustes, aucune ne lui paroît pouvoir être méprisée ; il n'imite point ces hommes fastueux dont l'attention se prête avec plaisir à ces contestations célèbres qui leur paroissent faire honneur à leur pouvoir, ou être véritablement dignes de leur application, et se refusent à ces causes légères et à ces détails rebutans en eux-mêmes, qui entrent essentiellement dans l'ordre de la justice. Il sait que la destinée des pauvres y est presque toujours attachée, et que le véritable honneur du magistrat n'est pas de prononcer entre les grands ou sur des difficultés importantes, mais de retracer dans ses jugemens l'image fidèle et vivante de la loi même, qui établit des règles invariables, sans distinguer les personnes et les conditions.

Ennemi de toute affectation, il ne fait sentir

aux autres aucune supériorité, ni de naissance, ni de talent; toujours prêt à faire à la justice un sacrifice de ses opinions les plus chéries, les contradictions l'instruisent, loin de le révolter; une éloquence douce et vraie semble couler de ses lèvres; la candeur et la modestie qui se montrent dans son extérieur, découvrent la pureté de son cœur. C'est ainsi qu'il mérite la confiance des autres ministres de la justice, et que la vérité qu'il a trouvée, parce qu'il la cherchoit sans prévention, triomphe parce qu'il la défend sans aigreur.

Loin de lui les soins inquiets qui captivent les autres hommes. Le luxe étale en vain en d'autres lieux tout ce qu'il peut avoir de plus séduisant, il n'en est point ébloui; il lui préfère l'ancienne simplicité qu'il aime à conserver, à retenir du moins autant qu'il est en son pouvoir; les seules vertus lui paroissent les seuls ornemens dignes de son état; sa vie uniforme, mais toujours vénérable, se passe, ou dans une heureuse ignorance de ce qu'on appelle les avantages de la fortune, ou (ce qui est plus estimable encore) dans une noble disposition de cœur à n'en être point touché. Une vie simple en apparence, mais vraiment digne d'un magistrat, a été dans tous les temps le caractère et l'heureux partage des plus illustres ministres de la justice.

Cette vertu éloignée de toute affectation, lui attire bientôt une considération supérieure à celle de la plus brillante fortune; mais cette considération même ne diminue rien de la simplicité de ses mœurs : il est surpris de ce qu'on lui fait un mérite de cet attachement invariable à ses devoirs; il ignore seul qu'il est digne de louanges, et il semble quelquefois

que l'estime et la reconnoissance publiques,
biens sur lesquels il a un droit si légitime, le
gênent et l'embarrassent.

Pour conserver cette précieuse simplicité,
le magistrat évite avec soin de se laisser surprendre au vain éclat des objets extérieurs ;
il sait que d'un sage mépris pour ces objets
dépend tout son bonheur, et qu'en se livrant
à la jouissance de ces faux biens, on perd peu à
peu le goût qui nous attachoit aux véritables.

Artisans de nos propres malheurs, nous prê-
tons nous-mêmes les plus fortes armes aux
ennemis de notre raison ; nous commençons
par traiter de grossiers ces temps heureux où
l'on ne connoissoit point le luxe ni un vain
faste ; il semble que nous ignorions à quel
point il est dangereux de se familiariser avec
des séducteurs qui deviennent ensuite des ty-
rans domestiques.

L'admiration commence à séduire notre
ame ; elle est bientôt suivie de nos désirs ; un
malheureux raffinement nous les représente de
jour en jour sous de plus flatteuses images, et
nous croyons perfectionner notre goût lorsque nous ne faisons qu'affoiblir notre vertu.

On se persuade que l'attachement aux avantages extérieurs n'a rien de contraire à l'esprit
de justice qui doit animer le magistrat, qu'il
en fera dans les occasions un sacrifice éclatant
à son devoir. Mais que c'est peu connoître
notre cœur ! il ne partage pas si long-temps
ses affections. Ou la raison y règne en souveraine, et alors elle détache tous les autres objets ; ou par des combats continuels elle le fatigue, elle vient à lui paroître importune et
trop sévère, il ne la suit plus qu'à regret ; et
dans la fausse idée d'acheter son repos, il cesse

enfin d'écouter une voix qui le trouble sans le déterminer.

Il n'en est pas ainsi du sage magistrat qui joint à l'éloignement de ces vices l'heureux secours de l'habitude. Loin de voir diminuer peu à peu sa vertu, il éprouve au contraire qu'elle acquiert tous les jours de nouvelles forces ; elle devient inébranlable, et le soutient contre le torrent qui entraîne les autres hommes ; les mœurs simples sont les seules digues insurmontables aux passions.

L'ambition écartera-t-elle de son devoir un magistrat qui n'est point sensible aux récompenses qu'elle promet ? Plus attentif aux devoirs qu'exigent les dignités qu'à l'éclat qu'elles répandent, il craint de nouveaux honneurs ; loin de s'empresser à les chercher, il se borne à remplir les obligations de son état.

Un nouveau joug ne lui paroît pas mériter les soins qu'il faut prendre pour se l'imposer.

Quelle différence de sentiment entre le magistrat ambitieux, et celui qui se dévoue à une vertueuse simplicité ! L'un fait servir ses devoirs à ses projets ; l'autre, sans être distrait par des projets, n'envisage que son devoir. Les talens de l'un ne sont utiles eu public que quand il croit qu'ils peuvent être utiles à ses desseins ; les services de l'autre sont dégagés de tout désir de récompense, et il s'en trouve assez payé par la satisfaction intérieure de faire le bien. De secrètes inquiétudes, des attentions incommodes, des agitations continuelles, des mouvemens souvent inutiles troublent toute la vie de l'un ; l'autre voit couler ses jours dans une heureuse paix, et ne craint que ce qui pourroit donner atteinte à sa vertu. L'un, après l'accomplissement de ses plus ardens désirs,

voit son bonheur lui échapper dans le sein de
la possession même; il forme de nouveaux
vœux : ce qu'il n'a point encore efface dans
son esprit ce qu'il a eu tant de peine à obtenir;
et pour tout fruit de ses travaux, il ne sent
souvent que le poids accablant des remords.
L'autre toujours heureux, toujours tranquille,
se renferme dans sa vertu; et content de servir sa patrie dans les fonctions dont elle l'a
chargé, il lui fait sans regret le sacrifice d'une
fortune à laquelle il auroit pu aspirer. Enfin l'un
est consumé par l'ennui d'un tumultueux esclavage qui avilit le noblesse de sa profession;
l'autre goûte le plaisir d'une heureuse indépendance des passions, qui l'élève au-dessus
de sa dignité même.

La simplicité de mœurs fait encore ignorer
au magistrat ces timides ménagemens, ces re-
tours secrets d'amour-propre, ces vues de fortune pour soi, ou pour sa famille, qui portent
l'ame à désirer que la cause la plus accréditée
soit la plus juste, et la séduisent quelquefois
jusqu'à lui faire croire ce qu'elle désire. Peut-
on seulement soupçonner que de tels sentimens
trouvent entrée dans un cœur qui ne connoît
que le devoir; qui ne regarde les plus illustres
cliens qu'avec les vœux de la justice, devant
qui toutes les conditions disparoissent, et qui,
peu touché d'un éclat extérieur, n'est conduit
que par la lumière pure de la raison et de la
vérité?

Le luxe, en multipliant les besoins, allume
la soif des richesses, et entretient dans le
cœur un fonds de cupidité; la simplicité de
mœurs, en détachant le magistrat des objets
extérieurs, est comme un rempart impénétrable
qui défend sa vertu.

Nous

Nous ne parlerons point de cette indigne corruption qui n'ose pénétrer dans ces lieux sacrés ; elle y seroit regardée comme ces monstres , horreur de la nature , qu'on prend soin d'étouffer dès leur naissance ; mais il est des mouvemens d'intérêt plus imperceptibles , et qu'on se cache à soi-même , qui font qu'on voit avec moins de peine des incidens qui rendent la décision d'une contestation plus lente et plus ruineuse ; qu'on s'oppose avec moins de fermeté à cette multiplication immodérée d'écritures inutiles ; qu'on a moins d'attention à ménager ces instans si précieux aux parties ; qu'on semble même regarder comme une possession et comme une espèce de patrimoine, un procès considérable ; et qu'on s'afflige comme d'une perte domestique, d'une sage conciliation qui , en modérant la rigueur des prétentions qui divisoient les parties , rapproche en même temps et les intérêts et les cœurs.

On ne craindra point ces foiblesses dans un magistrat qui se renferme dans les bornes que lui prescrit une modeste simplicité. Content des dons qu'il a reçus de la fortune , ou si elle le traite en mère injuste , riche au moins par sa modération , il est possesseur d'un bien supérieur à cette opulence à laquelle il ne porte point envie. Heureux si, laissant à ses descendans le patrimoine de ses pères , accru seulement de sa réputation , il peut leur transmettre le mépris du luxe et du faste , et leur apprendre par son exemple, plus encore que par ses discours , combien la simplicité de mœurs est utile à la conservation des vertus de son état !

Offrons à ce sage magistrat un motif encore plus grand et véritablement digne de l'animer ; le bien de l'Etat même.

I.   I I

Il sait qu'il doit au public non seulement la
dispensation de la justice, mais encore l'exemple de la vertu; le peuple devient aisément
imitateur de ceux qu'il respecte. Les foiblesses
des personnes que leur état expose à un plus
grand jour, sont plus dangereuses que les vices
même de ceux que leur sort cache dans l'obscurité. Plus le pouvoir s'accroît, plus l'attention à fuir l'erreur doit se redoubler; et les
peuples sont véritablement heureux lorsque
des vertus sans nombre accompagnent une puissance sans bornes.

Après l'exemple de ceux en qui réside la
suprême puissance, il n'en est point qui fasse
plus d'impression sur l'esprit des peuples que
celui des magistrats. Le ministre de la justice
est, par état, l'ennemi des vices qui peuvent
troubler la société civile; l'interprète des lois
est en même temps le censeur des désordres
qu'elles condamnent.

De tous les vices contre lesquels il doit s'ar-
mer, il n'en est point de plus pernicieux que
le faste et la fausse grandeur. L'esprit de simplicité prévient tous les maux que ces passions
entraînent avec elles; il peut seul arrêter ce
poison subtil qui se communique peu à peu à
toutes les parties du corps de l'Etat, et qui,
par un feu caché, le mine et le détruit.

Il n'en faut point douter; ces jalousies
odieuses entre les professions, qui ne cherchent à s'élever à l'envi les unes au-dessus des
autres que par un vain éclat extérieur; ces
efforts pour soutenir un pompeux appareil que
souvent la fortune ne permet pas et que la
raison condamne toujours; ces chagrins renfermés dans le secret du domestique, mais
vifs et cuisans, qu'inspire l'impuissance de

briller au gré de sa vanité ; cet oubli criminel du bien public toujours sacrifié à des vues particulières ; cet indigne empressement à chercher les routes de la fortune , quelquefois aux dépens de son innocence ; cet esclavage honteux où l'on captive jusqu'à ses lumières, où l'on désapprend à penser pour s'attacher aux idées fausses de ceux dont on attend des secours ou des bienfaits ; enfin , cet esprit général de servitude si différent de la noble obéissance : tous ces vices, la ruine des familles, la perte des vertus , et par une suite nécessaire l'affoiblissement de l'Etat, doivent leur naissance à l'amour du faste, et ne peuvent être réprimés que par l'exemple des personnes publiques, et la simplicité respectable de leurs mœurs.

Cet éclat extérieur dont les yeux étoient éblouis, commence à paroître frivole lorsqu'on voit qu'il est négligé par les sages ; on cesse de l'admirer quand on ne le retrouve point dans ceux qu'on révère : le désir du bien public succède insensiblement à la recherche de ces faux biens ; le service de l'Etat devient alors l'affaire de toutes les conditions ; il n'est personne qui ne mette son bonheur à travailler dans sa profession à la grandeur de son prince et de sa patrie ; et le public , juste dispensateur de la gloire , proportionne l'honneur aux services qu'on s'empresse de lui rendre.

C'est ainsi que s'est accrue cette puissance si redoutable des Romains ; la simplicité des mœurs de leurs premiers citoyens les a rendus plus recommandables encore que leurs victoires, ou plutôt elle produisoit en même temps et leur grandeur et leurs succès ; la magnificence et le faste ont préparé leur ruine , et la décadence de leur empire a été présagée par leur éloignement de la simplicité des mœurs anciennes.

Sans chercher des exemples étrangers, nos anciens héros qui ont chassé de l'intérieur du royaume les fiers ennemis de l'Etat, et porté le nom français jusqu'aux extrémités du monde, n'ont-ils pas puisé leur valeur et cet amour éclatant pour leur patrie, dans le sein de la vie simple et frugale ? Et après avoir rempli l'univers du bruit de leurs exploits, ils venoient jouir de leur gloire dans ces mêmes retraites qui leur avoient donné la naissance, et dont la simplicité blesse aujourd'hui les yeux de leurs superbes descendans.

Ces chefs illustres des compagnies, ces sénateurs vénérables qui les secondoient, choisis quelquefois par des souverains étrangers pour être les arbitres de leurs différends, ces grands magistrats, l'honneur de ce tribunal auguste, qui par des décisions respectées dans tous les siècles, ont transmis jusqu'à nous le dépôt inviolable de ses maximes adoptées par les ordonnances de nos rois, ou consacrées par l'usage de tous les temps, ont-ils dû leur gloire au luxe et à la somptuosité ? et notre délicatesse au contraire ne seroit-elle pas blessée du seul récit de ce que les histoires particulières nous apprennent de la simplicité de leurs mœurs ?

Jusqu'à nous la magistrature s'étoit préservée de la corruption générale ; elle a été long-temps l'unique asile où la simplicité de mœurs sembloit s'être retirée, et avec elle toutes les vertus qui l'accompagnent.

Des prétextes frivoles ont enfin altéré cette innocence digne des premiers temps, et balancé dans quelques esprits ces puissans motifs de l'intérêt du magistrat, de l'utilité publique, et de l'exemple de tous les siècles.

Plusieurs de ceux qui sortent de la vie privée pour être admis dans le sanctuaire de la justice, confondent le faste avec la dignité ; ils ignorent encore les vraies prérogatives de leur état destiné à l'amour du peuple et à l'utilité publique. Ils affectent en toute occasion d'en faire sentir la supériorité. Tout, jusqu'à leur accueil, leur paroît devoir changer ; ils croient sur-tout que la simplicité dans les mœurs les aviliroit aux yeux des hommes, qu'elle est l'obscure vertu de l'homme privé, et que l'extérieur brillant est le véritable apanage des fonctions publiques.

D'autres se persuadent que ces marques de grandeur servent à faire respecter la justice et le souverain dont ils exercent l'autorité.

Mais peut-on regarder comme un véritable respect qui puisse nous flatter, ces apparences de soumission qu'attirent des dehors fastueux, que le besoin arrache, et que le cœur dément toujours ? Jaloux de son indépendance, plus on affecte l'air de domination, plus sa liberté s'en offense ; et pour se dédommager de l'effort qu'il se fait en dissimulant, il se livre au plaisir d'abaisser en secret ceux qui exigent ces vains honneurs.

Il n'en est pas ainsi de l'hommage sincère qu'on rend sans contrainte à la simplicité de mœurs ; c'est un tribut légitime dont personne ne veut se dispenser : moins on paroît empressé à le recevoir, plus le public s'efforce à le payer par un respect intérieur, seul digne d'un magistrat, et infiniment préférable à cette impression d'étonnement que laisse la magnificence.

Loin de nous ces ames timides dans la pratique du bien, qui, sans entrer dans l'examen de la vérité, se font des idées des vertus au

gré de leurs penchans ou de leur indolence,
et se représentent la simplicité de mœurs sous
une image qui les rebute ; ils se persuadent
qu'elle est toujours accompagnée d'une effrayante sévérité, qu'elle écarte tous les amusemens, et que, se consacrer à cette vertu,
c'est se dévouer à la tristesse et à l'ennui.

Le magistrat, il est vrai, conduit par la sagesse, évite tout ce qui pourroit altérer la simplicité de ses mœurs, et affoiblir sa vertu. En
s'écartant d'une route dont la raison lui montre
les périls, il s'épargne la fatigue du combat,
et n'en mérite pas moins l'honneur de la victoire ; il sait que l'éclat bruyant de la vanité,
en frappant l'imagination, peut faire illusion
à l'esprit, et qu'un des plus grands philosophes
de l'antiquité avouoit, qu'en quittant les lieux
où régnoit la magnificence, s'il n'en sortoit
pas moins vertueux, il en sortoit moins content et moins tranquille.

Mais n'est-il point d'autres plaisirs que ceux
que procure un luxe somptueux? Le magistrat
simple dans ses mœurs sait en trouver de plus
doux, et de moins sujets aux importuns re-
tours du repentir.

L'amitié des gens vertueux, les agrémens
d'une société d'autant plus aimable, que la ressemblance des mœurs et des sentimens en fait
le lien ; les amusemens de la vie champêtre
dans ces intervalles où il lui est permis de les
goûter, et de cesser d'être homme public : les
délices qu'il sait se procurer à lui-même dans
ces momens d'un précieux loisir qu'il restitue
aux lettres et aux sciences ; momens qu'il se
reprocheroit comme autant d'infidélités , s'il
les prenoit sur le temps qui est consacré à ses
devoirs, et qui appartient à l'Etat ; enfin tout

ce qui est capable de faire le délassement d'une grande ame, et de la rendre plus propre aux nouveaux travaux qu'exige le bien public, forme les plaisirs innocens de la vie simple.

Une trop grande austérité peut être quelquefois l'effet du caractère et non de la simplicité de mœurs. La modération l'accompagne : éloignée de tout ce qui peut blesser l'amour-propre des autres, elle se fait aimer et honorer en même temps, parce qu'elle ne parle que le langage de la raison.

Que celui qui redoute cette vertu cesse donc de se trahir lui-même ; que ses yeux dessillés s'ouvrent enfin à la lumière de la vérité ; qu'instruit par l'expérience de tous les temps, il se persuade que la magistrature ne sera jamais plus respectée que lorsqu'elle sera dégagée de toute pompe extérieure ; et que le magistrat, s'il est véritablement digne de l'être, doit regarder sa dignité comme un titre qui le dévoue à la simplicité de mœurs.

Heureux si, après avoir reçu de nos prédécesseurs le dépôt précieux des vertus qu'elle renferme, comme autrefois les mains les plus pures recevoient ce feu sacré auquel la destinée de l'empire étoit attachée, nous pouvons le transmettre sans aucune diminution à ceux qui viendront après nous, et cependant retracer à notre temps les mœurs de ces illustres personnages, dont l'histoire nous a conservé la mémoire pour être le modèle et l'admiration de tous les siècles !

‰‰‰‰‰‰‰‰‰‰‰‰‰‰‰‰‰‰‰‰‰‰‰‰‰‰‰‰‰‰‰‰

VI.ᵉ MERCURIALE,

Prononcée à la Saint-Martin 1702.

LES MŒURS DU MAGISTRAT.

A LA vue de cet auguste sénat, au milieu de ce temple sacré, où le premier ordre de la magistrature s'assemble en ce jour pour exercer sur lui, non le jugement de l'homme, mais la censure de Dieu même, par où pouvons-nous mieux commencer les fonctions de notre ministère, qu'en vous adressant ces nobles et sublimes paroles que l'Ecriture consacre à la gloire et à l'instruction des magistrats : *Juges de la terre, vous êtes des dieux et les enfans du Très-haut !*

Puisse le magistrat conserver toujours cette haute idée de la grandeur de son caractère ! Image de la Divinité, puisse-t-il ne déshonorer jamais cette glorieuse ressemblance ! Mais oserons-nous le dire, et nous sera-t-il permis de juger de l'avenir par le passé ? A peine cette assemblée respectable sera-t-elle séparée que nous verrons peut-être *les enfans du Très-haut* confondus dans la foule des enfans des hommes, déposer les mœurs de la magistrature avec les marques de leur dignité, et mériter que nous leur appliquions ces sévères et redoutables paroles de la même Ecriture : *Je vous ai dit que vous êtes des dieux, mais vous mourrez comme les autres hommes.*

Loin du sage ministre de la justice cette indigne alternative de grandeur et de bassesse, de vie et de mort : c'est en vain que l'on cherche à distinguer en lui la personne privée et la personne publique ; un même esprit les anime ; un même objet les réunit ; l'homme, le père de famille, le citoyen, tout est en lui consacré à la gloire du magistrat. Sa vie privée nous cache un spectacle moins éclatant, mais non pas moins utile que celui que sa vie publique nous montre ; et l'image de ses mœurs est aussi respectable que celle de sa justice.

Quel plaisir de le contempler, lorsqu'éloigné de cette foule de cliens qui l'environne presque toujours, déchargé du poids de ses fonctions publiques, et déposant, si l'on peut parler ainsi, les rayons de sa gloire, le magistrat nous laisse voir l'homme tout entier, et nous le montre dans cet état où il est véritablement lui-même !

Nous ne le trouverons point occupé à délibérer sérieusement sur le choix de ses plaisirs, ou à tracer laborieusement le plan de sa fortune. Renfermé au dedans de lui-même, jouissant en paix de cette douce et innocente volupté que donne à l'homme de bien le spectacle de son cœur, il cherche continuellement, non ce qui peut le faire paroître plus grand, mais ce qui doit le rendre meilleur ; il cultive les semences de vertus que la nature lui a données ; il arrache tous les jours ces épines malheureuses que la même nature fait croître tous les jours dans la terre la plus fertile, pour exercer la pénible industrie du laboureur.

Quelquefois s'élevant au-dessus de lui-même, il porte la sainte, la rapide audace de ses regards jusqu'au trône de la Divinité, pour y

11

contempler la justice dans la justice même, et
pour former ses mœurs sur ce grand modèle.

Que ne lui est - il permis de demeurer dans
ce séjour lumineux, et de se livrer à la douceur de cette haute spéculation ! Mais la voix
de la société le rappelle sur la terre, pour se
dévouer, dans une vie active et laborieuse,
au salut de la république. Ses yeux accoutumés à contempler la justice dans sa plénitude, découvrent sans peine cette multitude
infinie de devoirs que le magistrat impose à
l'homme, et que l'homme à son tour exige du
magistrat. Il joint l'expérience aux préceptes,
et l'usage à la raison. Peu content des exemples vivans, il cherche dans les monumens
des grands hommes ces restes de sagesse et
de vertu qu'on ne voit presque plus sur la terre
et qui respirent encore dans leurs cendres.

Qu'on ne demande point dans quel temps il
peut amasser ces trésors, et s'approprier les
vertus de tous les siècles. Ses jours sont plus
longs que ceux des autres hommes. Attentif
à ménager le court intervalle qui sépare ses
occupations publiques, il fixe ces momens rapides, il enchaîne ces heures fugitives que le
commun des magistrats laisse échapper vainement et se perdre sans retour par une fuite
éternelle.

Il n'est point de jour de sa vie à la fin duquel il ne puisse dire avec joie, *j'ai vécu;*
si le ciel veut ajouter encore un jour à ceux
qu'il m'a donnés, ce jour sera semblable à
celui qui l'a précédé ; la religion, la justice,
le public en partageront tous les momens ;
heureux si je puis dire en le finissant avec autant de paix qu'aujourd'hui : *j'ai vécu !*

Tels ont été vos pères : ainsi se sont formés

les illustres auteurs de ces races patriciennes
où nous respectons encore leurs noms. Puissions-nous y trouver toujours leur esprit !

La retraite conservoit les vertus qu'elle avoit
formées ; la sévérité de leurs mœurs avoit mis
comme une barrière de pudeur et de modestie
entre la corruption de leur âge et la sainteté
de leur état. Il sembloit alors que le magistrat
vivoit dans un autre siècle ; qu'il étoit citoyen
d'un autre pays ; qu'il avoit d'autres sentimens,
d'autres mœurs, qu'il parloit même une autre
langue. Il n'étoit pas nécessaire de le connoître
pour le distinguer des autres hommes ; l'étranger comme le citoyen le reconnoissoit à la gravité de ses mœurs, et le caractère de sa dignité
étoit écrit dans la sagesse de sa vie.

Heureux les anciens sénateurs qui ont vu ce
siècle d'or de la magistrature ! plus heureux
encore ceux qui n'ont point survécu à sa gloire, et qui l'ont vue sans tache autant qu'ils ont
vécu !

Que diroient aujourd'hui ces graves magistrats, s'ils voyoient, comme nous, un peuple
nouveau entrer en foule dans le sanctuaire de
la justice, et y porter ses mœurs, au lieu d'y
prendre celles de la magistrature ?

A la vue d'un si triste spectacle, leurs entrailles seroient émues, leur zèle s'allumeroit,
bien moins contre ce peuple étranger, que contre une partie de leur nation même, ou, si
l'on ose le dire, contre leurs propres enfans.

Epargnons, vous diroient-ils, ceux qui ne
sont que la moindre cause de nos disgrâces ;
excusons ceux qu'une naissance différente a
privés des avantages d'une éducation patri-
cienne ; on n'a pu les tourner de bonne heure
vers les images de leurs ancêtres, et faire

croître leur vertu à l'ombre des exemples domestiques. Ils n'ont rien vu dans leur enfance
qui pût exciter en eux cette noble émulation
qui a formé tant de grands hommes, et souvent
dans toute la vie de leurs pères ils n'ont trouvé
à imiter que leur fortune.

Mais vous, généreux sang des anciens sénateurs, vous que la justice a portés dans son
sein, qu'elle a vu croître sous ses yeux, et
qu'elle a regardés comme ses dernières espérances; vous, pour qui la sagesse des mœurs
étoit un bien acquis et héréditaire que vous
aviez reçu de vos pères, et que vous deviez
transmettre à vos enfans; qu'est devenu ce
grand dépôt que l'on vous avoit confié? Enfans des
patriarches, héritiers de leur nom, successeurs
de leur dignité, qu'avez-vous fait de la plus
précieuse portion de leur héritage, de ce patrimoine de pudeur, de modération, de simplicité, qui étoit le caractère et comme le bien
propre de l'ancienne magistrature? Faut-il que
cette longue suite, cette succession non inter-
rompue de vertueux magistrats, qui devoit
faire toute votre gloire, s'arrête en votre personne, et que l'on puisse dire de vous: Ils ont
cessé de marcher dans la voie de leurs pères;
ils ont abandonné la trace de leurs pas; ils ont
effacé cette distinction glorieuse; ils ont confondu ces limites respectables qui devoient sé-
parer à jamais les véritables enfans de la justice de ceux qu'elle n'a adoptés qu'à regret.
Malheureux d'attirer sur leur tête les malédic-
tions que l'Ecriture prononce contre les enfans
qui osent arracher les bornes que la sagesse de
leurs pères avoit posées!

Ainsi parle encore aujourd'hui la voix éclatante de l'exemple de vos aïeux. Mais où sont

les jeunes magistrats qui l'entendent, et comment pourroient-ils l'écouter? Ennemis de la réflexion, ils ne s'écoutent pas eux-mêmes.

Une dissipation éternelle, tout au plus un cercle et un enchaînement de devoirs frivoles, dont une fausse bienséance a fait une espèce de nécessité; un commerce d'inutilité; une société d'amusemens, où tout ce qui est solide déplaît, et où tout ce qui ne l'est pas est bien reçu, dont le jeu est l'occupation la plus sérieuse, et où les hommes, comme dans un séjour enchanté, ne travaillent qu'à se procurer le délicieux oubli de leur condition : voilà l'image de la vie d'un magistrat; voilà le digne sujet de ses veilles; et ce sont là les grandes occupations qui ne lui permettent de se livrer au sommeil qu'à l'heure à laquelle ses pères entroient au sénat.

La mollesse succède à la dissipation, et achève d'affoiblir le cœur du magistrat. Dangereuse ennemie de la vertu, vice dominant de notre siècle, elle a respecté long-temps le laborieux séjour de la magistrature; mais enfin elle a su y répandre son poison léthargique; elle a rompu peu à peu les chaînes honorables de cette salutaire contrainte qui conservoit autrefois la sagesse du magistrat : elle lui a inspiré un dégoût général pour toutes les marques extérieures de sa dignité. La pourpre qui l'honoroit autrefois, n'est plus aujourd'hui qu'un fardeau qui l'accable. Disons mieux, c'est un témoin importun, c'est une censure muette, dont on craint la présence. On veut cacher ses mœurs à la dignité, et l'homme cherche à fuir la vue du magistrat.

Dispensez-nous, Messieurs, de suivre ce transfuge de la vertu jusques dans le camp du

vice, où la dissipation et la mollesse vont enfin
le conduire. Ne perçons point ce nuage épais
qui le dérobe à nos yeux, laissons-le jouir de
cette obscurité dans laquelle il s'enveloppe.
Puisse-t-il rougir encore du vice dans un temps
où la jeunesse ne rougit presque plus que de la
vertu !

Nous savons que la justice peut avoir quelque
indulgence pour ceux qui lui sacrifient les prémices de leur liberté et les plus beaux jours de
leur vie ; qu'il est même des momens où la plus
sévère vertu ne rougit point de dérider son
front, et de se rabaisser aux lois communes de
l'humanité.

Les grâces, n'en doutons point, peuvent
entrer quelquefois dans la maison du magistrat ;
mais ce ne sont pas des grâces molles et licen-
cieuses ; ce sont des grâces modestes, et, si
l'on peut parler ainsi, des grâces austères qui
tempèrent l'éclat de sa majesté, mais qui ne
l'obscurcissent pas, qui ornent même sa dignité, et qui la font aimer.

Que des plaisirs purs préparés par la nécessité, modérés par la sagesse, consacrés par
l'utilité, réparent ses forces épuisées par un
long travail, et détendent les ressorts de son
ame, fatigués par une trop longue contention.

Que l'utile douceur de l'agriculture, et les
charmes de la vie rustique, en délassant son
esprit, lui inspirent en même temps le goût de
la retraite et l'amour de la simplicité.

Qu'il cherche dans le séjour des Muses, et
dans le sein de la philosophie, cette chaste et
sévère volupté qui fortifie l'ame au lieu de l'affoiblir, et qui charme l'esprit sans corrompre
le cœur.

Enfin si le ciel lui a donné des enfans, qu'il

ne trouve point de plaisir plus doux, ni de joie
plus pure que celle de voir croître sous ses lois
une famille innocente ; et que joignant la sagesse du père de famille aux mœurs de l'homme
de bien, il s'applique à former ce peuple naissant dont il doit être le premier législateur.

A peine ses enfans auront-ils commencé à
ouvrir les yeux, qu'il leur montrera de loin la
sainteté de la justice dont ils doivent être les
ministres ; il voudra que le premier sentiment
raisonnable qui se forme dans leur cœur soit
l'amour de leur état ; il saura plier de bonne
heure sous le joug de la vertu leur esprit encore
souple et docile. Une éducation simple, frugale, laborieuse, endurcira leur corps, et for-
tifiera leur esprit. Loin d'une si sage demeure
le moindre souffle de cet air empoisonné que
l'on respire dans le reste du monde ; l'ignorance
du vice n'y conserve pas moins l'innocence
que la connoissance de la vertu.

Ici, Messieurs, nous commençons à tracer
un tableau dont nous trouvons l'original dans
les siècles précédens, mais dont nous ne voyons
presque plus de copies dans le nôtre.

Il semble que les magistrats mêmes aient
oublié qu'ils doivent à leurs enfans une seconde
vie, beaucoup plus précieuse que la première.
Bien loin de s'appliquer au pénible travail de
former leurs mœurs, ils se donnent à peine
le loisir de les voir : leur présence importune ;
leur souvenir même est amer ; il corrompt
toute la douceur d'une vie molle et délicieuse ;
ils croissent inconnus à leurs pères, et ne les
connoissent pas eux-mêmes ; ce sont des
plantes que l'on jette au hasard dans le champ
de la république ; une heureuse nature en sauve
quelques-unes, le reste périt par le défaut de

nourriture , ou est entraîné par le torrent de la corruption commune.

Combien y a-t-il même d'enfans pour qui la maison paternelle n'est plus un asile favorable , mais un séjour dangereux , et souvent fatal à leur innocence ! Le premier exemple qu'on auroit dû leur cacher est celui de leur père : on diroit que la qualité de magistrat n'est unie à celle de père que pour donner plus de crédit au vice et de nouvelles armes à la corruption. Des enfans , plus malheureux que coupables , ne craignent point de s'égarer sur les traces d'un père et d'un magistrat ; ils imitent ce qu'ils révèrent, et ils pèchent à l'exemple des dieux. Heureux les enfans que leur père conduit à la perfection , bien moins par la voie longue et difficile des préceptes , que par le chemin court et facile des exemples ! Image vivante de la vertu , il la rend sensible à leurs yeux. Ce n'est plus cette vertu élevée au dessus de l'humanité, que les philosophes nous représentent assise sur un rocher escarpé , au bout d'une rude et pénible carrière ; c'est une vertu présente , accessible , et , si l'on ose le dire , familière , que ses enfans apprennent comme par goût et par instinct, qu'ils croient voir et sentir, et qui semble emprunter une forme corporelle pour s'accommoder à la foiblesse de leur raison naissante , et pour exciter en eux, non pas une admiration stérile , mais une utile imitation. Il conserve son ouvrage avec autant de soin qu'il l'a formé ; son attention redouble dans le temps qui voit cesser celle des autres pères. Cet âge dangereux où le cœur hésite encore entre le vice et la vertu ; cette saison incertaine où le calme est toujours proche de la tempête ; ces jours critiques qui décident souvent de toute la vie du magistrat, ont fait trembler de loin la timide tendresse du sage père de famille : il les voit approcher avec encore plus de frayeur. C'est alors que voyant la vertu de ses enfans aux prises avec la corruption de leur siècle, il leur apprend à soutenir les premières et souvent les plus rudes attaques d'un ennemi si redoutable ; et son active vigilance ne se repose jamais, jusqu'à ce qu'une entière victoire ait enfin terminé ce dangereux combat en faveur de la vertu.

Plus heureux encore le père dont les enfans remportent cette victoire sans effort et triomphent sans combat ! Telle a été la rare félicité du sage magistrat (1) dont la perte commune à cette auguste compagnie est pour nous le sujet d'une douleur particulière. Heureux d'avoir pu se rassasier pendant sa vie du spectacle délicieux de la gloire de ses enfans ! une mort lente, et qui s'est approchée comme par degrés, lui a fait sentir jusqu'où alloit pour lui leur tendresse. Content d'avoir vu leurs vertus privées égaler leurs vertus publiques, père aussi fortuné que digne magistrat, il est mort entre les bras de la paix ; et s'il reste encore après la vie quelque sentiment de ce qui se passe sur la terre, il jouira du plaisir de voir croître tous les jours leur mérite et leur réputation, et de se croire surpassé par eux, pendant qu'ils mettront toute leur gloire à égaler sa vertu.

---

(1) M. Joly-de-Fleury, conseiller de grand'chambre, père de M. Joseph-Omer Joly-de-Fleury, avocat-général au parlement, et de M. Guillaume-François Joly-de-Fleury, avocat-général à la cour des aides, et après la mort de son frère, avocat-général au parlement, depuis procureur-général.

C'est là l'unique objet de l'ambition du véritable magistrat. S'il élève les mains au ciel pour
ses enfans, il ne demande pour eux que ce
qu'il a demandé pour lui-même, un esprit droit,
un cœur simple, une ame forte et généreuse,
qui ne craigne que le vice, qui ne désire que
la vertu. Il sait qu'il doit transmettre à ses enfans encore plus de sagesse qu'il n'en a reçu
de ses pères, mais non pas plus de fortune;
et qu'après tout c'est leur laisser un assez grand
trésor, que de remettre entre leurs mains des
richesses bornées, mais innocentes; un bien
acquis lentement, mais justement; une fortune
médiocre, mais assurée.

Avec telles dispositions, que l'on ne craigne point qu'il imite ces ministres infidèles,
qui comptent leur crédit et leur autorité parmi
les revenus de leur charge; qui se croient dis-
pensés de se rendre justice, parce qu'ils la rendent aux autres; ou plutôt, qui se font de la
qualité même de juge une espèce de rempart
inaccessible à la justice.

Nous savons quel est le malheur des temps,
et nous voudrions pouvoir l'ignorer; mais nous
savons aussi que pendant qu'on le déplore, on
porte plus loin que jamais l'excès d'un luxe
téméraire, qui semble insulter à la misère publique, et qui croît dans la même proportion
que la pauvreté.

On ne connoît plus son état, on ne se connoît
plus soi-même; le fils dédaigne d'habiter la
maison de ses pères, il rougit de leur ancienne
simplicité. Ce patrimoine amassé pendant tant
d'années par les mains de la tempérance et de
la frugalité, est bientôt sacrifié au spectacle
enchanteur d'une vaine magnificence : ou si,
par un malheur encore plus grand, l'avarice

se trouve jointe à l'amour du luxe , qui sait si l'on ne verra pas l'avide magistrat chercher avec ardeur à multiplier ses revenus par des voies honteuses à la magistrature , et souvent fatales à sa famille, ne point rougir d'apprendre le malheureux art de donner à un métal stérile une fécondité contraire à la nature ; et , devenu semblable aux enfans de la fortune , insulter à la sainte délicatesse des sages magistrats, qui croient encore que la magistrature doit regarder ce vice comme une espèce de monstre qui dévore la substance du pauvre , qui arme les passions d'une jeunesse imprudente , et qui flatte l'avidité d'une insatiable vieillesse ?

Nos pères redoutoient les piéges qu'il tendoit à leurs enfans , ils ne prévoyoient pas un malheur encore plus grand pour la magistrature. On s'est familiarisé avec le monstre , et la justice qui croyoit n'avoir à regretter que la perte des magistrats qu'il ruine , sera bientôt réduite à déplorer encore plus la honte de ceux qu'il enrichit.

A la vue de tant de disgrâces , le sage magistrat n'a plus de goût que pour la solitude ; de quelque côté qu'il tourne ses yeux, il ne voit que des sujets d'affliction ; désespérant de réformer son siècle , heureux s'il pouvoit l'oublier , il ne pense plus qu'à se réformer luimême , et à faire de sa maison un asile sacré, où la vertu bannie du commerce des hommes , et contrainte de céder au torrent du vice , puisse se retirer avec lui.

On n'en approche qu'avec un saint respect et une espèce de religion : on la regarde comme un de ces anciens temples , monumens de la piété de nos pères , que la fureur de la guerre

a épargnés , pendant qu'elle ravageoit le reste
de la terre. La modestie en garde les portes,
et elle les ouvre jour et nuit aux prières des
malheureux. Jamais le triste suppliant n'est
obligé de corrompre un ministre intéressé pour
en acheter l'entrée. Il y trouve une divinité
bienfaisante toujours prête à écouter ses vœux.
Il n'est point de lieu dans ce temple qui ne
soit plein de la majesté du Dieu qui l'habite;
il se peint, il se retrace lui-même dans tout ce
qui l'environne ; on diroit que tous ceux qui
l'approchent se transforment en lui , et qu'il
ait gravé sur eux le caractère et comme le sceau
de sa sagesse.

La douceur de sa solitude, et le juste dégoût
qu'il conçoit pour son siècle , ne lui font point
oublier les engagemens d'un citoyen. Nul ne
sait mieux que lui retrancher les devoirs inutiles, nul ne sait mieux remplir les devoirs nécessaires.

Il ne connoît les grands que par la justice
qu'il leur rend. Il mérite leur estime , mais il
ne recherche point leur amitié ; il craint même
leurs caresses ; et sage aux dépens des autres
magistrats, il fuit avec soin le dangereux honneur de leur familiarité.

Loin du séjour tumultueux des passions humaines , il se renferme dans le cercle étroit
d'un petit nombre d'amis, dont les mœurs sont
la preuve des siennes. Il les choisit avec discernement, il les cultive avec fidélité , il les
aime avec persévérance , il les préfère à lui-
même , non à la justice : l'amitié le conduit jusqu'au pied des autels ; mais soumise à son devoir , elle ne l'accompagne que pour augmenter le mérite de son sacrifice.

Enfin un caractère de bienséance et de dignité, qui donne de la grâce à ses plus grandes actions, et de la grandeur aux plus petites, est le plus précieux ornement et le dernier fruit de sa sagesse.

Et soit que cette rare qualité ne soit qu'une espèce de pudeur inspirée par la nature et augmentée par la vertu ; soit qu'elle consiste dans l'heureux concert et dans la parfaite harmonie des pensées et des sentimens, des actions et des paroles ; soit que l'on ne puisse distinguer la bienséance de la cause qui la produit, et qu'elle ne soit autre chose que le dehors éclatant, et, si l'on peut s'exprimer ainsi, la surface lumineuse de la vertu, disons au moins que c'est à la sagesse des mœurs qu'il est réservé de répandre sur toute la personne du magistrat ce charme secret et imperceptible qui se sent, mais qui ne peut s'exprimer, qu'on admire, mais qu'on ne sauroit imiter. Un mélange de sévérité et de douceur, de grâce et de majesté, lui soumet tous les esprits et lui gagne tous les cœurs. Les fruits de sa justice sont bornés, et quelquefois amers à ceux qui les cueillent ; mais ceux de sa sagesse sont infinis, et leur douceur. égale toujours leur utilité.

Puissions-nous exprimer dans notre conduite cette image de la vie privée du magistrat, dont nous avons essayé de tracer le modèle !

Puissions-nous regarder la sagesse des mœurs comme le plus précieux de tous les biens de la magistrature ; bien solide et durable que la vertu nous donne, et que la fortune ne peut jamais nous ôter !

VII.e MERCURIALE,

Prononcée à la Saint - Martin 1704.

DE L'ESPRIT ET DE LA SCIENCE.

Tous les hommes desirent d'avoir de l'esprit ; mais ce bien qui est l'objet de leurs souhaits , est le présent le plus dangereux que la nature puisse faire au magistrat, si , trop sensible à cet avantage , et dédaignant le secours de la science , il est assez malheureux pour n'avoir que de l'esprit.

Tel est cependant le malheur d'un grand nombre de magistrats. Sous les yeux de la justice , et au milieu de son empire , s'élève une secte contagieuse que son esprit éblouit et que ses lumières aveuglent , qui est née dans le sein de la mollesse , dont le caractère est la présomption , et dont le dogme dominant est le mépris de la science et l'horreur du travail.

Le magistrat , nous l'entendons dire tous les jours , n'a besoin que d'un esprit vif et pénétrant. Le bon sens est un trésor commun à tous les hommes. Emprunter les lumières d'autrui , c'est faire injure aux nôtres. La science ne fait souvent naître que des doutes ; c'est à la raison seule qu'il appartient de décider. Que manque-t-il à celui qu'elle éclaire ! C'est elle qui a inspiré les législateurs , et quiconque la possède est aussi sage que la loi même.

Ainsi parle tous les jours une ignorance présomptueuse. Et qu'est-ce que cet esprit dont

tant de jeunes magistrats se flattent vainement ?

Penser peu, parler de tout, ne douter de rien,
n'habiter que les dehors de son ame, et ne
cultiver que la superficie de son esprit ; s'exprimer heureusement, avoir un tour d'imagination agréable, une conversation légère et
délicate, et savoir plaire sans savoir se faire
estimer ; être né avec le talent équivoque d'une
conception prompte, et se croire par là au dessus de la réflexion ; voler d'objets en objets,
sans en approfondir aucun ; cueillir rapidement
toutes les fleurs, et ne donner jamais aux fruits
le temps de parvenir à leur maturité : c'est une
foible peinture de ce qu'il plaît à notre siècle
d'honorer du nom d'esprit.

Esprit plus brillant que solide, lumière souvent trompeuse et infidèle : l'attention le fatigue, la raison le contraint, l'autorité le révolte ;
incapable de persévérance dans la recherche
de la vérité, elle échappe encore plus à son inconstance qu'à sa paresse.

Tels sont presque toujours ces esprits orgueilleux par impuissance et dédaigneux par
foiblesse, qui désespérant d'acquérir par leurs
travaux la science de leur état, cherchent à
s'en venger par le plaisir qu'ils prennent à en
médire.

Nous savons qu'il est une science peu digne
des efforts de l'esprit humain, ou plutôt il est
des savans peu estimables, en qui le bon sens
paroît comme accablé sous le poids d'une fatigante érudition. L'art qui ne doit qu'aider la
nature, l'étouffe chez eux, et la rend impuissante. On diroit qu'en apprenant les pensées des
autres, ils se soient condamnés eux-mêmes à
ne plus penser, et que la science leur ait fait

perdre l'usage de leur raison. Chargés de richesses superflues, souvent le nécessaire leur
manque ; ils savent tout ce qu'il faut ignorer,
et ils n'ignorent que ce qu'ils devroient savoir.

A Dieu ne plaise qu'une telle science devienne
jamais l'objet des veilles du magistrat ! Mais ne
cherchons point aussi à faire des défauts de quelques savans le crime de la science même.

Il est une culture savante, il est un art ingénieux qui, loin d'étouffer la nature et de la
rendre stérile, augmente ses forces et lui donne
une heureuse fécondité, une doctrine judicieuse,
moins attentive à nous tracer l'histoire des pensées d'autrui, qu'à nous apprendre à bien penser ; qui nous met, pour ainsi dire, dans la pleine
possession de notre raison, et qui semble nous
la donner une seconde fois, en nous apprenant
à nous en servir ; enfin une science d'usage et
de société, qui n'amasse que pour répandre,
et qui n'acquiert que pour donner. Profonde
sans obscurité, riche sans confusion, vaste
sans incertitude, elle éclaire notre intelligence,
elle étend les bornes de notre esprit, elle fixe
et assure nos jugemens.

Notre ame enchaînée dans les liens du corps,
et comme courbée vers la terre, ne se relève-
roit jamais, si la science ne lui tendoit la main
pour la rappeler à la sublimité de son origine.

La vérité est en même temps sa lumière, sa
perfection, son bonheur. Mais ce bien si précieux est entre les mains de la science : c'est
à elle qu'il est réservé de le découvrir à nos
foibles yeux. Elle dissipe le nuage des préventions, elle fait tomber le voile des préjugés,
elle irrite continuellement cette soif de la vérité que nous apportons en naissant, elle forme
dans notre ame l'heureuse habitude de connoître ;

noître, de sentir sa présence, et de saisir le vrai comme par goût et par instinct.

En vain nous nous glorifions de la force et de la rapidité de notre génie ; si la science ne le conduit, son impétuosité ne sert souvent qu'à l'emporter au-delà de la raison. La nature la plus heureuse se nuit à elle-même par sa propre fécondité : plus elle est abondante, plus elle est menacée de tomber dans une espèce de luxe qui l'épuise d'abord, et la fait bientôt dégénérer si une main savante ne retranche cette superfluité dangereuse, et ne coupe avec art ces rameaux inutiles qui consument vainement le plus pur suc de la terre.

C'est ainsi qu'une adroite culture sait augmenter les forces de notre ame ; elle l'empêche de se dissiper par une agitation frivole, de s'épuiser par une ardeur imprudente, de s'évaporer par une vaine subtilité. Ce feu qui, dispersé et répandu hors de sa sphère, n'avoit pas même de chaleur sensible, renfermé dans son centre et réuni comme en un point, dévore et consume en un moment tout ce qui s'offre à son activité.

Par cet innocent artifice, combien a-t-on vu d'esprits médiocres atteindre et souvent surpasser la hauteur des génies les plus sublimes ! Une heureuse éducation leur a appris dès l'enfance à mettre à profit tous les momens de leur attention ; et en leur inspirant le goût d'une véritable et solide doctrine, elle leur a donné la méthode de l'acquérir ; présent que la science seule peut faire, et qui est encore plus précieux que la science même.

Avec ce rare talent, la justice n'a plus pour eux de mystère caché ni de profondeur impénétrable ; ils parlent, et les ténèbres se dissi-

pent, le chaos se débrouille, et l'ordre succède
à la confusion.

C'est par de semblables prodiges que l'art a
la gloire de vaincre la nature, que le bonheur
de l'éducation l'emporte sur celui de la naissance, et que la doctrine ose s'élever au-dessus
de l'esprit même.

Mais c'est peu pour elle de l'éclairer, elle
doit encore l'étendre et l'enrichir ; et c'est le
seul avantage que ses ennemis même sont forcés de lui accorder.

Par elle l'homme ose franchir les bornes
étroites dans lesquelles il semble que la nature
l'ait renfermé ; citoyen de toutes les républiques, habitant de tous les empires, le monde
entier est sa patrie. La science, comme un guide
aussi fidèle que rapide, le conduit de pays en
pays, de royaume en royaume ; elle lui en découvre les lois, les mœurs, la religion, le
gouvernement ; il revient chargé des dépouilles
de l'orient et de l'occident ; et joignant les richesses étrangères à ses propres trésors, il
semble que la science lui ait appris à rendre
toutes les nations de la terre tributaires de sa
doctrine.

Dédaignant les bornes des temps comme
celles des lieux, on diroit qu'elle l'ait fait vivre
long-temps avant sa naissance. C'est l'homme
de tous les siècles, comme de tous les pays.
Tous les sages de l'antiquité ont pensé, ont
parlé, ont agi pour lui ; ou plutôt il a vécu avec
eux, il a entendu leurs leçons, il a été le témoin de leurs grands exemples. Plus attentif
encore à exprimer leurs mœurs qu'à admirer
leurs lumières, quels aiguillons leurs paroles ne
laissent-elles pas dans son esprit ! quelle sainte

jalousie leurs actions n'allument-elles pas dans son cœur !

Ainsi nos pères s'animoient à la vertu. Une noble émulation les portoit à rendre à leur tour Athènes et Rome même jalouses de leur gloire ; ils vouloient surpasser les Aristide en justice, les Phocion en constance, les Fabrice en modération, et les Caton même en vertu.

Si les exemples de sagesse, de grandeur d'ame, de générosité, d'amour de la patrie, deviennent plus rares que jamais, c'est parce que la mollesse et la vanité de notre âge ont rompu les nœuds de cette douce et utile société que la science forme entre les vivans et ces illustres morts, dont elle ranime les cendres pour en former le modèle de notre conduite.

Où sont aujourd'hui les magistrats qui travaillent à rétablir ce commerce si avantageux, si nécessaire à l'homme de bien ! Loin de chercher dans la science l'agréable et l'utile, on n'y cherche pas même l'essentiel et le nécessaire ; et il semble qu'on ignore qu'elle seule peut fixer l'incertitude de nos jugemens.

Sans elle, possesseur timide et chancelant de ses propres sentimens, le magistrat cède souvent l'empire de son ame aux premiers efforts de quiconque ose l'usurper ; ou s'il fait encore quelque résistance, il se défend plus par l'usage que par la raison ; il décide peut-être heureusement, mais il ne sauroit se rendre compte à lui-même de sa décision. Renfermé dans le cercle des jugemens dont il a été le témoin, il ne peut sortir de ces bornes étroites sans s'exposer à faire autant de chutes que de démarches ; et confondant les faits qu'il devroit dis-

tinguer, il substitue des exemples qu'il applique
mal à des lois qu'il ne lit jamais.

Ainsi s'égarent souvent ceux qui n'ont que l'u-
sage pour guide.

Non que pour relever l'éclat de la doctrine,
nous voulions imiter ici l'orgueil de quelques
savans qui, par une témérité que la science
même condamne, méprisent le secours de l'u-
sage.

Nous sentons tous les jours, et nous éprou-
verons encore long-temps la nécessité des leçons d'un si grand maître.

Mais ce maître, aussi lent que solide, ne
forme ses disciples que par un secret et insensible progrès dans une longue suite d'années,
et malheur au magistrat qui ne craint point de
hasarder les prémices de sa magistrature, et
de livrer à l'ignorance les plus beaux jours de
sa vie, dans l'attente d'un usage qui est le fruit
tardif d'une vieillesse éloignée, à laquelle il
n'arrivera peut-être jamais !

La science nous donne en peu de temps l'expérience de plusieurs siècles. Sage sans attendre le secours des années, et vieux dans sa
jeunesse, le magistrat reçoit de ses mains cette
succession de lumières, cette tradition de bon
sens, à laquelle le caractère de certitude, et,
si on ose le dire, de l'infaillibilité humaine semble être attaché. Ce n'est plus l'esprit d'un seul
homme, toujours borné quelque grand qu'il
soit, c'est l'esprit, c'est la raison de tous les
législateurs qui se fait entendre par sa voix,
et qui prononce par sa bouche des oracles d'une
éternelle vérité.

Loin du sage magistrat l'aveugle confiance
de celui qui n'a pour garant de ses décisions
que les seules lumières de sa foible raison; sa

témérité sera criminelle , lors même qu'elle ne sera pas malheureuse, et la justice lui demandera compte, non-seulement de ses défaites , mais de ses victoires. même.

Flattons néanmoins sa présomption , et laissons-le se vanter de pouvoir découvrir les principes du droit naturel par les seules forces de son génie.

Mais ce droit naturel, qu'il prétend être du ressort de la simple raison, ne renferme qu'un petit nombre de règles générales. Le reste est l'ouvrage du droit positif, dont l'infinie variété ne peut être connue de l'esprit le plus sublime que par le secours de la science.

Chaque peuple, chaque province a ses lois , et, si on ose le dire, sa justice. Les montagnes et les rivières qui divisent les empires et les royaumes , sont aussi devenues les bornes qui séparent le juste et l'injuste. La différence des lois forme plusieurs Etats dans un seul. Il semble que , pour abattre l'orgueil des hommes , Dieu ait pris plaisir à répandre la même confusion dans leurs lois que dans leurs langues ; et la loi qui , comme la parole , n'est donnée aux hommes que pour les réunir, est devenue , comme la parole , le signe et souvent le sujet de leurs divisions.

A la vue de cette multitude de lois dont le magistrat doit être l'interprète , qui ne croiroit que , justement effrayé du poids de son ministère , il va consacrer tous les jours de sa vie à acquérir ce qui n'est que la science de son état ? Triste , mais digne sujet de la censure publique ! ce sera au contraire à la vue de cette multitude de lois qu'il prendra la téméraire résolution de n'en étudier aucune. L'étendue même de ses devoirs lui servira de prétexte pour ne les pas remplir, et il ne saura rien, parce qu'il doit beaucoup savoir.

Qu'a fait ce jeune sénateur pour parvenir à cette fermeté intrépide de décision avec laquelle il tranche les questions qu'il ne peut résoudre, et coupe le nœud qu'il ne sauroit délier? Il ne lui en a coûté que de souffrir qu'on le fit magistrat. Jusqu'au jour qu'il est entré dans le sanctuaire de la justice, l'oisiveté et les plaisirs partageoient toute sa vie : cependant on le revêt de la pourpre la plus auguste; et celui qui, la veille de ce jour si saint, si redoutable pour lui, ignoroit peut-être jusqu'à la langue de la justice, s'assied sans rougir sur le tribunal, content de lui-même, et fier d'un mérite soudain qu'il croit avoir acheté avec le titre de sa dignité.

Il a changé d'état, il n'a pas changé de mœurs : les fonctions de la justice ne lui servent qu'à remplir le vide de quelques heures inutiles, dont il étoit embarrassé avant que d'entrer dans la magistrature. Donner les premiers momens de la journée à la bienséance, et croire avoir acquis par là le droit de perdre tout le reste; courir de théâtre en théâtre; voler rapidement en ces lieux où le monde se donne en spectacle à lui-même, pour partager ensuite les heures de la nuit entre le jeu et la bonne chère; voilà la règle et le plan de sa vie; et pendant que ce sont là ses plus sérieuses, et souvent ses plus innocentes occupations, il ose se plaindre de n'avoir pas le temps nécessaire pour s'instruire des devoirs de son état.

Quelle règle pourra suivre celui qui fait profession de n'en point apprendre? Et faudra-t-il s'étonner si la légèreté préside souvent à ses jugemens, si le hasard les dicte quelquefois, et presque toujours le tempérament ? Puissances aveugles, et véritablement dignes de conduire un esprit qui a secoué le joug pénible, mais glorieux et nécessaire, de la science !

Combien voyons-nous en effet de magistrats errer continuellement au gré de leur inconstance, changer tous les jours de principes, et faire naître de chaque fait autant de maximes différentes ; auteurs de nouveaux systèmes, les créer et les anéantir avec la même facilité ; aimer le vrai et le faux alternativement ; quelquefois justes sans mérite, et le plus souvent injustes par légèreté !

D'autres, plus timides et plus incertains, ne voient que des nuages et n'enfantent que des doutes. Les difficultés se multiplient, les épines croissent sous leurs pas ; prêts à embrasser le parti qu'ils vont condamner, prêts à condamner celui qu'ils vont embrasser, de quel côté penchera cette balance si long-temps suspendue ? Il vient enfin un moment fatal qui les fait sortir de l'équilibre de leurs pensées ; ils se déterminent moins par choix que par lassitude, et le hasard fait sortir de leur bouche une décision dont ils se repentent en la prononçant.

C'est ainsi que le magistrat qui ne veut relever que de sa raison, se soumet sans y penser à l'incertitude et au caprice de son tempérament.

Comme la science n'est plus la règle commune des jugemens, chacun se forme une règle, et, si on ose le dire, une justice conforme au caractère de son esprit.

Les uns, esclaves de la lettre qui tue, sont sévères jusqu'à la rigueur ; les autres, amateurs de cet esprit de liberté qui donne la mort à la loi même, portent l'indulgence jusqu'au relâ-

chement. Les premiers ne voient point d'innocens, les autres ne trouvent presque jamais de
coupables. Ils mesurent la grandeur des crimes, non par la règle uniforme et inflexible de
la loi, mais par les impressions changeantes
et variables qu'ils font sur leur esprit. Quelle
preuve peut soutenir leur indulgente subtilité!
Semblables à ces philosophes qui, par des raisonnemens captieux, ébranlent les fondemens
de la certitude humaine, on diroit qu'ils veulent introduire dans la justice un dangereux
pyrrhonisme qui, par les principes éblouis-
sans d'un doute universel, rend tous les faits
incertains, et toutes les preuves équivoques.
Ils appellent quelquefois l'humanité à leur secours, comme si l'humanité pouvoit jamais être
contraire à la justice, et comme si cette fausse
et séduisante équité qui hasarde la vie de plusieurs en épargnant celle d'un seul coupable,
n'avoit pas toujours été regardée comme une
compassion cruelle et une miséricorde inhumaine.

Ainsi s'effacent tous les jours ces règles an-
tiques, respectables par leur vieillesse, que
nos pères avoient reçues de leurs aïeux, et
qu'ils avoient transmises jusqu'à nous, comme
les restes les plus précieux de leur esprit.

Vous le savez, vous qui êtes nés dans les jours
les plus heureux, et qui avez blanchi sous la
pourpre; vous le savez, et nous vous l'entendons dire souvent: il n'est presque plus de maxime certaine; les vérités les plus évidentes ont
besoin de confirmation; une ignorance orgueilleuse demande hardiment la preuve des premiers principes. Un jeune magistrat veut obliger les anciens sénateurs à lui rendre raison
de la foi de leurs pères, et remet en question

des décisions consacrées par le consentement unanime de tous les hommes.

Ne portons pas plus loin la juste sévérité de notre censure; disons seulement que la justice, menacée de devenir souvent contraire à elle-même, redoute tous les jours cet esprit dont notre siècle est presque idolâtre. Plus le magistrat se flatte de ce dangereux avantage, plus elle craint de voir bientôt tous les jugemens rendus arbitraires, et l'indifférence des opinions devenir la religion dominante de ses ministres.

Heureux donc le magistrat qui, désabusé de l'éclat de ses talens, instruit de l'étendue de ses devoirs, étonné des tristes effets du mépris de la science, donne à notre siècle l'utile et nécessaire exemple d'un grand génie qui connoît sa foiblesse, et qui se défie de lui-même.

Il marche lentement, mais sûrement. Pendant que la réputation de ceux qui ne sacrifient qu'à l'esprit s'use par le temps, et se consume par les années, sa gloire augmente tous les jours, parce que tous les jours il fait croître sa science avec lui.

Attentif à lui attirer l'amour encore plus que l'admiration des hommes, il sait la réconcilier avec les partisans même de l'ignorance; elle perd en lui cet air de fierté et de domination qui lui fait tant d'ennemis; elle est simple, modeste et même timide, d'autant plus docile qu'elle devient plus éclairée; cherchant à s'instruire par goût, et n'instruisant les autres que par nécessité.

Délices de l'intelligence, douce et innocente volupté de l'homme de bien, elle délasse le magistrat des fatigues de ses emplois; elle ranime ses forces abattues par un long travail;

12 *

elle est l'ornement de sa jeunesse, sa force dans un âge plus mûr, sa consolation dans la vieillesse.

C'est alors qu'il recueille avec plaisir ce qu'il a semé avec peine, et que, goûtant en paix les fruits délicieux de ses travaux, il redit tous les jours à ses enfans qu'il voit marcher après lui dans la carrière de la justice : Instruisez-vous, juges de la terre ; ne comptez ni sur cet esprit qui vous éblouit, ni même sur ce zèle qui vous anime. En vain vous aimerez la justice, si vous ne vous appliquez à la connoître. Malheur au magistrat qui la trahit en la connoissant ! mais malheur aussi à celui qui l'abandonne parce qu'il ne la connoît pas !

Heureux au contraire le magistrat qui apprend à la connoître parce qu'il l'aime, et qui l'aime parce qu'il la connoît ! Heureux enfin celui qui, ne séparant point ce qui doit être indivisible, tend à la sagesse par la science, et à la justice par la vérité !

VIII.e MERCURIALE,

Prononcée à Pâques 1706.

L'HOMME PUBLIC,

Ou L'ATTACHEMENT DU MAGISTRAT AU SERVICE DU PUBLIC.

LE repos dont nous venons de jouir dans ces jours précieux de retraite et de silence, n'est pas seulement commandé par la religion, il doit encore être consacré à la justice. Compagne inséparable de la piété du magistrat, plus elle le dispense d'exercer les fonctions extérieures de la magistrature, plus elle exige de lui le culte intérieur de son esprit, et elle ne lui permet de cesser de juger les autres hommes que pour lui laisser le loisir de se juger lui-même.

C'est donc pour entrer dans l'ordre des desseins de la justice, que nous venons aujourd'hui demander compte au magistrat de l'usage qu'il a fait d'un loisir si nécessaire. Oubliant pour un moment notre propre foiblesse, nous ne sommes occupés que de la sainteté de la loi au nom de laquelle nous avons l'honneur de vous parler. C'est elle qui remet entre nos mains cette balance rigoureuse, et ce poids du sanctuaire, auprès duquel la vertu qui paroît la plus solide est souvent trouvée légère et défectueuse.

Animés de son esprit, c'est à la vertu, c'est à l'innocence même que nous adressons aujourd'hui nos paroles ; heureux de pouvoir dire avec vérité que, de quelque côté que nous je-

tions les yeux sur cet auguste sénat, le vice
n'y attire point nos regards ! nous n'y trouvons
point de ces ministres infidèles qui violent la
justice jusque sur ses autels, et qui la trahissent
dans le lieu même où ils sont établis pour la
défendre.

Mais n'y voyons-nous point de ces serviteurs
inutiles, qui s'arrêtant à la première partie de la
sagesse, se flattent d'être pleinement vertueux,
parce qu'ils sont exempts de vice, et croient
accomplir toute la justice, parce qu'ils évitent
toute iniquité ?

Que ce soient là, si l'on veut, les bornes du
mérite de ceux qui se renferment dans le cercle étroit d'une vie privée. Contens de leur
innocence, cachés dans le sein d'une douce
et vertueuse obscurité, qu'ils jouissent en secret du témoignage de leur conscience ; inconnus à leurs concitoyens, et ne se souciant
pas de les connoître ; nés pour eux-mêmes
plutôt que pour leur patrie, on ignore également leur naissance et leur mort, et toute
l'histoire de leur vie se réduit à dire qu'ils
ont vécu.

A Dieu ne plaise que le magistrat se contente de cette vertu stérile, qui se recueillant
toute entière au-dedans d'elle-même, et trop
avare d'un bien qui ne lui est donné que pour
le répandre, veut goûter seul tout le fruit de
ses travaux.

L'homme public n'a rien qui n'appartienne à la
république. Vertueux pour les autres autant que
pour lui-même, qu'il ne prétende point s'acquitter de ce qu'il doit à la patrie en lui offrant
le tribut de son innocence ; il ne paye par là
que ce qu'il se doit à lui-même, mais il demeure toujours débiteur de la république ; et

elle lui demandera compte non-seulement du mal qu'il aura commis, mais même du bien qu'il n'aura pas fait.

Qu'il ne se contente donc pas de venir tous les jours, plus par habitude que par inclination, dans le temple de la justice; et qu'il ne croye pas avoir rempli tous ses devoirs, lorsqu'il pourra se flatter d'en avoir rapporté toute son innocence.

Ministre, et. si nous osons le dire avec les lois mêmes, prêtre de la justice, qu'il y vienne avec un zèle toujours nouveau d'étendre son culte et d'affermir son empire.

Plein de ces sentimens, et dévoré d'une soif ardente du bien public, on ne le verra point, plus sensible à ses propres intérêts qu'à ceux de la justice, négliger ces occupations plus honorables qu'utiles, où le magistrat a la gloire de rendre un service gratuit à sa patrie; les regarder avec indifférence, et peut-être avec dégoût, comme le partage des jeunes magistrats; et renversant l'ordre naturel des choses, préférer les affaires où son travail peut recevoir une légère et inégale récompense, à ces fonctions si précieuses à l'homme de bien, où l'amour désintéressé de la justice n'a point d'autre récompense que la justice même.

Arbitre souverain de la vie et de la mort, que l'habitude la plus longue ne diminue jamais l'impression qu'une fonction si redoutable doit faire sur son esprit; qu'il n'en approche qu'avec tremblement; et, conservant cette louable timidité jusqu'à la fin de ses jours, que le spectacle d'un accusé, dont il tient la destinée entre ses mains, lui paroisse toujours aussi nouveau et aussi effrayant que lorsqu'il l'a vu pour la première fois.

C'est alors que, se tenant également en garde, et contre l'excès d'une rigueur inhumaine, et contre une compassion souvent encore plus cruelle, et tout occupé d'un jugement dans lequel il peut devenir aussi coupable que celui qu'il va juger, il recueillera toutes les forces de son ame, et s'affermira dans ce rigide ministère par la seule considération de l'utilité publique.

Dépositaire du salut du peuple, il croira voir toujours devant ses yeux la patrie effrayée de l'impunité des crimes, lui demander compte du sang de tant d'innocens auxquels la conservation d'un seul coupable aura peut-être été fatale. Il sentira combien il est important que le premier tribunal donne à tous les autres juges qui se forment sur son esprit, l'utile, le nécessaire exemple d'une rigueur salutaire, et que faisant descendre comme par degrés, jusqu'aux tribunaux les plus inférieurs, le même zèle dont il est animé, il rallume, il ressuscite leur ferveur presque éteinte, et répande dans toutes les parties du corps de la justice ce feu toujours vivant, et cette ardeur toujours agissante, sans laquelle la cause du public est souvent la première abandonnée.

Mais son zèle croiroit se renfermer dans des bornes trop étroites, s'il ne le faisoit paroître que dans les occasions où le public a un intérêt si sensible et si éclatant.

Ingénieux à chercher à démêler ce même intérêt dans les causes les moins publiques, il n'attendra pas que les cris de la veuve et de l'orphelin viennent troubler son repos pour implorer le secours de sa justice contre l'oppression du riche et du puissant. Son cœur entendra la voix sourde de leur misère avant que ses oreilles soient frappées du bruit de leurs plaintes ; et il né s'estimera jamais plus heureux, que lorsqu'il pourra jouir de la satisfaction d'avoir rendu justice à ceux mêmes qui n'étoient pas en état de la lui demander.

Il se hâtera de s'instruire de bonne heure des affaires dont il doit instruire les autres juges, et par cette préparation anticipée, il sera toujours armé contre la profonde malice de cette chicane artificieuse qui se vante de disposer au moins du temps des jugemens, de les avancer ou de les retarder à son gré ; de fatiguer le bon droit, de le faire succomber par lassitude, et de rendre quelquefois la mauvaise cause victorieuse par la fatale longueur d'une résistance opiniâtre.

Quel sujet peut jamais exciter plus dignement l'attention et la vigilance de l'homme public ? Qu'il s'applique donc tous les jours à couper cette hydre de procédures qui renaît tous les jours ; qu'après avoir exercé sa justice sur les plaideurs, il l'exerce encore plus sur ces défenseurs avides et intéressés qui les oppriment souvent sous prétexte de les défendre, dont la dangereuse industrie cherche à se dédommager de la diminution des affaires, en donnant à un fonds stérile une malheureuse fécondité qui achève d'épuiser le dernier suc et la dernière chaleur de la terre.

Que tous les ministres inférieurs de la justice sachent que le magistrat a les yeux toujours ouverts sur leur conduite ; que peu content de réformer les jugemens qui se rendent dans les tribunaux subalternes, il s'applique encore plus à réformer les juges qui les rendent, et que, pour faire dignement une ré-

Enfin, que ce zèle qui anime les fonctions éclatantes de sa vie publique le suive jusque dans l'obscurité de sa vie privée; et que dans les temps où il ne peut servir la patrie par ses jugemens, il la serve peut-être aussi utilement par ses exemples.

Que l'amour et le respect qu'il y conserve toujours pour la sainteté de sa profession, instruise et confonde ces magistrats qui, qui rougissant de leur état, voudroient pouvoir le cacher aux autres hommes, et qui font consister une partie de leur bonheur à oublier leur dignité.

Que sa modestie et sa simplicité condamnent l'excès de leur luxe téméraire, de ce faste onéreux à leur famille, injurieux à leur véritable grandeur, par lequel ils entrent dans un combat inégal avec les enfans de la fortune; malheureux d'y être presque toujours vaincus, et plus malheureux encore, s'ils ont quelquefois le déshonorant avantage d'y être victorieux!

Ce n'est point par des paroles qu'un tel excès peut être réprimé. Le luxe est une maladie dont la guérison est réservée à l'exemple.

Heureux les magistrats, si leur vie privée pouvoit rendre ce grand service à la république; et si, après avoir essayé inutilement de la réformer par leurs discours, ils opposoient au déréglement de leur siècle, comme une censure plus efficace, la sagesse de leur conduite!

Ce seroit alors qu'ils exerceroient véritablement cette magistrature privée, qui n'a point d'autre fondement que la vertu du magistrat, d'autres armes que sa réputation, d'autre conforme si salutaire, il la commence toujours par lui-même.

trainte que la douce et salutaire violence de son exemple.

Qu'ils n'écoutent donc pas les discours séduisans de ceux, qui, affoiblis par leur mollesse ou aveuglés par leur intérêt, regardent l'amour du bien public comme une vieille erreur dont ils se sont heureusement désabusés, et insultent à la simplicité de l'homme de bien, dont le zèle trop crédule se laisse encore éblouir par cette vaine et fatigante illusion.

Nous avouons, il est vrai, et nous voudrions pouvoir le dissimuler, que le service du public devient tous les jours plus difficile ; mais ne croyons pas qu'il puisse jamais devenir impossible à l'homme de bien. Son pouvoir est plus étendu que souvent il ne le croit lui - même. Ses forces croissent avec son zèle, et en faisant tout ce qui lui est possible, il mérite enfin d'exécuter ce qui d'abord lui paroissoit impossible.

C'est cette sainte ambition qui doit nous soutenir dans l'exercice de ces fonctions aussi glorieuses que pénibles, où nous avons le bonheur d'être dévoués d'une manière singulière à la recherche du bien public.

C'est à nous-mêmes que nous devons appliquer tout ce que le devoir de notre ministère nous oblige de remettre devant vos yeux. Nous avons bien moins cherché dans toute la suite de ce discours à exciter l'ardeur des autres magistrats qu'à ranimer la nôtre ; et dans ce jour où nous exerçons l'office de censeur, c'est à nous principalement que nous adressons notre censure.

Chargés de la défense des intérêts publics, nous tremblons tous les jours à la vue d'un fardeau sous le poids duquel nous avouons que notre foiblesse succombe souvent. Heureux si cet aveu que nous en faisons aux yeux du sénat pouvoit nous faire mériter son indulgence, et si, en confessant nos fautes passées, nous pouvions commencer par là à accomplir le vœu que nous renouvelons en ce jour, de nous appliquer plus fortement que jamais à les réparer !

IX.e MERCURIALE,

Prononcée à la Saint-Martin 1706.

AUTORITÉ DU MAGISTRAT,
ET SA SOUMISSION A L'AUTORITÉ DE LA LOI.

POUVOIR tout pour la justice, et ne pouvoir rien pour soi-même, c'est l'honorable, mais pénible condition du magistrat.

Que l'ambitieux se flatte du faux honneur de pouvoir tout ce qu'il désire ; la gloire solide de l'homme juste est de confesser avec joie qu'il n'est le maître de rien.

Mais que la vertu lui fait acheter chèrement cette gloire, et qu'il en coûte à celui que sa dignité met au-dessus des autres hommes, pour s'élever par sa modération au-dessus de sa dignité même !

Tout ce qui environne le magistrat semble conspirer à le séduire ; tout ce qu'il voit autour de lui lui offre d'abord l'image agréable, et, si l'on ose le dire, la trompeuse idole de son autorité.

L'éclat de la pourpre dont il est revêtu, les honneurs que l'on rend à sa dignité, et que son amour-propre ne manque guère de rapporter à sa personne; le silence majestueux de son tribunal; ce respect, cette sainte frayeur, et cette espèce de religion avec laquelle on diroit que le timide plaideur y vient invoquer la puissance du magistrat; enfin l'autorité suprême et le destin irrévocable des oracles qui sortent de sa bouche, tout semble l'élever au-dessus de l'homme et l'approcher de la Divinité.

Il parle, et tout obéit à sa voix; il commande, et tout s'exécute; devant lui tombent et s'anéantissent toutes les grandeurs de la terre: il voit tous les jours à ses pieds ceux mêmes dont on adore ou dont on craint la fortune. D'autant plus soumis qu'ils sont plus élevés, de grands intérêts leur inspirent de grandes bassesses, et devenant en apparence les humbles sujets, les esclaves rampans de la magistrature, le premier artifice qu'ils emploient pour se rendre les maîtres du magistrat, est de lui persuader qu'il est le maître de tout.

Malheur à celui qui, renversant les idées naturelles des choses, a commencé le premier à donner le nom de grâce à ce qui n'étoit que justice, et qui, offrant un encens criminel au magistrat, lui a fait l'injure de le remercier d'un bien que le magistrat ne pouvoit lui refuser, et de le louer de n'avoir pas fait un crime!

Non que le magistrat, jaloux de son autorité, soit toujours assez aveugle pour croire, sur la foi du plaideur artificieux, que le ministre de la loi peut dominer sur la loi même. Mais s'il rougiroit de succomber à une tentation si grossière, n'écoutera-t-il point les con-

seils dangereux de cet amour-propre plus délié
qui veut composer avec la règle, chercher un
milieu entre le vice et la vertu, et qui insinue
souvent au magistrat que s'il ne lui est pas permis d'usurper l'empire de la justice, il ne lui est
pas toujours défendu de le partager avec elle !

Ainsi se forme dans son cœur le coupable
projet d'un partage téméraire entre le pouvoir
de l'homme et celui de la loi.

Bientôt amateur de l'indépendance et avide
d'étendre sa domination, il lui échappera des
désirs secrets de ne laisser à la justice que ces
causes faciles, dont la décision est gravée avec
des traits si lumineux dans les tables de la loi,
qu'il n'est pas possible de la méconnoître, et
se réservant toutes celles que le plaideur subtil
aura su couvrir d'un épais nuage, il voudra
peut-être que tous les doutes fassent partie de
son domaine, ou du moins il se persuadera bientôt qu'il est des questions véritablement pro-
blématiques, où la justice incertaine, chancelante et presque contraire à elle-même, abandonne sa balance à la volonté souveraine du
magistrat.

Nous savons que la providence permet quelquefois que des causes obscures fassent naître
une espèce de guerre innocente entre les ministres de la justice ; où tous les avantages pa-
roissant également partagés, on voit combattre la vertu contre la vertu, la doctrine contre
la doctrine, l'expérience contre l'expérience ;
et où l'orgueil de l'homme, pleinement confondu, est obligé de reconnoître l'humiliante
incertitude des jugemens humains.

Mais vouloir que l'esprit d'un seul magistrat,
partagé comme par deux factions contraires,
devienne le théâtre de cette guerre civile, et

que dans ce combat qui se passe, pour ainsi dire, entre lui et lui-même, il ne puisse jamais savoir de quel côté penche la victoire, c'est se laisser surprendre par une douce imposture que l'amour de l'indépendance se plaît à former.

Rentrons au-dedans de nous-mêmes, et interrogeons notre cœur; entre deux routes différentes qui s'ouvrent en même temps à nos yeux, il en est toujours une qui nous plaît plus que l'autre, et qui nous attire à elle comme par ces chaînes invisibles, et par un charme secret que nous ne pouvons nous cacher à nous-mêmes; sans cela, notre esprit, entraîné d'un côté par une pente naturelle, et retenu de l'autre par un égal contrepoids, demeureroit immobile; et ébloui plus qu'éclairé par deux jours opposés, son attention ne produiroit que le doute, et sa lumière ne seroit que ténèbres.

Que le magistrat, convaincu de sa propre foiblesse, hésite d'abord avec tremblement entre deux partis qui semblent lui offrir également l'image respectable de la vérité, nous n'en sommes pas surpris, et nous louons même sa sainte délicatesse. Mais s'il est de bonne foi, ce doute ne sauroit durer long-temps; un rayon de clarté, digne fruit d'une vive et persévérante attention percera ces nuages qui troubloient la sérénité de son ame; un calme profond succédera à cet orage, et la tempête même le jettera dans le port.

C'est alors que goûtant cette heureuse paix qui est réservée à l'homme juste, il apprendra à ne pas confondre ce doute innocent, qui est comme le travail pénible par lequel notre ame enfante la vérité, avec ce doute criminel qui craint la lumière, qui chérit ses ténèbres, et qui se plaît à répandre une nuit favorable à l'autorité du magistrat, où son esprit frappé d'un aveuglement volontaire, veut souvent douter de tout afin de pouvoir tout.

Mais que serviroit au magistrat d'avoir su éviter cet écueil, si, pour fuir l'illusion de ce doute imaginaire, il se précipitoit dans l'extrémité opposée d'une soudaine et présomptueuse liberté de décision; véritable caractère de ces esprits indépendans, qui regardent la domination de la loi comme un joug servile sous lequel la hauteur de leur raison dédaigne de s'abaisser?

C'est en vain que, pour déguiser leur révolte contre la règle, ils osent quelquefois combattre la justice sous le voile spécieux de l'équité.

Premier objet du législateur, dépositaire de son esprit, compagne inséparable de la loi, l'équité ne peut jamais être contraire à la loi même. Tout ce qui blesse cette équité, véritable source de toutes les lois, ne résiste pas moins à la justice : le législateur l'auroit condamné, s'il l'avoit pu prévoir; et si le magistrat, qui est la loi vivante, peut suppléer alors au silence de la loi morte, ce n'est pas pour combattre la règle, c'est au contraire pour l'accomplir plus parfaitement.

Mais cette espèce d'équité, qui n'est autre chose que l'esprit même de la loi, n'est pas celle dont le magistrat ambitieux se déclare le défenseur : il veut établir sa domination, et c'est pour cela qu'il appelle à son secours cette équité arbitraire dont la commode flexibilité reçoit aisément toutes les impressions de la volonté du magistrat. Dangereux instrument de la puissance du juge, hardie à former tous les jours des règles nouvelles, elle se fait, s'il est permis de parler ainsi, une balance particu-

lière, et un poids propre pour chaque cause.
Si elle paroît quelquefois ingénieuse à pénétrer
dans l'intention secrète du législateur, c'est
moins pour la connoître que pour l'éluder ; elle
la sonde en ennemi captieux plutôt qu'en ministre fidèle ; elle combat la lettre par l'esprit,
et l'esprit par la lettre ; et au milieu de cette
contradiction apparente, la vérité échappe, la
règle disparoît, et le magistrat demeure le
maître.

C'est ainsi que souvent l'autorité de la justice
n'a point d'ennemi plus dangereux que l'esprit
du magistrat : mais elle ne le redoute jamais
davantage que lorsqu'établi pour exercer les
vengeances publiques, il entreprend d'en régler les bornes, beaucoup moins en juge qu'en
souverain.

Il est vrai que la loi positive, qui ne sauroit compter les degrés infinis de la malice des
hommes, ne peut pas toujours marquer exactement la juste mesure des peines ; mais si elle
fait l'honneur au magistrat de remettre entre
ses mains ce discernement si difficile, c'est à
sa sagesse qu'elle le confie, et non pas à son
caprice. Le salut du peuple est une loi suprême
qui doit lui servir de règle, lorsque la loi positive l'abandonne et le laisse dans la main de
son propre conseil. A la vue d'un si grand objet, le zèle du magistrat qui n'aspire qu'à établir le règne de la justice, s'allume au fond
de son cœur ; il cherche scrupuleusement cette
proportion naturelle qui est entre le crime et
la peine, et qui, sans attendre le secours de
la loi, a droit de forcer les suffrages du juge,
et de lui imposer une heureuse nécessité : il
tend non seulement au bien, mais au plus
grand bien ; et toujours déterminé par un motif

si puissant, il ne se croit jamais moins libre que lorsqu'il paroît l'être davantage.

Plein de ces sentimens, et religieux adorateur de la loi, il n'imitera pas non plus ces magistrats qui, fidèles à la justice dans ce qui regarde le fond des jugemens, sont encore plus fidèles à leur autorité dans ce qui n'appartient qu'à la forme. Comme s'il suffisoit, pour être innocent, d'avoir su éviter les grands crimes, ils croient pouvoir faire librement tout ce qui ne porte pas un coup mortel à la justice ; ils se flattent qu'il viendra un jour où, plus instruits de la vérité, ils corrigeront eux-mêmes l'erreur excusable de leurs premières démarches : cependant, sur la foi de cette espérance trompeuse, ils donnent le présent à leur autorité, et ils ne laissent à la justice qu'un avenir incertain ; et souvent le plaideur fatigué succombe avant que d'avoir vu luire ce jour favorable qui devoit réparer tout le passé. La plaie que sa cause avoit reçue paroissoit légère dans les commencemens ; mais le temps l'a rendue incurable, et la justice impuissante pour le secourir, et réduite à déplorer tristement le dangereux et souvent l'irréparable effet des faveurs anticipées du magistrat.

Ne craignons donc pas de dire hautement dans ce jour consacré à la plus exacte vérité, que nous ne connoissons pas d'actions indifférentes dans la vie publique du magistrat ; tout est commandé, tout est de rigueur dans le ministère redoutable qu'il exerce ; toutes ses fonctions ne sont pas également importantes, mais elles appartiennent toutes également à la justice. Son temps même n'est pas à lui : c'est un bien consacré à la république, et qui, tenant

de

de la nature des choses saintes, doit être distribué au poids du sanctuaire.

Que le magistrat orgueilleux se repaisse vainement du spectacle frivole de cette suite nombreuse de supplians qui n'approchent de lui qu'avec tremblement, qu'il les regarde comme un peuple soumis à ses lois, et qu'il croie qu'il est de sa grandeur de les faire languir dans une attente inquiète, et dans le long martyre d'une fatigante incertitude.

Le fidèle ministre de la justice ne regarde qu'avec peine cette foule de cliens qui l'environnent : il croit voir autour de lui une multitude de créanciers avides dont la présence semble lui reprocher sa lenteur ; et lorsqu'il ne peut satisfaire en même temps leur juste impatience, c'est le devoir, c'est l'équité seule qui règle leurs rangs, et qui décide entr'eux de la préférence.

Quelle joie pour le pauvre et pour le foible, quand il a la consolation de précéder le riche et le puissant dans cet ordre tracé par les mains de la justice même ! et quelles bénédictions ne donne-t-il pas au magistrat, quand il voit que le gémissement secret de sa misère est plus promptement et plus favorablement écouté que la voix éclatante de la plus haute fortune !

Puisse le magistrat goûter toute la douceur de ces bénédictions, et préférer une gloire si pure à la vaine ambition de faire éclater son pouvoir sur ceux que leur intérêt seul abaisse à ses pieds !

C'est ainsi que celui qui ne se regarde que comme le débiteur du public, s'acquitte tous les jours d'une dette qui se renouvelle tous les jours. Pourroit-il donc se croire le maître de

I. 13

se dérober souvent aux yeux du sénat, à l'exemple de plusieurs magistrats, et d'attendre dans l'assoupissement de la mollesse, ou dans l'enchantement du plaisir, que les prières des grands le rappellent au tribunal et le fassent souvenir qu'il est juge! Toujours simple et toujours uniforme dans sa conduite, il ne sait ni chercher, ni éviter ces jours d'éclat et ces occasions délicates où le magistrat tient entre ses mains les plus hautes destinées: les chercher, c'est affectation; les éviter, c'est foiblesse; les regarder avec indifférence, et n'y envisager que le simple devoir, c'est la véritable grandeur de l'homme juste.

Mais qu'il est rare de trouver cette fermeté d'ame dans ceux mêmes qui font une profession publique de vertu!

Combien en voit-on qui croient avoir beaucoup fait pour la justice, parce qu'ils se flattent de n'avoir rien fait contre elle! qui rougissant de la combattre, et craignant de la défendre, osent encore se croire innocens, et se laver les mains devant tout le peuple, comme s'ils n'étoient pas coupables d'une injustice qu'ils ont commise en ne s'y opposant pas!

Qui n'est point pour la justice est contre elle; et quiconque délibère s'il la défendra l'a déjà trahie. Malheur au juge prévaricateur qui donne sa voix à l'iniquité! mais malheur aussi au tiède magistrat qui refuse son suffrage à la justice! Et qu'importe après tout au foible qui est opprimé de succomber par la prévarication, ou de périr par la lâcheté de celui qui devroit être son défenseur! Peut-être ce magistrat qui fuit aux premières approches du péril auroit-il fait triompher le bon droit par son suffrage; ou si sa vertu avoit eu le malheur d'être acca-

blée par le nombre, il anroit été vaincu glorieusement avec la justice, et il auroit fait
envier aux vainqueurs mêmes la gloire d'une
telle défaite.

Mais après avoir déploré la foiblesse de ces
déserteurs de la justice qui l'abandonnent au
jour du combat, ne nous sera-t-il pas permis
d'accuser ici l'aveugle facilité avec laquelle les
magistrats violent tous les jours la sainteté d'un
secret qui est la force des foibles et la sûreté
de la justice ? On ne respecte plus la religion
d'un serment solemnel ; le mystère des jugemens est profané ; la confiance réciproque des
ministres de la loi est anéantie ; la plus sainte
de toutes les sociétés devient souvent la plus
infidèle ; le juge n'est pas en sûreté à côté du
juge même ; la timide vertu ne peut presque
soutenir la crainte d'être trahie ; le voile du
temple est rompu, et l'iniquité voyant à découvert tout ce qui se passe dans le sanctuaire,
fait trembler la justice jusque sur ses autels.

Cependant une infidélité si coupable, si dangereuse, est mise au rang de ces fautes légères
qui échappent tous les jours à l'homme juste ;
tant il est rare de trouver un cœur entièrement
dominé par la justice, qui ait toujours devant
les yeux l'image sévère du devoir, et qui sache
supporter avec joie, dans toutes les fonctions
de son ministère, et sa propre impuissance,
et la toute-puissance de la loi.

Mais si la domination paroît souvent trop pesante au magistrat dans la majesté même du
tribunal, pourra-t-il en souffrir encore la contrainte lorsqu'il ne sera plus dans le temple de
la justice ? Et ne croira-t-il pas au contraire
être sorti heureusement d'un lieu de servitude,

pour entrer dans une terre plus libre et dans
le séjour de l'indépendance ?

C'est alors qu'impatient de jouir d'un pouvoir
trop long-temps suspendu, il voudra commencer enfin à être magistrat pour lui-même, après
l'avoir été pour la justice.

Ardent à signaler son crédit, il envoie, pour
ainsi dire, sa dignité devant lui ; il veut qu'elle
lui ouvre tous les passages, qu'elle aplanisse
toutes les voies, que tous les obstacles disparoissent en sa présence, que tout genou fléchisse, et que toute langue confesse qu'il est
le maître. Combien de facilités aveugles, combien de complaisances suspectes, combien
d'offices équivoques exigés, ou, pour mieux
dire, extorqués des ministres inférieurs de la
justice ! les moindres difficultés l'irritent ; la
plus légère résistance est un attentat à son autorité : il se croiroit déshonoré si l'on osoit lui
refuser ce qu'il demande ; malheureux de ne
pas sentir que ce qui le déshonore véritablement, est de demander sans rougir ce qu'on
devroit lui refuser !

Heureux le sort de Caton, disoit un de ses
admirateurs, à qui personne n'ose demander
une injustice ! plus heureux encore d'avoir su
parvenir à cette rare félicité, en ne demandant
jamais que la justice ! tel est le grand modèle
du sage magistrat : loin de se laisser prévenir
en faveur de son autorité, il redoute son propre
crédit ; il craint la considération que l'on a
pour sa dignité ; et s'il conserve encore quelque prévention, ce n'est que contre lui-même.
Toujours prêt à se condamner dans ses propres
intérêts, et plus attentif encore, s'il est possible, sur les grâces qu'il demande que sur la
justice qu'il rend, il porte souvent sa scrupu-

leuse modération jusqu'à ne vouloir pas exposer la foiblesse de ses inférieurs à la tentation de n'oser lui résister.

La justice est pour lui une vertu de tous les lieux et de tous les temps ; loin des yeux du public, et dans l'intérieur même de sa maison, s'élève une espèce de tribunal domestique où l'honnête le plus rigide, armé de toute sa sévérité, dicte toujours ses justes mais austères lois : l'utile et l'agréable, dangereux conseillers du magistrat, sont presque toujours exclus de ses délibérations ; ou s'ils y sont admis quelquefois, ce n'est que lorsque l'honnête même leur en ouvre l'entrée.

C'est là qu'il se redit tous les jours, que cette autorité dont l'homme est naturellement si jaloux n'a qu'un vain éclat qui nous trompe ; que c'est un bien dangereux, dont l'usage ne consiste presque que dans l'abus ; bien inutile à l'homme juste, bien fatal au magistrat ambitieux, qui ne l'élève que pour l'abaisser, et qui ne lui présente une fausse idée d'indépendance, que pour le rendre plus dépendant de tous ceux dont il attend sa fortune.

Combien de chaînes a brisé en un jour celui qui se charge volontairement de celles de la justice ! Par une seule dépendance il s'est délivré de toutes les autres servitudes : et devenu d'autant plus libre qu'il est plus esclave de la loi, il peut toujours tout ce qu'il veut, parce qu'il ne veut jamais que ce qu'il doit.

Ses envieux diront sans doute que c'est un homme inutile à ses amis, inutile à soi-même, qui ignore le secret de faire des grâces, et qui ne sait pas même l'art de les demander. On fera passer sa justice pour rigueur, sa délicatesse pour scrupule, son exactitude pour singularité : et si nous étions encore dans ces temps où l'homme de bien portoit la peine de sa vertu, et où la patrie ingrate proscrivoit ceux qui l'avoient trop bien servie ; peut-être, semblable en tout à Aristide, il se verroit condamné, comme lui, *à un glorieux ostracisme*, par les suffrages de ceux que le nom de justice importune, et qui regardent son attachement invariable au devoir comme la censure la plus odieuse de leur conduite.

Mais il a prévu ces reproches, il les a méprisés ; et s'ils étoient capables d'exciter encore quelques mouvemens humains dans son cœur, il ne pourroit craindre que la vanité. Quelle gloire en effet de voir sa vertu consacrée par le soulèvement de l'envie, et comme scellée par l'improbation d'un siècle corrompu ! Quel encens peut jamais égaler la douceur des reproches que reçoit un magistrat, parce qu'il est trop rigide observateur de la justice, qu'il réduit tout à la règle simple et uniforme du devoir ; que, destiné à être l'image visible et reconnoissable de la loi, il est sourd et inexorable comme la loi même ; et que, dans l'obscurité de sa vie privée, il n'est pas moins magistrat que dans l'éclat de sa vie publique !

Reproches précieux, injures honorables, puissions-nous ne les point craindre ! puissions-nous même les désirer, et ne nous estimer jamais plus heureux que lorsque nous aurons eu la force de les mériter !

X.e MERCURIALE,

Prononcée à Pâques 1708.

LA JUSTICE DU MAGISTRAT DANS SA VIE PRIVÉE.

SOUFFREZ que, sortant des bornes ordinaires de notre censure, et plus occupés des devoirs de l'homme que de ceux du magistrat, nous vous disions aujourd'hui : Ministres de la justice, aimez-la, non seulement dans l'éclat de vos fonctions publiques, mais dans le secret de votre vie privée : aimez l'équité lorsque vous êtes assis pour juger les peuples soumis à votre pouvoir ; mais aimez-la encore plus, s'il est possible, quand il faut vous juger, et peut-être vous condamner vous-même.

En vain vous vous honorez du titre glorieux d'homme juste, parce que vous croyez pouvoir vous flatter d'avoir conservé dans vos fonctions toute l'intégrité de votre innocence. Sévère estimateur du mérite, le public veut vous faire acheter plus chèrement ce titre respectable, unique, mais digne récompense de vos travaux.

Il sait que, dans le grand jour du tribunal, tout concourt à inspirer au magistrat l'amour de la justice et la haine de l'iniquité ; un certain fonds de droiture naturelle qui domine aisément en nous lorsqu'il ne s'agit que des intérêts d'autrui ; un reste de pudeur qui fait quelquefois au dehors l'office de la vertu ; un désir purement politique de conserver cette fleur de réputation qui se flétrit au moindre

souffle de la médisance ; la vue même de ce
sanctuaire auguste , la présence du sénat,
l'exemple de la justice animée qui y préside ;
en un mot, tout ce qui environne l'homme
public, semble le mettre dans une heureuse impuissance de s'écarter des règles de la justice,
et rendre pour lui le vice plus difficile que la
vertu.

Ce n'est donc pas sur la seule conduite du
magistrat dans les fonctions de sa dignité que
le public, le moins flatteur et le plus fidèle de
tous les peintres , trace le portrait de l'homme
juste ; il ne l'envisage pas seulement sur le tribunal, où le juge se présente presque toujours
avec trop d'avantage , et où il ne montre au
plus que la moitié de lui-même. Pour le mettre
dans son véritable point de vue , et pour le
peindre tout entier , le public le suit jusque
dans cet intérieur où le magistrat, rendu à lui-
même , laisse souvent éclater au dehors ces
mouvemens dissimulés avec adresse, ou étouffés
avec effort dans l'exercice de la magistrature ;
et c'est de ces traits simples et naïfs qui échappent à la nature lorsqu'elle n'est pas sur ses
gardes, que se forme cette parfaite ressemblance, cette vérité de caractère que le public
saisit presque toujours dans ses portraits.

Il est vrai , dit-il tous les jours, que ce magistrat fait paroître au dehors une droiture inflexible lorsqu'il tient la balance entre le foible
et le puissant ; mais conserve-t-il au dedans ce
même esprit de justice ? soutient-il avec fermeté la rigoureuse épreuve de son propre
intérêt ? la conduite du père de famille ne dé-
ment-elle jamais en lui celle du magistrat ? ne
se fait-il point deux espèces de morale, et,
pour ainsi dire, deux sortes de justice ; l'une

qu'il montre au public pour suivre la coutume et conserver un reste de bienséance ; l'autre, qu'il réserve pour ses intérêts particuliers ; l'une, sur laquelle il condamne les autres hommes ; l'autre, sur laquelle il s'absout lui-même ?

Ici, juge sévère, il s'élève dans le sénat contre ces débiteurs artificieux qui, par un prestige trop ordinaire, empruntent toutes sortes de formes, et changent tous les jours de figure pour échapper à la juste poursuite d'un créancier légitime. Là, plus subtil souvent et plus dangereux encore, il imite, il surpasse dans sa vie privée, ces détours qu'il vient de condamner dans sa vie publique ; si ce n'est que, plus hardi peut-être et fier de son autorité, il ne cherche pas même à pallier sa fuite et à colorer ses retardemens. À l'abri de la magistrature, comme d'un rempart impénétrable, à couvert sous la pourpre dont il avoit été revêtu pour un plus noble usage, il se fera du caractère même de juge un titre d'injustice, et souvent d'ingratitude ; et il regardera comme un des apanages de la magistrature l'odieux privilége de ne payer ses dettes que quand il plaît au magistrat.

Il est, à la vérité, des juges moins injustes ou plus prudens, qui rougiroient d'abuser si grossièrement de leur dignité ; mais ne veulent-ils pas au moins qu'elle soit comptée pour quelque chose lorsqu'ils traitent avec les autres hommes ? Savans dans l'art utile de mettre à profit toutes les facilités qu'elle leur ouvre, tous les obstacles qu'elle oppose à ceux qui peuvent avoir besoin d'eux, ils s'applaudissent en secret de posséder l'indigne, le méprisable talent de donner un prix à leur crédit, et de faire entrer peut-être en compensation de ce

13*

qu'ils doivent, la crainte que l'on a de leur autorité.

Faut-il s'étonner après cela si nous vous entendons déplorer quelquefois la pénible nécessité d'être juges de ceux qui ont l'honneur d'être associés à votre dignité ?

C'est alors que vous apprenez malgré vous, par une trop sûre expérience, à faire le discernement de la vraie et de la fausse justice ; c'est alors que l'intérêt, infaillible scrutateur du cœur humain, vous montre à découvert cette injustice secrète que le magistrat cachoit peut-être depuis long-temps dans la profondeur de son ame, et qui n'attendoit qu'une occasion pour éclore aux yeux du public.

Devant ce sénateur qui paroissoit autrefois si équitable, mais que sa passion trahit aujourd'hui, tous les objets commencent à prendre une face nouvelle : il n'y voit plus ce qu'il y voyoit alors, et il y voit ce qu'il n'y avoit jamais vu. Ce qui lui paroissoit le plus injuste dans les autres hommes, semble être devenu juste pour lui : peu s'en faut même qu'il ne se repente de sa justice passée pour excuser son injustice présente.

Celui qui s'armoit, comme juge, d'une rigueur salutaire contre la lenteur affectée et les coupables retardemens des plaideurs, a maintenant changé de morale. Ce temps, qui lui sembloit autrefois si précieux, ces momens critiques, après lesquels une justice trop lente dégénère souvent en une véritable injustice, ne lui paroissent plus dignes de l'attention des magistrats ; il fatigue la patience de ses parties, et il abuse de celle de ses juges.

Ministres de la justice, redoublez votre zèle ; écoutez plutôt les cris du pauvre et du

misérable qui vous demandent une prompte
expédition, que la voix de votre confrère qui
veut vous en détourner. Mais c'est en vain que
votre vertu vous rend sourds à ses prières ; il
saura arracher malgré vous à votre fermeté,
ce qu'il n'a pu obtenir de votre complaisance.

Semblable à ces transfuges, d'autant plus
dangereux qu'ils connoissent plus parfaitement
tous les endroits par lesquels on peut surprendre la place d'où ils s'échappent, on diroit
qu'il n'a été juge que pour mieux posséder ces
voies obliques et ces chemins tortueux par lesquels on peut se rendre maître de toutes les avenues de la justice. Il sait que la forme en est
la partie foible, si l'on ose s'exprimer ainsi ;
et c'est par cet endroit qu'il l'assiége ordinairement, content s'il pouvoit la tenir long-temps
captive dans les liens de la procédure, et
comme enchaînée dans ses propres lois.

Ou si tous ses efforts ne peuvent plus l'arrêter ; s'il voit approcher enfin malgré lui le moment fatal de la décision, à combien d'épreuves
ne mettra-t-il pas alors la vertu de ses juges !
Combien de mouvemens secrets, d'insinuations
délicates, de sollicitations séduisantes ! Dangereux instrument du crédit, dernière ressource
du plaideur injuste ; secours injurieux à la probité, humiliant pour la magistrature ; un magistrat ne rougira pourtant pas de s'en servir,
et, à la honte du caractère de juge dont il est
revêtu, il osera faire parler en sa faveur une
autre voix que celle de la justice !

Ne craignons pourtant pas pour la cause
qu'il semble attaquer avec tant d'avantage ; l'é-
quité triomphera toujours. Nous attestons ici
avec confiance la fermeté tant de fois éprouvée du sénat. Mais heureux ceux qui l'auront

condamné, s'il se contente de satisfaire son ressentiment par des reproches glorieux, et par des injures honorables à leur vertu : heureux, si, lorsqu'ils tomberont peut-être à leur tour entre ses mains, il ne les fait pas souvenir par une injustice affectée, de la justice trop éclatante qu'ils auront exercée contre lui !

C'est ainsi que s'éteint insensiblement jusque dans les fonctions publiques, cet esprit de droiture que le magistrat n'a pas su conserver dans ses intérêts particuliers. Triste, mais infaillible progrès du relâchement de la vertu. Il n'est presque aucun magistrat qui n'aime la justice dans la ferveur naissante de son ministère ; mais cette ardeur, compagne de la première innocence, se ralentit peu à peu à la vue des intérêts personnels du magistrat. Un reste d'honneur le soutient pendant quelque temps sur le tribunal ; il n'est déjà plus vertueux, il veut encore le paroître : mais enfin le poison monte par degré jusqu'à la partie supérieure de son ame ; il s'accoutume à soutenir sans horreur la vue de l'injustice ; il se familiarise avec le monstre dans sa vie privée ; il n'en sera bientôt plus effrayé dans sa vie publique.

Ce n'est donc pas sans raison que la voix de la renommée, toujours libre et toujours sûre dans ses jugemens, ne défère le nom de juste qu'à celui qui, après avoir soutenu ce noble caractère dans tous les états de sa vie, mérite de recevoir enfin cette couronne de justice que la vertu prépare à l'homme de bien au bout d'une longue et pénible carrière.

Attentif à conserver jusqu'à la fin de ses jours cette probité tendre et délicate qui s'effraie à la moindre apparence d'un intérêt douteux et équivoque, incapable de prévention, et toujours prêt à prononcer contre lui-même un jugement qui ne coûte aucun effort à sa vertu, il est rare qu'il soit obligé de recourir à un autre tribunal que celui de son cœur : ou si quelquefois une triste et inévitable nécessité l'y appelle, il approche, comme suppliant, des autels de la justice, avec autant de religion que s'il alloit y monter comme ministre. Content d'y avoir fait parler pour lui la voix toujours modeste et toujours soumise de la raison, sans y mêler jamais le langage violent et impérieux de la passion, il attend en repos un jugement qui doit, ou confirmer le sien, ou le redresser. Plus estimable encore lorsqu'il succombe que lorsqu'il est victorieux, il fait servir heureusement son erreur passagère à l'instruction du public ; et persuadé que l'injustice est une maladie de l'ame dont la justice est le seul remède, il apprend au plaideur par son exemple à bénir l'utile rigueur de la main qui ne l'a frappé que pour le guérir.

Mais ce seroit peu pour lui d'avoir écarté quelqu'une de ces injustices qui déshonorent souvent la vie privée du magistrat, il veut les attaquer toutes jusque dans leur source ; et convaincu qu'elles n'en ont point de plus commune que l'ardeur de s'enrichir par une industrie criminelle qui veut recueillir ce qu'elle n'a pas semé, il n'aspire qu'à conserver en paix l'héritage de ses pères, par une modération féconde qui augmente ses revenus de tout ce qu'elle retranche à ses désirs.

Loin de lui cette somptuosité contraire à son état, qui naît ordinairement dans le sein de l'iniquité, et qui la produit souvent à son tour : ce luxe insatiable qui, après avoir dévoré la substance d'un magistrat, le force presque à relever par son injustice une fortune qu'il a renversée par sa vanité.

C'est alors que, pour sauver quelques débris du naufrage, le sang le plus pur et le plus précieux du sénat ne dédaigne plus de s'avilir par des alliances inégales. C'est alors que l'on mêle sans pudeur le reste de ce patrimoine amassé lentement par une innocente frugalité, avec ces richesses subites, ouvrage aussi injuste que bizarre du caprice du sort : et l'on ne craint point d'attirer par ce mélange, sur les biens les plus légitimes, ce caractère de réprobation que la main invisible de la providence a gravé sur les trésors acquis par l'iniquité.

L'esprit de désintéressement se perd aisément au milieu de cette abondance suspecte ; et par une malédiction encore plus fatale, la contagion de l'injustice passe souvent des biens dont l'origine est infectée, jusqu'à la personne même de ceux qui les possèdent.

A la vue d'un malheur aujourd'hui si commun, qu'il nous soit permis, à l'exemple du sage, de demander au ciel pour le magistrat, qu'en lui faisant éviter l'écueil de la pauvreté, il le préserve de la tentation encore plus dangereuse des grandes richesses, et qu'il lui fasse l'inestimable présent d'une précieuse médiocrité, source de la modération, mère de l'équité, et seule garde fidèle de cette justice entière et parfaite, qui fait respecter dans le magistrat l'homme privé encore plus que l'homme public.

XIe MERCURIALE,

Prononcée à la Saint - Martin 1708.

LA VRAIE ET FAUSSE JUSTICE.

VOULOIR paroître juste sans l'être en effet, c'est le comble de l'injustice, et c'est en même temps le dernier degré de l'illusion. Il est des impostures qui éblouissent d'abord, mais il n'en est point qui réussissent long-temps ; et l'expérience de tous les siècles nous apprend que, pour paroître homme de bien, il faut l'être véritablement.

Ministres de la justice, à qui nous proposons aujourd'hui cette grande vérité, espérez encore moins que le reste des hommes de surprendre le jugement du public. Elevés au-dessus des peuples qui environnent votre tribunal, vous n'en êtes que plus exposés à leurs regards. Vous jugez leurs différends, mais ils jugent votre justice. Le public vous voit à découvert au grand jour que votre dignité semble répandre autour de vous ; et tel est le bonheur ou le malheur de votre condition, que vous ne sauriez cacher ni vos vertus ni vos défauts.

Non, de quelques couleurs que la fausse probité du magistrat ose se parer, elle n'a qu'un vain éclat qui disparoît bientôt aux premiers rayons de la vérité. Plus son imposture est commune dans le siècle où nous vivons, plus elle se découvre aisément. Accoutumés à la voir de près, et familiarisés, pour ainsi dire, avec

le prestige, les hommes ne s'y trompent plus.
Le monde même le plus corrompu n'a pas l'esprit aveuglé comme le cœur. Il agit souvent
mal, mais il juge presque toujours bien. Oserons-nous même le dire ? les hommes les moins
vertueux sont quelquefois ceux qui se connois-
sont le mieux en vertus. Au travers d'un dehors
trompeur qui en impose d'abord à la facile candeur de l'homme de bien, leur malignité plus
pénétrante sait porter le flambeau dans les sombres replis d'un cœur hypocrite. Les uns par
haine ou par intérêt, les autres par envie ou
par ambition, tous par des motifs différens, en-
treprennent également de le dévoiler. Il n'est
presque aucune passion qui ne s'arme contre
l'hypocrisie ; et comme si le vice même com-
battoit pour la vertu, il la venge, sans y penser, de l'injure que lui fait la fausse probité.

A ces ennemis étrangers se joignent bientôt
des ennemis domestiques, plus redoutables
encore que ceux du dehors ; et il semble que
les passions mêmes du magistrat entretiennent
une secrète intelligence avec celles des autres
hommes, pour le livrer, malgré lui, à la censure qu'il évite.

En vain il se flatte de pouvoir les retenir sans
les combattre, et les couvrir sans les étouffer.
Il faudroit pour soutenir cet état que l'homme
fût toujours d'accord avec lui-même, qu'une
seule passion eût la force de subjuguer toutes les
autres, et que la vanité pût faire toujours l'office
de la vertu. Mais la fierté du cœur humain,
qui a tant de peine à plier sous le joug aimable
de la raison même, ne sauroit s'abaisser long-
temps sous la tyrannie d'une seule passion. Une
ame livrée à l'iniquité est un pays séditieux
qui change souvent de maître. C'est une répu-

blique divisée, où l'une des factions trahit toujours l'autre. Une passion découvre ce qu'une autre passion avoit caché. La volupté fait tomber le voile dont l'ambition du magistrat se couvroit, et l'intérêt lève le masque que l'amour de la gloire lui faisoit porter.

Laissons-le jouir néanmoins pour un temps de cette douce et flatteuse illusion, qui lui fait espérer d'être toujours en garde contre la surprise des passions. Mais cette vanité qui doit lui tenir lieu de toutes les vertus, et sous laquelle il se flatte de cacher tous ses défauts, pourra-t-elle se cacher elle-même? et le frivole d'un esprit qui ne cherche qu'à paroître ce qu'il n'est pas, ne se laissera-t-il pas entrevoir sous le nuage de sa dissimulation?

Avide de dérober, pour ainsi dire, une gloire qu'il ne peut mériter, il se hâtera sans doute de signaler les commencemens de sa magistrature par quelques traits éclatans d'une rigide vertu. Mais tout occupé du désir d'un faux honneur ou de la crainte d'une fausse infamie (uniques fondemens de sa foible et chancelante probité), il prendra bientôt l'ombre pour le corps, l'apparence pour la vérité, et la gloire pour la vertu. Comme sa vanité est sans bornes, sa fausse sagesse sera d'abord sans mesure. Incapable de s'arrêter dans ce juste milieu dont la solide vertu ne s'écarte jamais, il ira peut-être au-delà de la justice même; et dans ces occasions délicates où un devoir austère, opposé en apparence à la gloire du magistrat, exige de lui le magnanime effort d'oser être homme de bien, au péril de cesser de le paroître, on verra le vain imitateur de la vertu saisir l'image de la probité pour la probité même, et préférer le faux honneur de paroître juste sans l'être véritablement, au pénible mais solide mérite de l'être en effet sans le paroître.

Ce ne seront là néanmoins que les premiers efforts d'une hypocrisie naissante, qui veut acheter, comme par un excès de justice, le droit d'en manquer impunément dans la suite, et bientôt cet excès passager sera suivi d'un défaut plus durable. Toujours mesurée dans ses démarches et prudente dans les voies de l'iniquité, la vanité du magistrat gardera encore des ménagemens avec la vertu; il craindra qu'une rupture trop ouverte ne lui fasse perdre une utile réputation de justice, dont il fera quelque jour le plus dangereux instrument de son iniquité; et il affectera même de se déclarer hautement contre l'injustice, lorsqu'éclairé de toutes parts, il se verra forcé de combattre contr'elle à la lumière du soleil.

Mais que son sort lui paroîtroit heureux, si la fortune faisoit tomber entre ses mains cet anneau mystérieux qui répandoit une épaisse nuit autour de celui qui le portoit! ou plutôt, pour parler sans figure, que la destinée de la justice sera malheureuse, lorsqu'il espérera de pouvoir la trahir sans cesser de lui paroître fidèle! il ne cherchera plus qu'à se rendre, pour ainsi dire, invisible, et tel sera son aveuglement, qu'il se flattera enfin de le devenir, sur-tout si la nature lui a fait le présent dangereux d'un génie captieux et séduisant. Il entreprendra de cacher son injustice sous le faux brillant d'un esprit qu'il tourne et qu'il manie comme il lui plaît. On diroit en effet qu'il le tient dans sa main comme cet anneau fabuleux pour se rendre, quand il veut, visible ou invisible; appeler à son gré la lumière et les ténèbres; montrer la vérité où elle n'est pas, et la

cacher où elle est ; faire tomber ceux qui l'é-
coutent dans le piége de son injustice , et leur
paroître toujours juste , comme si la vérité et
la justice n'étoient que des noms spécieux que
celui qui a le plus d'esprit sait toujours mettre
de son côté.

Mais à quoi se terminent enfin tous les artifices d'une si éblouissante subtilité ! Cet esprit
si fécond en couleur, ce génie si souple, et,
pour nous servir de cette expression, si pliant
et si versatile, ne sert qu'à avertir les autres
sénateurs d'être sur leurs gardes. A peine ce
magistrat si délié a-t-il commencé de parler,
qu'une secrète défiance se répand comme naturellement dans leur esprit. Les maximes les
plus certaines perdent quelque chose de leur
crédit lorsqu'il les avance ; on croit y sentir un
venin caché ; et bien loin qu'il puisse réussir à
faire passer le faux pour le vrai, on diroit que
la vérité même périclite dans sa bouche.

Que l'esprit joue mal le personnage du cœur !
et que c'est une entreprise téméraire de pré-
tendre allier une justice apparente avec une
injustice véritable ! Ni la vertu ni le vice même
ne peuvent souffrir ce mélange. Donner l'intérieur à l'un et l'extérieur à l'autre , c'est un
partage aussi impossible qu'injuste. La crainte
de la honte défend mal le dehors de notre ame ,
lorsque l'iniquité s'est une fois rendue maîtresse
du dedans ; et celui qui ne rougit plus devant
soi-même cessera bientôt de rougir devant les
autres hommes. Sa fausse justice succombera
un jour avec éclat, et une chute marquée sera
tôt ou tard le triste dénouement, et comme la
catastrophe honteuse du spectacle qu'il avoit
donné pendant quelque temps au public.

Mais sans attendre même cette juste et iné-

vitable révolution, une affectation inséparable
de sa vanité révélera infailliblement le mystère
de sa fausse vertu, dans les plus beaux jours
mêmes de son hypocrisie.

La nature a un degré de vérité dont tous les
efforts de l'art ne sauroient approcher. Le pinceau le plus brillant ne peut égaler l'éclat de la
lumière; et l'affectation la plus parfaite n'expri-
mera jamais la lumineuse simplicité de la vertu.

L'homme de bien l'est sans art, parce qu'il
l'est sans effort. Il n'a point de vices à cacher,
et il n'affecte pas de montrer ses vertus. Content du témoignage de son cœur, et sûr de lui-
même, il possède son ame en paix; et il a dans
sa tranquille vertu une confiance modeste, et
une espèce de sécurité qui lui fait attendre les
jugemens des hommes sans inquiétude, comme
sans empressement. Uniquement touché de l'a-
mour du devoir, insensible à sa fortune, au-
dessus de sa gloire même, il fait le bien sans
faste, sans éclat, pour le plaisir de le faire,
non pour l'honneur de paroître l'avoir fait; et
il parle si modestement des victoires les plus
éclatantes de sa justice, qu'on diroit qu'il n'en
connoît pas le mérite, et que lui seul ignore
le prix de sa vertu : heureux de montrer aux
hommes, par son exemple, que le caractère le
plus auguste de la véritable grandeur est de
dire et de faire simplement les plus grandes
choses.

Ne craignons donc pas que la basse et méprisable affectation du magistrat qui ne travaille
qu'à orner la superficie de son ame, puisse jamais soutenir la comparaison, et, si nous osons
le dire, le contraste d'une si noble et respectable simplicité. Les efforts qu'il fait pour éta-
ler avec art une vertu empruntée montrent ce

qu'elle lui coûte , et font voir qu'elle n'est chez lui qu'un ornement étranger. En vain son zèle imposteur paroît quelquefois plus vif et plus ardent que la modeste vertu de l'homme de bien ; c'est un peintre qui outre tous les caractères , et qui perd le vrai de la nature en cherchant le merveilleux de l'art. Il veut paroître trop vertueux, mais c'est parce qu'il ne l'est pas assez ; et la probité est toujours dans sa bouche , parce qu'elle n'est jamais dans son cœur. Malheureux de ne pas sentir que plus il fait l'éloge de sa droiture, moins on la croit véritable ; et que le nom sacré de la justice qu'il met à la tête de tous ses discours n'est regardé que comme une vaine préface qui ne sert qu'à annoncer qu'il va être injuste

Quand même son affectation seroit d'abord plus heureuse, pourroit-il soutenir long-temps ce personnage forcé, et passer toute sa vie dans l'état violent d'une dissimulation perpétuelle ? Non : le vice coûteroit plus que la vertu s'il falloit toujours le cacher, et l'hypocrisie trouveroit son supplice dans son crime même , si elle ne cessoit jamais.

Conserver toujours le même caractère , marcher d'un pas égal sur la ligne du devoir , et couronner d'honorables travaux par une persévérance encore plus glorieuse , c'est le privilége de la sincère vertu. Affermie sur des fondemens immuables , elle est seule au-dessus de l'inconstance et de la vicissitude des passions. Celui qui a une fois goûté combien la justice est aimable cesse rarement de l'aimer. La vertu dont il a éprouvé les précieuses faveurs dès sa première jeunesse, ne lui paroîtra pas moins désirable dans un âge plus avancé. Au contraire , elle aura acquis en lui la force et le

charme de l'habitude ; et si l'amertume de sa
racine lui a d'abord causé quelques peines , la
douceur de ses fruits ne lui donnera plus que
des plaisirs.

Mais cette félicité qui est assurée à l'homme
juste , est un trésor caché pour celui qui ne
sacrifie qu'à l'apparence de la justice. Dévoré
par ses désirs , et toujours environné du tumulte des passions , il ne connoît point ces délices du cœur , et cette innocente volupté que
l'homme de bien goûte dans le calme profond
de sa conscience. Privé des plaisirs de la véritable justice , et soutenu seulement par un
effort d'ambition et de vanité , il reconnoît
bientôt le néant de cette fausse gloire , à laquelle il ne sauroit même parvenir. Fatigué de
vouloir toujours embrasser un fantôme qui lui
échappe , et dégoûté de cette illusion laborieuse , il se réveille comme d'un songe pénible ; il retombe de son propre poids et par
une espèce de lassitude , dans son état naturel ;
et, déposant le personnage d'autrui , il se résout
enfin à n'être plus que lui-même.

C'est alors que , dépouillé des apparences
honorables de la justice , et couvert de toute
la honte de l'iniquité , réduit à envier le sort
de ces pécheurs de bonne foi , qui, plus simples dans le mal , ont toujours paru ce qu'ils
étoient en effet , il éprouve qu'il est un dernier
degré de confusion réservé pour l'hypocrite ,
une infamie durable qui le suit par-tout , et
qui semble imprimer sur lui un caractère inef-
façable.

Quand même il pourroit devenir sincèrement
vertueux , ce changement heureux pour son
innocence seroit inutile pour sa réputation. Il
a perdu la confiance publique , et c'est un bien

qui se perd sans retour. Les hommes qu'il a
une fois trompés par sa fausse probité ne se
fieroient pas même à sa véritable vertu ; son
déshonneur survivroit à son crime ; et par un
juste retour, après avoir voulu passer pour
homme de bien sans l'être véritablement, il le
seroit en effet sans le paroître.

Mais c'est cela même qui rend son mal presque incurable. Celui qui n'a pu être fidèle à la
vertu lorsqu'elle pouvoit encore lui attirer l'estime et l'admiration des hommes, pourroit-il
se résoudre à devenir vertueux lorsque, par sa
faute, il ne pourra plus exercer qu'une vertu
ignorée, ou méconnue même du public ? La
probité lui paroîtra sans attraits parce qu'elle
sera sans éclat ; et le vice devenant presque
nécessaire pour lui, si le ciel ne fait un prodige en sa faveur, il tombera dans une espèce
de désespoir et de paroître jamais et d'être véritablement homme de bien.

Ainsi périssent les espérances de la fausse
vertu. Ainsi la providence se plaît à confondre
les efforts de l'hypocrisie. Ainsi la honte devient tôt ou tard la compagne du vice, pendant
que la gloire marche toujours sur les pas de la
vertu. Être connu, c'est la punition de l'hypocrite et la récompense de l'homme de bien. Une
affectation artificieuse pourra couvrir pour un
temps les défauts de l'un ; une modestie profonde pourra cacher une partie des vertus de
l'autre. Mais l'affectation et la modestie, contraires dans tout le reste, ont cela de commun,
qu'elles se trahissent enfin elles-mêmes. Le
désir d'un faux honneur se termine à une véritable confusion, et le mépris des louanges
élève enfin l'homme de bien au-dessus des
louanges mêmes. Il retrouve avec usure dans

un âge plus avancé cette gloire qu'il avoit négligée dans sa jeunesse. Quelquefois obscure
dans ses commencemens, lente dans son progrès, elle n'en est que plus éclatante dans sa
fin. La voie du juste n'est d'abord qu'une trace
presque imperceptible de lumière, qui croît
comme par degrés jusqu'à ce qu'elle devienne
un jour parfait (1). Aussi durable, aussi immortelle que la vertu qui la produit, elle accompagne l'homme de bien jusqu'à la fin de sa
vie. Mais sa gloire ne s'éteint pas avec lui dans
l'obscurité du tombeau. Il semble même qu'elle
reçoive un nouvel éclat par sa mort. Victorieuse
de l'envie, elle n'excite plus que l'admiration,
et consacrant la mémoire du juste à l'éternité,
elle apprend à tous les magistrats qu'on n'arrive à l'honneur que par la vertu, et que quiconque y aspire par une autre voie n'impose
pas long-temps au public, et ne trompe enfin
que lui-même.

(1) Prov. cap. IV, v. 18.

XII.ᵉ MERCURIALE,

~~~~~~

XII.ᵉ MERCURIALE,

Prononcée à Pâques 1709.

LE MAGISTRAT DOIT SE RESPECTER LUI-MÊME.

Dans ce jour solemnel que la sagesse de nos pères a consacré à la censure, nous avons eu souvent l'honneur de parler au magistrat au nom de la justice. Mais qu'il nous soit permis de lui parler aujourd'hui au nom de la place même qui le distingue des autres hommes, et de lui dire : Respectez votre état, respectez-vous vous-même : l'honneur que vous rendrez à votre caractère sera la mesure de celui que vous recevrez du public ; et tel est le bonheur de votre condition, que vous serez toujours grand si vous voulez toujours l'être.

Non, quoi qu'en puissent dire ceux qui sont plus ingénieux à peindre les malheurs de la magistrature qu'attentifs à les réparer, la dignité qui est vraiment propre au magistrat, n'a encore rien perdu de cette élévation dont l'homme de bien doit être si jaloux.

Que la fortune se joue à son gré des honneurs qu'elle distribue ; que le malheur des temps et la loi impérieuse de la nécessité semblent diminuer l'éclat de la magistrature en augmentant le nombre des magistrats ; que le bruit des armes fasse presque taire les lois, et que les hommes frappés du tumulte de la guerre soient moins touchés du règne paisible de la justice : nous savons quel est le pouvoir du

I.   14

temps et de la fortune ; mais nous savons aussi, et nous l'osons dire avec confiance que, malgré toutes ces causes extérieures, rien ne sera jamais plus respectable qu'un véritable magistrat.

Ne cherchons point à le relever ici par l'étendue de son pouvoir. Ne disons pas seulement que, dépositaire de la puissance du souverain et exerçant les jugemens de Dieu même, il abaisse et il élève, il appauvrit et il enrichit, il donne la vie et la mort.

C'est mal définir la grandeur du magistrat, que de ne la faire connoître que par son pouvoir. Son autorité peut commencer ce tableau, mais sa vertu seule peut l'achever.

C'est elle qui nous fait voir en lui l'esprit de la loi et l'ame de la justice ; ou plutôt il est, si l'on peut parler ainsi, le supplément de l'une et la perfection de l'autre. Il joint à la loi, souvent trop générale, le discernement des cas particuliers ; il ajoute à la justice cette équité supérieure sans laquelle la dureté de la lettre n'a souvent qu'une rigueur qui tue, et l'excès de la justice devient quelquefois l'excès de l'iniquité.

Choisi entre tous les hommes pour rendre un témoignage fidèle et incorruptible à la vérité, le titre précieux d'homme juste le met en possession de la confiance publique. Libre de préjugés, exempt de passions, et seul digne par là de juger celles de tous les hommes, il ne sort jamais de cette noble indifférence et de cet équilibre parfait où tous les objets se montrent à lui dans leur véritable point de vue ; ou s'il permet encore à son cœur l'usage de quelques sentimens, ce sont ceux que la raison adopte, bien loin de les désavouer, et que

la nature nous a donnés pour être les instrumens et comme les ministres de la vertu ; une
soif ardente de la justice , une haine parfaite
de l'iniquité , une compassion sage et éclairée
pour le juste persécuté , une indignation vertueuse et raisonnable contre l'injuste persé-
cuteur.

Tant que ces traits éclatans formeront le caractère du magistrat , non seulement rien ne
sera plus respectable , mais nous devons dire
encore que rien en effet ne sera plus respecté.

Malgré le relâchement des mœurs et la corruption de notre siècle , le monde n'est ni aveugle ni injuste ; il sait connoître encore , il sait
estimer le vrai mérite. La vertu du digne magistrat pourra souvent n'être pas récompensée ,
mais elle sera toujours honorée. Plus les hommes seront intéressés , plus ils admireront un
magistrat qui les sert sans intérêt , qui se livre
tout entier aux besoins de la société , et qui ,
toujours occupé des misères d'autrui , procure
aux autres hommes un repos qu'il se refuse à
lui-même.

Que d'autres magistrats aspirent à s'élever
au-dessus de leur état ; qu'ils gémissent en secret de se voir resserrés dans les bornes étroites
d'une profession qui ne connoît presque plus
d'autre fortune que de n'en point désirer ; le
sage ministre de la justice trouve son bonheur
dans ce qui fait le tourment du magistrat ambitieux. Il se croit assez élevé pour se consoler
de ne pouvoir croître. Son état souvent est
fixé , mais c'est par-là même qu'il lui plaît. Heureusement à couvert de l'illusion des désirs ,
au-dessus des promesses infidèles de l'espérance , il goûte tranquillement dans la douce
possession de la vertu et de son indépendance ,

un bien que les autres cherchent vainement
dans le tumulte des passions et dans la servitude de la fortune.

Que ce caractère renferme de véritable grandeur ! mais que cette grandeur est peu connue !
quelques exemples illustres dont le nombre diminue tous les jours, nous en retracent encore
l'image. Puissions-nous conserver long-temps
ces restes précieux de l'ancienne dignité du
sénat ! puissent les magistrats qui ont le bonheur
de croître à l'ombre de ces exemples domestiques, résister à la contagion des exemples
contraires ! Et dans quel temps cette contagion
a-t-elle été plus généralement répandue !

Soit que le magistrat se laisse emporter au
génie de la nation, ennemi de la contrainte,
amateur de la liberté, et portant impatiemment
le joug de la règle ; soit que la mollesse qui
abat et qui énerve à présent toutes les conditions, ait versé la douceur mortelle de son
poison jusque dans le sein de la magistrature ;
soit enfin que les jeunes sénateurs, mêlés trop
souvent avec une jeunesse militaire, ou avec
les enfans de la fortune, imitent la licence des
uns, le luxe des autres, et contractent avec
tous une secrète horreur pour la sainte austérité de la vie d'un magistrat ; on diroit qu'ils
ont conspiré contre la gloire de la magistrature
avec ses plus grands ennemis.

A peine daignent-ils s'asseoir le matin auprès de ces anciens sénateurs qui ont vieilli
avec honneur dans la carrière de la justice ;
et fatigués d'avoir soutenu pendant quelques
heures le dehors pénible d'un magistrat, ils
cherchent à se venger d'une profession qui leur
paroît si ennuyeuse, par le plaisir qu'ils prennent à la décrier dans le reste de leur vie.

On en voît même qui portent le mépris de leur état jusqu'à dédaigner de paroître dans le temple de la justice. Les mois, les années entières s'écoulent, sans que ni leur honneur, ni leur devoir, ni la coutume, ni la bienséance les rappellent à leurs fonctions. Des hommes qui n'étoient pas nés pour entrer dans le sanctuaire de la justice, et qui auroient dû s'estimer trop heureux de voir rejaillir sur eux quelques rayons de la majesté du sénat, semblent mépriser un rang dont ils n'étoient pas dignes; ils négligent également tous les devoirs de leur état; et l'on ne sait presque qu'ils sont sénateurs, que par le malheureux éclat que leur profession donne à leurs fautes, et par la peine qu'il faut encore que les premiers magistrats aient à sauver, non pas l'honneur d'un magistrat de ce caractère, mais celui de la magistrature, qu'il met tous les jours en péril.

Que ne pourrions-nous point dire encore de ces autres magistrats qui, par une légèreté plus convenable à leur âge qu'à leur état, ou par une vanité mal entendue qui s'abaisse en voulant s'élever, semblent rougir de leur profession, vouloir la cacher aux autres hommes, et se la cacher, s'il étoit possible, à eux-mêmes? Ils affectent les mœurs, le langage, l'extérieur d'une autre profession. Malheureux d'avoir quelquefois le triste avantage de surpasser ceux qu'ils imitent! mais c'est par-là même qu'ils se trahissent. Plus ils veulent déguiser leur état, plus on les reconnoît malgré eux, et c'est leur déguisement même qui le montre. Soutenant (si l'on peut parler ainsi) un caractère incertain, et jouant un personnage équivoque, on les voit errer continuellement entre deux professions incompatibles; destinés seulement à essuyer les mépris de l'une et de l'autre, et condamnés également des deux côtés, ils ne sont ni ce qu'ils doivent être en effet, ni ce qu'ils veulent paroître.

Ainsi la honte devient tôt ou tard la juste punition de celui qui, en méprisant son état, apprend enfin au public à mépriser sa personne.

Mais que le magistrat ne s'y laisse pas tromper, et qu'il ne croie pas que pour être grand, il suffise d'avoir une haute idée de sa grandeur.

Il y a un égal danger à ne la pas connoître et à la connoître mal; et que serviroit au magistrat d'avoir su éviter le mépris par le soin qu'il prend de sa dignité, s'il avoit le malheur de s'attirer la haine par l'abus qu'il feroit de sa dignité même?

Cette grandeur légitime, cette gloire solide et durable à laquelle nous aspirons tous, ne consiste point à être au-dessus des lois, à ne relever que de soi-même, et à ne dépendre que de sa seule autorité. Vouloir s'affranchir des règles communes, et croire qu'il y a de la grandeur à se mettre toujours dans l'exception de la loi, c'est le goût du siècle présent; mais ce goût (qu'il nous soit permis de le dire), montre plus de bassesse de cœur que d'élévation d'esprit.

Une ame vraiment grande ne croit rien perdre de sa grandeur lorsqu'elle n'obéit qu'à la justice, et qu'elle ne voit rien au-dessus d'elle que la loi. Elle sait qu'il faut que le jugement commence par la maison du magistrat, si le magistrat veut l'exercer avec succès dans le public, et qu'il n'est véritablement au-dessus des autres hommes que lorsqu'il a su s'élever au-dessus de lui-même.

Pénétré de ces sentimens, et content d'être toujours dominé par la règle, sans être jamais tenté du désir téméraire de la dominer, il trouve dans cette seule disposition le principe de tous ses devoirs, et le fondement de toute sa grandeur.

De-là cette délicatesse de vertu qui, ajoutant à la règle même, se fait de la plus exacte bienséance une loi de pudeur et de modestie. De là cette gravité qui est comme l'expression simple et naturelle de la modération profonde du magistrat. De là cette régularité extérieure qui est en même temps la marque et la garde fidèle de sa dignité. De là enfin cet accord parfait et cette heureuse harmonie de toutes les vertus qui doivent se réunir pour former le grand caractère du véritable magistrat.

C'est alors qu'il entre pleinement dans la possession de la gloire solide de son état. Il voit croître sa dignité de tout ce qu'il a su refuser à sa personne. Moins il a voulu jouir de son pouvoir pour lui-même, plus il a acquis d'autorité pour le bien de la justice : autorité qui s'augmente avec ses années, et qui est comme le prix de ses longs travaux et la couronne de sa vieillesse ; autorité douce et majestueuse qui règne sur les cœurs encore plus que sur les esprits ; autorité visible et reconnoissante, à laquelle il suffit de se montrer pour inspirer au peuple le respect des lois, la crainte de la justice, et l'amour du magistrat.

Telle étoit l'impression que la présence des anciens sénateurs faisoit sur tous les hommes. Tel cet auguste sénat vit autrefois à sa tête ce ferme et inflexible magistrat (1) en qui le ciel

_____

(1) Mathieu Molé, premier président et garde des sceaux.

avoit mis une de ces ames choisies qu'il tire
des trésors de sa providence dans les temps
difficiles pour combattre, et, si l'on ose le
dire, pour lutter contre le malheur de leur
siècle. Plein de cette grandeur d'ame que la
vertu seule peut inspirer, et persuadé, comme
il l'a dit lui-même, qu'il y a encore loin de la
pointe du poignard d'un séditieux jusqu'au sein
d'un homme juste, on l'a vu soutenir seul, et
arrêter par la simple majesté de son regard
vénérable, les mouvemens orageux de tout un
peuple mutiné. On eût dit qu'il commandoit
aux vents et à la tempête, et que, semblable à
l'auteur de la nature, il dit à la mer irritée :
Vous viendrez jusques-là, et ici se brisera la
fureur de vos flots impétueux. Heureux d'avoir
montré aux hommes que la magnanimité est
une vertu de tous les états ; que la justice a ses
héros comme la guerre ; et qu'il n'y a rien dans
le monde de si fort et de si invincible que la
fermeté d'un homme de bien. Heureux encore
une fois d'avoir laissé un nom qui durera autant sur la terre que celui du courage et de la
fidélité. Quand même le grand magistrat que
nous regrettons (1) ne nous auroit pas rappellé
la mémoire d'un caractère si respectable ; et
quand nous ne le retrouverions pas encore dans
le successeur de son nom et de sa dignité, qui
seul pouvoit nous consoler de sa perte ; le souvenir de cette ame magnanime ne s'effacera
jamais. On la proposera toujours pour modèle
aux plus grands magistrats ; ils apprendront
par son exemple que rien n'est plus élevé

---

(1) Louis Molé, président à mortier, mort le 3 janvier 1709.

qu'un magistrat qui honore son état et qui s'en
tient honoré ; et que l'homme de bien qui ne
tend à la grandeur que par le chemin de la
vertu, ne trouve point de profession qui l'y
conduise ni plus naturellement ni plus infailliblement que celle que nous avons tous le
bonheur d'exercer.

XIII.e MERCURIALE,

Prononcée à la Saint-Martin 1709.

LA SCIENCE DU MAGISTRAT.

MÉPRISER la science et n'estimer que l'esprit, c'est le goût presque universel du siècle
présent.

L'amour de la gloire inspiroit autrefois à
l'homme le désir d'être savant ; mais on diroit
aujourd'hui qu'une vanité plus commode ait
entrepris de rendre l'ignorance honorable, et
d'attacher une espèce de gloire à ne rien savoir.
Nos pères croyoient s'élever en respectant la
doctrine ; nous croyons nous élever encore plus
en la méprisant, et il semble que nous ajou-
tions au mérite de notre raison tout ce que
nous retranchons à la gloire de la science.

La vanité a trompé l'esprit, et la mollesse a
séduit le cœur. L'homme tout entier s'est laissé
flatter par une fausse idée de supériorité et
d'indépendance. L'oisiveté s'est ennoblie, et le
travail n'a plus été regardé que comme l'occupation ignoble et presque servile de ceux qui
n'avoient point d'esprit.

14*

Cet ancien domicile de la plus solide doctrine, ce temple qui n'étoit pas moins consacré à la science qu'à la justice, ce sénat auguste où l'on comptoit autrefois autant de savans que de sénateurs, n'a pu se préserver entièrement de la contagion d'une erreur si commune ; et nous ne craindrons point qu'on nous accuse d'avancer ici un paradoxe, si nous osons dire que le magistrat n'a point eu d'ennemi plus dangereux que son esprit.

Qu'y auroit-il néanmoins de plus propre à nous désabuser de l'esprit humain que cet esprit même, si nous pouvions le voir avec d'autres yeux que ceux de notre vanité.

Cet esprit qui embrasse tout, et à qui tout échappe ; qui cherche naturellement la vérité, et qui par lui-même n'est presque jamais sûr de l'avoir trouvée, éprouve tour-à-tour les surprises des sens, le prestige de l'imagination, l'erreur des préjugés, la séduction de l'exemple : borné dans toutes ses vues, trouvant partout les limites étroites de son intelligence, et sentant malgré lui à chaque pas la trop courte mesure de sa raison.

Ainsi naissent presque tous les hommes : ainsi le reconnoissent souvent les génies même du premier ordre : tout nous parle, si nous voulons être attentifs à ce qui se passe au-dedans de nous ; tout nous avertit de la nécessité de la science. Nous la sentons dans les nuages qui obscurcissent notre esprit, dans les doutes qui le troublent, dans les erreurs même qui le trompent. Par-tout la voix intérieure de notre foiblesse nous apprend, comme malgré nous, que la science peut seule nous mettre dans la pleine possession de notre raison, et que celui qui la méprise ne jouit que de la moitié de soi-même, et n'est, si l'on peut parler ainsi, qu'un homme commencé.

Mais si la science a l'honneur d'achever dans l'homme l'ouvrage de la nature, elle jouit encore plus de cette gloire dans le magistrat.

Il est, à la vérité, des premiers principes du droit naturel que la raison du magistrat découvre sans le secours de la science; il est des lois que nous savons et que nous n'avons jamais apprises, qui sont nées, pour ainsi dire, avec nous; et qui, au milieu de la dépravation du cœur humain, rendent encore un perpétuel témoignage à la justice pour laquelle il avoit été créé.

Mais ces maximes si connues et si générales ne sont tout au plus que le premier degré de la science du magistrat. Leur simplicité pouvoit à peine suffire à l'innocence au premier âge du monde. Mais la corruption des siècles suivans a bientôt exigé de plus grands secours. La sagesse du législateur a été obligée de faire le même progrès que la malice de l'homme; afin que chaque mal trouvât son remède, chaque fraude sa précaution et chaque crime sa peine. La loi, qui avoit d'abord été établie pour réprimer la violence, n'a presque plus été occupée qu'à désarmer la subtilité. Indocile à porter le joug de la règle, l'esprit humain a voulu s'échapper par mille détours secrets, dans lesquels il a fallu que la vigilance du législateur l'ait suivi. La vérité n'a plus été une, pour ainsi dire; elle a été obligée de se multiplier par une infinité de distractions, pour se défendre contre les artifices non moins infinis de l'erreur; et dans ce combat perpétuel de l'homme contre la loi, et de la loi contre l'homme, la multitude des règles n'a pas moins été l'effet nécessaire que la preuve sensible de notre dérèglement.

Ces règles , il est vrai , ont presque toutes leur fondement dans le droit naturel ; mais qui pourroit remonter , par le seul effort d'une sublime spéculation , jusqu'à l'origine de tant de ruisseaux qui sont à présent si éloignés de leur source ? Qui pourroit descendre comme par degrés , et suivre pas à pas les divisions presque infinies de toutes les branches qui en dérivent, pour devenir en quelque manière l'inventeur, et comme le créateur de la jurisprudence ?

De semblables efforts s'élèvent au-dessus des bornes ordinaires de l'humanité. Mais heureusement d'autres hommes les ont faits pour nous. Un seul livre que la science ouvre d'abord au magistrat lui développe sans peine les premiers principes et les dernières conséquences du droit naturel.

Ouvrage de ce peuple que le ciel sembloit avoir formé pour commander aux hommes, tout y respire encore cette hauteur de sagesse, cette profondeur de bon sens, et, pour tout dire en un mot, cet esprit de législation qui a été le caractère propre et singulier des maîtres du monde. Comme si les grandes destinées de Rome n'étoient pas encore accomplies, elle règne dans toute la terre par sa raison, après avoir cessé d'y régner par son autorité. On diroit en effet que la justice n'ait dévoilé pleinement ses mystères qu'aux jurisconsultes romains. Législateurs encore plus que jurisconsultes, de simples particuliers, dans l'obscurité d'une vie privée, ont mérité, par la supériorité de leurs lumières, de donner des lois à toute la postérité. Lois aussi étendues que durables, toutes les nations les interrogent encore à présent, et chacune en reçoit des réponses d'une éternelle vérité. C'est peu pour eux d'avoir inter-

prété la loi des douze Tables et l'édit du Préteur ;
ils sont les plus sûrs interprètes de nos lois
mêmes : ils prêtent, pour ainsi dire, leur esprit à nos usages, leur raison à nos coutumes ;
et, par les principes qu'ils nous donnent, ils
nous servent de guides, lors même que nous
marchons dans une route qui leur étoit inconnue.

Malheur au magistrat qui ne craint point de
préférer sa seule raison à celle de tant de grands
hommes ; et qui, sans autre guide que la hardiesse de son génie, se flatte de découvrir d'un
simple regard, et de percer du premier coup-
d'œil, la véritable étendue du droit sous l'autorité duquel nous vivons ?

Au milieu d'un grand nombre de lois posi-
tives, formées par les mœurs des peuples ou
par la volonté souveraine du législateur, ce
droit a néanmoins ses règles et ses principes.
Attendrons-nous, pour nous en instruire,
qu'une main subtile et intéressée nous en présente des fragmens imparfaits, détachés avec
adresse et déplacés avec art ? et le magistrat
qui doit montrer la loi à tous les hommes, se
bornera-t-il à ne l'apprendre que dans les écrits
des plaideurs ? Qui sait même s'il ne saisira
pas souvent au hasard, et comme par une inspiration soudaine, le sens qui s'offrira d'abord
à son intelligence ; et si la justice ne sera pas
réduite à ne pouvoir compter que sur la justesse heureuse, quoique mal assurée, des premières pensées du magistrat ?

Il se flattera sans doute d'affermir tous les
jours sa raison par les leçons continuelles de
l'expérience, dernière ressource de ceux qui
ne veulent avoir que de l'esprit. Mais que le
public est à plaindre, lorsque le jeune magis-

trat attend le secours de l'usage au lieu de le
prévenir par la science !

Que lui sert en effet pour décider dans le moment présent cet usage qu'il n'acquerra qu'a-
près une longue suite d'années ? et dans quelle
source puisera-t-il les lumières qui lui man-
quent, si la mollesse le prive du secours de
la doctrine, et sa jeunesse du secours de l'u-
sage ! Plus sage ou plus prudent sans être véritablement juste, s'il jugeoit au moins sur la
foi des anciens sénateurs ! mais celui qui méprise les conseils de la science ne respecte
guère plus ceux de la vieillesse. Ce sera donc
avec son esprit seul que le magistrat intrépide
et content de lui-même attendra tranquillement
les utiles, mais lentes instructions de l'usage.
Il s'exposera sans frayeur à être long-temps
injuste, parce qu'il se flatte que l'expérience
lui apprendra un jour à être juste. Mais quand
même il seroit assez heureux pour l'apprendre
en effet ; accoutumé à juger par les exemples
plutôt que par les lois, sa raison toujours incertaine et chancelante, n'acquerra jamais
l'immobile fermeté de ces esprits solides qui
ont fait servir la science de fondement à l'u-
sage, et l'usage de supplément à la science.

Que le magistrat ne sépare donc point ce
qui doit être indivisible ; qu'il joigne la doctrine à la raison et l'expérience à la doctrine.
Mais qu'il ne s'y trompe pas, nous ne lui avons
encore tracé qu'une légère idée de la science
qu'il doit avoir.

Juges de la terre, que votre ministère est
grand, mais qu'il est difficile ! C'est peu pour
vous d'être les arbitres des familles, et les pa-
cificateurs de ces guerres privées que toutes
les passions y allument. Placés entre l'Eglise

et l'Etat, et, pour ainsi dire, entre le ciel et la terre, vous tenez la balance entre le sacerdoce et l'empire. Semblables à ces génies auxquels l'antiquité attribuoit la fonction de présider à la garde des bornes qui séparoient les peuples et les royaumes, vous êtes établis pour veiller à la conservation de ces limites plus immuables, que la main de Dieu même a marquées entre deux puissances qui portent toutes deux le caractère de la sienne.

L'Eglise doit trouver en vous ses protecteurs. Conservateurs de sa discipline, vengeurs de ses canons, et sur-tout défenseurs invincibles de ses libertés, c'est à votre religion que ce grand dépôt a été confié. Mais qu'il nous soit permis de le dire; si la science ne le conserve, votre religion s'armera inutilement pour le défendre.

Il n'appartient qu'à la science de retracer aux yeux du magistrat cette innocente liberté de l'Eglise primitive, dont celle qu'on nous reproche si souvent n'est qu'une foible image. Elle lui montre dans la pureté des anciennes mœurs les fondemens de ces usages qui, bien loin d'être des priviléges singuliers, ne sont que la simple et fidèle observation du droit commun. Elle lui découvre par quel secret progrès d'ignorance et de relâchement la nouveauté est, pour ainsi dire, devenue ancienne, et l'antiquité a porté quelquefois le nom odieux de nouveauté; et au milieu du monde ébloui par ce changement, elle lui présente une seule nation saintement jalouse de sa première discipline, aussi modérée que ferme dans ses maximes, également éloignée de la licence et de la servitude; jamais sa soumission n'a diminué sa liberté, et jamais sa liberté n'a donné la moindre atteinte à sa soumission.

Quelle joie pour le savant magistrat de voir
cet illustre sénat dans tous les temps attentif à
maintenir une si sage et si vertueuse liberté ;
s'opposant comme un mur d'airain, à toutes
les nouveautés ; éclairant les autres ordres du
royaume par ses lumières, les animant par son
zèle, les retenant par sa prudence, et les rassu-
rant par son autorité.

Mais cette étude si noble, si digne des veilles
de l'homme de bien, n'est encore qu'une partie
de ce droit public dont la connoissance distingue les premiers magistrats, et les relève
dignement au-dessus des hommes inférieurs de
la magistrature. L'étude du droit privé peut former le juge, mais la science du droit public
est le véritable caractère du sénateur. Heureux
celui qui, pour l'acquérir, a le courage de sortir des bornes de son siècle, de vivre avec
les morts, de percer les ténèbres de l'antiquité,
de puiser dans les sources de l'histoire, de
pénétrer dans le mystère sacré des archives du
sénat, et de se rassasier pleinement de la lecture de ces anciens monumens que l'on peut
appeler véritablement les annales de la justice
et les fastes de la vertu !

Étude aussi utile qu'honorable, elle éclaire
notre esprit et elle forme notre cœur. Elle nous
donne en même temps des maîtres et des modèles. A la vue des actions magnanimes de ces
lumières de la justice, dont nous y admirons
les grands exemples, l'amour que nous apportons en naissant pour la vertu se rallume et
s'enflamme au dedans de nous. Nous voulons
les suivre, les atteindre, les surpasser ; et si
nous ne pouvons nous élever au-dessus d'eux,
ils nous apprennent toujours à nous élever au-
dessus de nous-mêmes.

Cette année fatale au mérite, et qui n'a pas même épargné les héros, nous a fait perdre deux grands magistrats, qui tous deux animés de cette noble émulation, ont mérité de la faire naître à leur tour dans les siècles à venir.

L'un, déjà célébré plus d'une fois par de justes louanges dans ce jour solemnel, et, pour ainsi dire, consacré avant sa mort à l'immortalité (1), mais toujours digne de recevoir de nous le tribut d'un nouvel éloge, mérita par de longs et honorables travaux cette pourpre éminente qu'il pouvoit regarder comme le bien de ses pères et le patrimoine éclatant de sa famille. Régner par la parole dans le barreau, et par la raison dans le sénat, ç'a été le partage glorieux de sa vie. Heureux fils, heureux père! après avoir fait revivre en lui l'illustre chef de cette compagnie, dont il renouveloit tous les jours la mémoire par ses paroles, et encore plus par son exemple, il a eu la consolation de se voir aussi renaître dans deux enfans (2), successeurs de ses vertus autant que de ses dignités, mais dont la modestie semble avoir partagé entre eux le noble emploi d'exprimer le mérite d'un père que chacun d'eux auroit pu nous représenter tout entier.

Qui l'auroit cru, que sa perte dût être suivie si promptement de celle du magistrat (3), aussi aimable que respectable, qu'une mort prématurée vient d'enlever à la justice, au public,

(1) M. de Lamoignon, avocat général, et ensuite président du parlement, fils du premier président de Lamoignon.
(2) M. de Lamoignon, président du parlement, et M. de Lamoignon de Blancménil, à présent chancelier.
(3) M. Le Nain, avocat général.

et (puisqu'il faut que nous prononcions cette triste parole), à nous-mêmes ?

Comme si le ciel eût voulu proportionner la rapide perfection de son mérite à la trop courte durée de ses jours, il lui donna dès sa jeunesse cette maturité de jugement qui dans les autres hommes est l'ouvrage des années, et souvent le dernier fruit d'une lente vieillesse.

Peu s'en faut que nous n'oublions ici nos propres principes, et que nous ne disions que la force de sa raison auroit pu nous faire douter de la nécessité de la science, s'il ne l'avoit prouvée par son exemple. Il joignoit au mérite de l'esprit le don encore plus précieux de savoir s'en défier ; et, ce qui est beaucoup plus rare, il sut s'en défier seul, chercher dans les autres les lumières qu'ils trouvoient en lui, consulter ceux dont il auroit pu être le conseil, et les instruire, malgré lui, en les consultant.

Que manquoit-il à un mérite si pur, que d'être parfaitement connu, et de se montrer dans une place (1) qui pût forcer le secret de sa sagesse et lever le voile de sa modestie ? Il est enfin appelé à cette place éclatante ; et après avoir contribué long-temps de ses lumières à former les oracles du sénat, il est jugé digne de les prévenir.

Que ne pouvons-nous employer les traits nobles et expressifs dont vous venez de nous le peindre à nous-mêmes, pour le représenter ici avec cette gravité naturelle et ce caractère de magistrat qu'il sembloit porter écrit sur son front, faisant tomber le nuage de l'erreur aux

---

(1) C'étoit M. d'Aguesseau lui-même qui l'avoit engagé à prendre sa place d'avocat général, lorsqu'il passa à celle de procureur général.

pieds du trône et la justice, et lui présentant toujours la pure lumière de la vérité! Au-dessus des plus grandes affaires par l'étendue de son génie, et se croyant presque au-dessous des plus petites par l'exactitude de sa religion; esprit aussi lumineux que solide, les principes y naissoient comme dans leur source; et la même justesse qui les produisoit les plaçoit sans effort dans leur ordre naturel. Ses paroles, remplies et comme pénétrées de la substance des choses mêmes, sortoient moins de sa bouche que de la profondeur de son jugement; et l'on eût dit, en l'écoutant, que c'étoit la raison même qui parloit à la justice.

Avec quelle délicatesse savoit-il remuer les ressorts les plus secrets de l'esprit et du cœur, soit qu'il entreprit de former l'orateur dans le barreau, soit qu'au milieu du sénat assemblé il voulût tracer l'image du parfait magistrat! Il devoit encore aujourd'hui faire entendre cette voix dont la douce insinuation sembloit donner du poids à la justice et du crédit à la vertu. Que ne nous est-il permis de le faire parler au lieu de nous! Mais puisque nous sommes privés de cette satisfaction, que pouvons-nous faire de mieux que de vous parler de lui? Son éloquence même ne lui étoit pas nécessaire pour inspirer l'amour de la vertu. Il n'avoit pour la rendre aimable qu'à se peindre dans ses discours et à parler d'après lui-même. Né dans le sein de la justice, digne fils d'un père (1) aussi heureux de lui avoir donné la vie que malheureux de lui survivre, élevé sous les yeux d'un aïeul (2) vénérable; objet de la tendresse et

(1) M. Le Nain, doyen du parlement.
(2) M. Le Nain, maître des requêtes.

de la complaisance de cet homme vrai qui n'a
point connu les foiblesses du sang, et qui dans
ses propres enfans, n'a jamais loué que la vérité, il avoit su allier heureusement à la vertu
héréditaire de sa famille des grâces innocentes
qui, sans lui rien faire perdre de sa droiture
inflexible, répandoient sur elle ce charme secret qui lui attire l'amour encore plus que l'admiration.

Quelle facilité dans le commerce! quel agrément dans les mœurs! quelle douceur! ce n'est
pas assez dire, quel enchantement dans la société! Faut-il que nous rouvrions encore cette
plaie! et ne pouvons-nous le louer sans toucher ici la partie la plus sensible de notre douleur?... Vrai, simple, sans faste, sans affectation, aucun fard ne corrompoit en lui la vérité
de la nature. Exempt de toute ambition, il
n'en avoit pas même pour les ouvrages de son
esprit; le desir de bien faire n'a jamais été
avili dans son cœur par le desir de paroître
avoir bien fait; et pour parvenir à la gloire,
il ne lui en avoit pas même coûté de la souhaiter. On eût dit que son ame étoit le tranquille
séjour de la paix. Nul homme n'a jamais mieux
su vivre avec soi-même; nul homme n'a jamais
mieux su vivre avec les autres. Content dans
la solitude, content dans la société, par-tout il
étoit à sa place; et sachant toujours se rendre
heureux, il répandoit le même bonheur sur
tous ceux qui l'environnoient.

Le Ciel n'a pas permis que nous ayions joui
plus long-temps de ce bonheur: il a rompu les
liens de cette union si douce, si intime qui,
dans les peines et les travaux attachés à notre
ministère, étoit notre force, notre sûreté,
notre gloire, nos délices. Mais si la mort nous

enlève avant le temps un magistrat si digne de
nos regrets, nous aurons au moins la consolation de ne le pas perdre tout entier. Gravé dans
le fond de notre ame par les traits ineffaçables
de notre douleur, il y vivra encore plus utilement par ses exemples. Nous n'aurons plus le
plaisir de l'avoir pour collègue et pour coad-
juteur de nos fonctions ; mais nous l'aurons
toujours pour modèle : et si nous ne pouvons
plus vivre avec lui, nous tâcherons au moins
de vivre comme lui.

Nous jouirons cependant de l'espérance de
le retrouver dans le digne successeur (1) que
le roi vient de lui donner : nous croyons en faire
un éloge accompli lorsque nous l'appelons le
digne successeur du magistrat que nous pleu-
rons. Ce nom seul lui ouvre une longue et pénible carrière, digne des rares talens de son esprit,
digne de la droiture encore plus estimable de
son cœur. Il marchera à grands pas dans cette
carrière illustre où la voix du public, disons
même celle de la nature, semblent l'avoir appelé avant le choix du roi. Il égalera, il surpassera l'attente du sénat. Mais pour le faire pleinement, qu'il se souvienne toujours du magistrat auquel il succède, et qu'au milieu de cette
gloire que nous lui promettons avec une entière confiance, il n'oublie jamais le prix qu'il
nous a coûté.

(1) M. Chauvelin.

~~~~~~

XIVe MERCURIALE,

Prononcée à Pâques 1711.

L'ATTENTION.

Nous avons dit il n'y a pas long-temps aux
magistrats, en leur parlant de la science : Instruisez-vous, ministres de la justice ; nous sera-t-il permis d'y ajouter aujourd'hui, soyez
attentifs, vous qui êtes destinés à juger la terre !
Que vous sert cet esprit dont l'amour-propre
est si jaloux, ce bon sens qui se flatte de renfermer en soi la raison de tous les législateurs
et la sagesse de toutes les lois, si vous n'en recueillez, et si vous n'en réunissez toutes les
forces par l'attention.

Tel est cependant, si on ose le dire, le dangereux progrès de la négligence de quelques
magistrats. Une paresse présomptueuse dédaigne d'abord le secours de la doctrine, parce
qu'il en coûte trop pour l'acquérir. L'ignorance
veut néanmoins se justifier à ses yeux, et elle
se flatte de pouvoir suppléer par l'application
seule au défaut de la science. Mais bientôt le
travail de l'application même paroît encore trop
pénible. On avoit voulu substituer l'attention à
la doctrine ; mais qu'est-ce que le magistrat
pourra substituer à l'attention, si ce n'est la
hardiesse d'une décision d'autant plus intrépide, qu'elle sera plus soudaine ? Et c'est ainsi
qu'après s'être flatté de savoir tout sans science,
on parviendra enfin à croire tout entendre sans
attention.

Car qu'on ne pense pas que nous voulions parler ici de cette attention vive, mais peu durable, qui ne saisit que le dehors, et qui se contente de couler rapidement sur la surface de son objet; ni de cette pénétration éblouissante qui voit trop dans le premier moment pour bien voir dans le second, et qui ne conçoit rien parfaitement, parce qu'elle croit d'abord avoir tout conçu.

A Dieu ne plaise que nous ne prenions ainsi l'ennemie de l'attention pour l'attention même. Nous parlons de cette attention solide et infatigable qui, loin de s'arrêter à la première superficie, sait mesurer toute la hauteur, embrasser toute l'étendue, et sonder toute la profondeur de son sujet. Nous parlons de cette maturité de jugement, et, si nous osons le dire, de cette utile pesanteur qui se défie heureusement de ses découvertes, à qui sa propre facilité est suspecte, et qui sait que la vérité, rarement le prix de nos premiers efforts, ne révèle ses mystères qu'à l'efficace persévérance d'une sérieuse et opiniâtre réflexion.

Heureux le magistrat qui a reçu du ciel le rare présent d'une attention si nécessaire! plus heureux encore celui qui la soutient et qui la nourrit, si l'on peut parler ainsi, par une méditation profonde et continuelle de ses devoirs!

S'il monte au tribunal dans la majesté de l'audience, il se remet toujours devant les yeux la facilité, la promptitude, la simplicité de cette auguste justice que le sénat y exerce à la vue du public. Il rappelle dans son esprit, non sans un secret mouvement d'envie, la félicité de ces siècles fortunés où l'on ne connoissoit point encore d'autre forme des jugemens; où le plai-

deur, moins habile et plus heureux, venoit
sans artifice, et souvent sans défense, déposer
lui-même ses plaintes dans le sein de son juge;
et où le juge, toujours prêt à entendre la voix
des misérables, goûtoit le plaisir d'essuyer leurs
premières larmes, de finir leur misère dans le
temps même qu'ils en achevoient le récit, de
ne remettre aucune affaire au lendemain, et
d'épuiser chaque jour le fond d'iniquité que
chaque jour avoit produit.

Malgré le changement des mœurs et le progrès infini, dirons-nous, de la corruption du
cœur ou de la subtilité de l'esprit, le spectacle de l'audience retrace encore à nos yeux
l'image de cette ancienne et respectable simplicité. Là, le timide suppliant a encore la consolation de porter ses vœux jusqu'aux pieds du
trône de la justice; là, les plaideurs de bonne
foi peuvent avoir la joie de voir naître et mourir
leur discorde, jouir d'une prompte victoire,
ou se consoler d'une prompte défaite; et s'ils
n'en sortent pas toujours chargés des dépouilles
de leurs ennemis, en rapporter au moins le
bien, souvent plus précieux, de la paix. Là
enfin la justice toute pure et toute gratuite, telle
qu'elle descendit autrefois du ciel sur la terre,
a la gloire de n'être payée du bien qu'elle fait
que comme Dieu même, par les louanges et
par la gratitude des mortels. Tel fut encore
une fois le premier âge, l'âge d'or de la justice. Ainsi tous les gens de bien voudroient-ils
pouvoir la rendre toujours; mais combien leurs
vœux se redoublent-ils encore lorsqu'ils voient
la justice, déjà languissante depuis long-temps
sous le poids de la forme, expirer presque
sous le fardeau encore plus accablant de ce
qu'il en coûte malgré elle pour l'obtenir! Qui
ne

ne sait qu'à présent plus que jamais, différer la justice, c'est souvent la refuser ? Le bon droit succombe, et il ne plie sous le joug de l'iniquité que parce qu'il n'a pas reçu une prompte décision.

Triste, mains digne sujet de tremblement pour tous les juges! un degré d'attention de plus, un dernier effort de réflexion, auroit peut-être prévenu ce malheur : le plaideur attendoit le moment de sa délivrance ; mais cet heureux moment échappe à ses mains déjà prêtes à le saisir ; il ne le voit plus que de loin, au bout d'une longue et pénible carrière, où ses forces épuisées ne lui permettront peut-être jamais d'arriver.

Que si, malgré tous les efforts d'une attention vive et persévérante, l'étendue ou l'obscurité de la matière vous obligent, malgré vous, à exiger du plaideur une plus longue et plus onéreuse instruction, ministres de la justice, redoublez alors votre vigilance ; vous, surtout, qui devez être l'interprète des parties, le guide des autres magistrats, le flambeau qui doit éclairer la lumière même du sénat ; quelle attention, quelle exactitude, quelle fidélité n'exige pas de vous un si saint ministère avant le jugement, dans le jugement même, et après le jugement !

Malheur à celui qui ne commence d'être attentif que lorsqu'il approche du moment fatal de la décision ! pendant que le magistrat dort, la fraude et l'artifice veillent pour le surprendre. Il se réveille enfin, mais il est effrayé du changement qui se présente à ses yeux après un sommeil trop favorable à l'iniquité. A peine reconnoît-il encore quelques traits confus de la première image du différend des parties. Des

I.   15

préliminaires innocens en apparence sont presque devenus des préludes d'injustice. Il découvre en tremblant les piéges que, sans le savoir,
il a lui-même creusés sous ses pas.

Il se flatte, à la vérité, de pouvoir réparer
les surprises qu'on a faites à sa facilité, et nous
présumons en effet qu'elles seront encore ré-
parables. Mais qu'il y a de différence entre prévenir le mal et y remédier ! Le plaideur la sent
bien, cette extrême différence ? et plût au ciel
que le magistrat pût toujours l'envisager avec
les yeux du plaideur !

Non qu'il doive imiter ces magistrats impatiens, qui voient croître les procès sous leurs
yeux avec une attention inquiète, et qui se
laissant emporter à l'ardeur dévorante de leur
génie, se hâtent de cueillir et de présenter aux
plaideurs les fruits encore amers d'une justice
prématurée. Le magistrat instruit de ses devoirs, sait qu'il y a quelquefois plus d'incon-
vénient à précipiter la décision qu'à la différer.
Egalement éloigné de ces deux extrémités, il
ne voudra ni prévenir par impatience, ni laisser échapper par négligence ce point de maturité, dans lequel seul le plaideur peut recueillir avec joie ce qu'il a semé avec douleur.

Pourroit-il donc abandonner le choix de ce
moment critique à la discrétion d'un subalterne
qui met souvent à prix sa lenteur ou sa diligence,
et qui peut-être d'intelligence avec le plaideur
riche ou puissant, possède l'art dangereux d'a-
vancer ou de retarder l'expédition à son gré !
Le foible et l'indigent dont cet agent inférieur
a rebuté cent fois la pauvreté, aura-t-il la douleur de le voir disposer souverainement des
heures de la justice, et devenir, par la négligence du magistrat, le maître du magistrat
même ?

Disons-le avec autant de simplicité que de vérité : le magistrat n'est souvent trompé que parce qu'il veut bien l'être ; s'il étoit plus attentif, il n'auroit qu'à ouvrir les yeux ; un seul de ses regards dissiperoit ces mystères d'iniquité. Le jugement commenceroit par la maison du juge. Loin d'être le dernier instruit d'un abus qui le déshonore, il préviendroit les plaintes du plaideur ; et le public ne seroit pas quelquefois réduit à désirer qu'il voulût au moins l'écouter.

Enfin, après une longue attente, le temps de la patience du pauvre est accompli ; l'heure de la justice est venue ; et le moment de la décision, si craint d'un côté, si désiré de l'autre, est sur le point d'arriver. Les plaideurs inquiets attendent avec frayeur l'arrêt irrévocable qui doit fixer pour toujours leur destinée. Le magistrat qui doit le plus contribuer à former cet arrêt sera-t-il seul tranquille, et portera-t-il sa redoutable sécurité jusque dans le sanctuaire ? Cet œil, par qui la justice devoit tout voir, n'aura-t-il rien vu lui-même ! Ou croira-t-il avoir tout vu, parce qu'il aura parcouru rapidement cette ébauche imparfaite du différend des plaideurs, qu'une main ignorante, et quelquefois infidèle, en aura tracée grossièrement au magistrat ? Cependant sur la foi de cette lecture superficielle, il ne craindra peut-être pas d'exposer témérairement aux yeux du sénat la production encore brute et informe de sa première appréhension.

Que deviendroit alors la destinée des parties et la sûreté des jugemens, si tous ceux qui l'écoutent, et qui rougissent peut-être pour lui de sa négligence, ne mettoient la main à son ouvrage pour donner à cette masse indi-

geste une forme plus régulière ; et , si , pour
sauver l'honneur de la justice , ceux qu'il devoit éclairer ne l'éclairoient lui-même , et ne
devenoient les conducteurs de leur propre guide !

Celui qui aura su prévoir de loin le temps de
la décision et le prévenir par une préparation
religieuse , n'éprouvera jamais une disgrâce si
humiliante.

Prodigue de son application , il saura ménager celle des autres juges , prendre tout le travail sur lui , et ne leur laisser presque que le
plaisir de suivre sans effort la pure lumière de
la vérité , connoître la différente mesure des
esprits ; et par un juste discernement , se
mettre également à la portée de tous ceux qui
l'écoutent ; ne rien dire d'obscur pour les foibles ni d'inutile pour les plus forts ; se faire
suivre par les uns sans peine, et se faire écouter
par les autres sans ennui.

Plus sa préparation aura été longue , plus le
compte qu'il en rendra sera court. Avare sur-
tout de ce temps dont toutes les heures sont si
précieuses , parlons plus grossièrement , si chères aux parties , il gémira en secret sur la conduite de ces magistrats qui prodiguent sans pudeur le temps qu'ils devroient le plus ménager , et qui dissipent sans scrupule, ou dans l'indolence du sommeil , ou dans l'amusement
d'une conversation inutile , des momens doublement perdus pour ceux qui ont le malheur
de plaider. Comme si la différence des heures
avoit la force de changer le tempérament de
ces magistrats , et d'en faire d'autres hommes ;
ceux qui peuvent à peine supporter le nécessaire dans un temps , ne trouvent presque jamais de superflu dans l'autre. La justice est
souvent troublée par leur impatience du matin,

mais sera-t-elle plus édifiée de leur patience du soir ; et faudra-t-il qu'ils aient la confusion de la scandaliser par leur exactitude même ?

Loin du magistrat attentif cette véritable impatience et cette fausse exactitude. S'il manque quelquefois d'attention, ce ne sera jamais que sur ses propres intérêts, ou plutôt il n'en connoîtra point d'autres que les intérêts publics.

Peu content de cette attention particulière qui se renferme dans le cercle étroit de la cause des plaideurs, la supériorité de son génie lui inspirera cette attention générale qui embrasse l'ordre entier de la société civile, et qui est presque aussi étendue que les besoins de l'humanité.

Etre encore plus occupé du droit public que du droit privé ; avoir toujours les yeux ouverts sur la conduite des ministres inférieurs de la justice ; venger le client trompé de l'abus qu'on a fait de sa confiance, et punir l'avidité du défenseur infidèle, dans le temps que l'équité du magistrat fait éclater le bon droit de la partie ; répandre un esprit de règle et de discipline dans tous les membres du vaste corps de la magistrature ; arrêter l'injustice dans sa source, par quelques lignes d'un réglement salutaire, prévenir les procès avec plus d'avantage pour le public, et plus de véritable gloire pour le magistrat, que s'il les jugeoit : voilà le digne objet de la suprême magistrature : c'est là ce qui couronne le mérite de son application dans le temps qu'elle exerce ses jugemens. Mais que le magistrat ne se repose pas encore à l'ombre d'une justice consommée, et qu'il sache qu'après le jugement même il reste encore une dernière épreuve à sa vigilance.

La chicane vaincue a encore ses ressources.

A peine se voit-elle accablée sous le poids de
l'équité, qu'elle pense déjà à réparer ses pertes, et à relever les débris de son injustice. Il
n'est rien que sa subtilité ne tente pour dérober au vainqueur tout le fruit de sa victoire ; et
qui sait si elle n'osera pas porter ses vues sa-
criléges jusque sur l'oracle même, pour y glis-
ser, s'il étoit possible, des termes obscurs,
des expressions équivoques dont elle puisse se
servir un jour pour en combattre la foi ou pour
l'éluder ?

Efforts impuissans, artifices inutiles contre
un magistrat attentif! Il pèse toutes les paroles de son jugement avec autant de religion
qu'il a pesé son jugement même ; et par cette
dernière attention il imprime, pour ainsi dire,
le sceau de l'éternité sur tous les ouvrages de
sa justice.

Que lui restera-t-il à souhaiter en cet état,
si ce n'est d'y persévérer, et pour ne rien perdre de sa gloire, d'être toujours semblable à
lui-même ? Si son ardeur n'est fondée que sur
l'activité naturelle de son esprit ou sur les désirs ambitieux de son cœur, elle ne sera pas
durable. Il pourra précéder les autres au commencement de la carrière, mais il restera après
eux, parce qu'il ralentira sa course. Les objets
qui avoient d'abord excité toute son attention
changeront de nature à ses yeux, et lui paroî-
tront peu dignes de l'occuper. Fatigué d'autant
plus qu'il deviendra moins laborieux, et d'autant plus dégoûté de ses fonctions qu'il sera
moins attentif à les bien remplir, il se persuadera peut-être que l'expérience peut lui tenir
lieu de la réflexion, et se flattera d'avoir acquis
par les services qu'il a déjà rendus à la justice,
le droit de la servir à l'avenir avec négligence.

Semblable à une lumière qui décline et s'abaisse après avoir brillé dans son élévation, il aura le malheur de voir sa réputation décroître, s'éteindre, et finir avant lui, et de se survivre à lui-même. Mais le magistrat vertueux, animé par un amour constant de ses devoirs, qui pénètre son ame toute entière, qui soutient ses efforts et renouvelle sans cesse son application, marche d'un pas égal dans les voies de la justice. Il acquiert des forces en avançant continuellement par un mouvement toujours réglé ; il les réunit toutes par une attention qui n'est point partagée ; il les conserve par une vie frugale et uniforme. Une heureuse habitude lui rend le travail moins pénible sans le rendre moins exact. Il fait toujours des progrès sans se lasser, parce qu'il ne s'arrête point dans sa route, et qu'il suit toujours la même ligne. Tous ses pas tendent au même but ; il n'en connoît point d'autre que le service du public ; et il en reçoit, sans l'exiger, le juste tribut de son amour et de sa confiance. Exempt d'agitation au dedans, révéré au dehors, honoré dans le sénat, son exemple sera à jamais pour tous les magistrats ou une censure ou un modèle. Il instruira même toutes les professions, et leur apprendra qu'une attention fidèle et persévérante dans les fonctions de son état, est la source pure et le fondement solide de la véritable grandeur.

XV.e MERCURIALE,

Prononcée à la Saint - Martin 1711.

LA FERMETÉ.

C'EST en vain que le magistrat se flatte de connoître la vérité et d'aimer la justice, s'il n'a la fermeté de défendre la vérité qu'il connoît, et de combattre pour la justice qu'il aime.

Sans la fermeté, il n'est point de vertu solide; sans elle nous ne savons pas même si nous avons de la vertu; l'homme de bien ne sauroit se fier à son propre cœur, si la fermeté éprouvée ne lui fait connoître la mesure de ses forces. Jusque-là le public, plus défiant encore, suspend son admiration, et il ne la laisse éclater que lorsqu'une vertu supérieure à tous les événemens lui fait voir dans l'homme quelque chose de plus qu'humain.

Ce n'est donc pas seulement dans la guerre que la fermeté fait les héros; elle ne les fait pas moins dans l'ordre de la justice. Et qu'on ne croie pas que nous voulions en réduire l'usage à ces temps de trouble et de division, où la fermeté du fidèle magistrat est comme un rocher immobile au milieu d'une mer irritée. Nous savons quel est alors l'éclat de cette vertu. Nous admirons les magistrats qui en ont donné des exemples mémorables, et nous portons une sainte envie à la gloire de cet homme magnanime que nos pères ont vu conjurer les tempêtes des discordes civiles par la seule majesté de sa présence vénérable. En vain un coup fatal vient d'enlever avant le temps le principal appui de sa postérité (1) ; la mémoire de son nom , qui semble être devenu celui de la fermeté même , survivra aux dignités de sa maison ; et quelque grands exemples que ceux qui seront destinés à les remplir trouvent dans leur famille , la justice leur remettra toujours devant les yeux ce nom respectable qui a été la force des gens de bien . la gloire de cette compagnie , la sûreté de l'Etat , le soutien de la monarchie.

Avouons-le néanmoins , sans craindre d'offenser les manes d'un si grand homme : l'émotion passagère d'un peuple furieux n'a rien de si redoutable pour la fermeté du magistrat que le soulèvement continuel de toutes les passions conjurées contre lui. Environné d'ennemis au dehors , et portant les plus dangereux dans son sein, toute sa vie n'est qu'une longue guerre , où combattant toujours contre les efforts de tous les hommes , il n'a souvent pour lui que sa seule vertu.

On ne la tentera pas , à la vérité , par l'appât grossier d'un vil et honteux intérêt : une tentation si basse , réduite à se cacher dans des tribunaux inférieurs , éloignés de la lumière du sénat , respectera l'élévation du magistrat supérieur; et à Dieu ne plaise que nous fassions rougir ici sa fermeté en lui proposant une victoire si peu digne d'elle.

Mais rejettera-t-il avec une égale indignation ce poison mieux préparé que l'ambition lui pré-

(1) Jean-Baptiste-Mathieu Molé , président à mortier , mort le 5 juin 1711 , âgé de 36 ans.

15 *

sente? et aura-t-il la force de ne jamais boire
dans cette coupe enchantée qui enivre tous les
héros de la terre? Parlons sans figure, ne sera-t-il point du nombre de ces magistrats qui
aiment la justice, mais qui aiment encore plus
leur fortune? Tant que ces deux mouvemens
qui partagent leur cœur n'ont rien de contraire,
ils suivent sans effort le penchant naturel qui
les porte à la vertu: mais bientôt le hasard fait
naître une de ces causes destinées à éprouver
la fermeté du magistrat. Un vent de faveur s'é-
lève, et repand un air contagieux jusque dans
le sanctuaire de la justice. Non que la timide
vertu du magistrat passe en un moment jusqu'à
l'odieuse extrémité de sacrifier sans horreur
son devoir à la fortune: mais tel est, si l'on
n'y prend garde, le progrès insensible des
mouvemens du cœur humain; un désir secret
de trouver le bon droit où l'on voit le crédit
s'élève dans l'ame du magistrat. Il ne se défie
point d'un sentiment où il ne voit encore rien
de criminel, et dont il se flatte qu'il sera toujours le maître. Cependant il se familiarise avec
ce désir, il se prête avec plaisir à tout ce qui
le favorise, il écoute avec une espèce de répu-
gnance tout ce qui paroît le combattre; s'il
ne décide pas encore suivant l'inspiration secrète de son cœur, il veut douter au moins,
et souvent il a le malheur d'y réussir. Mais dans
ce doute recherché, l'esprit défend mal celui
que son cœur a déjà trahi. La balance de la
justice échappe enfin des mains du foible magistrat; il veut être ferme, ou du moins il croit
vouloir l'être, mais il ne l'est jamais; et toujours
ingénieux à trouver des raisons pour justifier
sa foiblesse, il ne trouve point d'occasions où
il se croie obligé de faire usage de sa force.

Malheur au magistrat qui cherche ainsi à se tromper, et qui ne trompe en effet que lui-même ! Telle est l'honorable rigueur de sa condition, qu'elle n'admet aucun mélange de foiblesse. Celui qui ne se sent pas assez de courage pour dompter les efforts de la fortune et briser les remparts de l'iniquité, est indigne du nom de juge ; et le magistrat qui n'est pas un héros n'est pas même un homme de bien.

Mais qu'il est rare de conserver cette rigueur de vertu au milieu des douceurs d'une vie molle et délicieuse ! Semblable à ces héros que la Fable nous représente emportés par les vents sur ces rivages dangereux, où le plaisir répandant tous ses charmes, leur valeur endormie demeuroit comme captive dans les chaînes de la volupté ; le magistrat entraîné par ses passions dans le séjour des plaisirs, y voit languir chaque jour et s'éteindre insensiblement toute la vigueur de son ame. Amollie par le plaisir, comme plongée dans les délices, elle y perd bientôt cette force, et, si l'on peut parler ainsi, cette trempe de fermeté qu'une vie plus sévère auroit rendue inflexible ; elle y contracte aisément une coupable pudeur de n'oser résister à ceux qui font toute la douceur de sa vie. Celui qui se livre toujours au péril ne peut pas être toujours sur ses gardes. En vain il ose se promettre la durée d'une vertu qui n'a pas même assez de courage pour éviter le danger. Il laisse échapper enfin le secret de son cœur ; le mystère de sa force est révélé, on sait par quel endroit le héros est vulnérable, on surprend un moment de foiblesse, et une fois vaincu, ce sera une espèce de prodige s'il ne l'est pas toujours.

Vous qui voulez ne l'être jamais, et conser-

ver votre fermeté toute entière, et qui fuyez
sans déshonneur des ennemis qu'on ne combat que par la fuite, vous ne serez pas même
encore sans péril : il est un autre genre d'ennemis que vous ne fuirez point, et que vous ne
devez point fuir, qui vous suivront dans votre
retraite, et que vous trouverez souvent dans
vos amis même.

Ministres de la justice, que votre état est
élevé, mais qu'il est dangereux ! Vous n'avez
pas seulement vos passions à redouter; craignez celles de vos amis : craignez jusqu'à leur
vertu. Accoutumé à vous y livrer sans précaution comme sans réserve, le péril que l'amitié
vous prépare, l'amitié même vous le cache;
ou si elle ne vous empêche pas de l'apercevoir,
quels combats n'aurez-vous pas à soutenir!
Que vous serez à plaindre si, pour concilier
les droits de l'amitié avec ceux de la justice,
vous cherchez à vous persuader qu'il est des
questions douteuses, des problêmes d'opinion
que le ministre de la justice peut abandonner
sans crime à l'empire de l'amitié ! Vaine subtilité, flatteuse illusion que le magistrat ébranlé
saisit avidement pour trouver, s'il étoit possible,
le moyen d'être bon ami sans devenir mauvais
juge ! Le sacrifice de l'amitié immolée à la justice auroit bientôt décidé la question et résolu
le problême : mais que ce sacrifice coûte à une
ame commune ! et cependant il est encore des
victimes plus chères que la justice exige de la
fermeté du magistrat.

C'est peu de cesser d'être ami, il faudra souvent qu'il cesse d'être père; et que, comme
si les liens même de la nature étoient rompus
pour lui, il ait le courage de dire à sa famille :
Je ne vous connois point; je ne suis point à
vous; je suis à la justice.

Mais pourra-t-il résister à l'impression continuelle d'une inclination d'autant plus séduisante, que le cœur d'un père la prend souvent pour une vertu? L'intérêt de ses enfans consacre à ses yeux l'avarice et l'ambition. Effrayé de la vue d'une nombreuse famille et trop foible pour soutenir constamment l'attente d'un avenir qui ne lui présente que la triste image de la décadence de sa maison, il croit pouvoir devenir intéressé par devoir et ambitieux par piété. Combien ces surprises du sang ont-elles affoibli de fermes, d'intrépides magistrats! On eût dit que la nature, en leur donnant des enfans, avoit donné pour eux des gages à la fortune. On les a vus éprouver pour leur famille une foiblesse qu'ils n'avoient jamais sentie pour eux-mêmes; devenir timides et tremblans lorsque, touchant déjà au terme de leur carrière, ils sembloient pouvoir défier impunément la fortune; et pliant enfin cette roideur inflexible qui avoit fait la gloire de leurs premières années, laisser à la fin de leurs jours une réputation aussi équivoque que leur vertu.

A la vue de tant de dangers qui environnent le magistrat, le plaideur redouble ses efforts, et conçoit des espérances injurieuses à la justice. Peu content d'attaquer l'homme de bien par une seule passion, il sait les réunir toutes pour le vaincre; persuadé qu'il n'y a aucune place qui ne se rende quand elle est bien assiégée, il n'est point de sentiers obliques ni de routes souterraines qu'il ne tâche de surprendre pour pénétrer, s'il le pouvoit, jusque dans l'ame de son juge. Ainsi le pensent sur-tout ces esprits élevés dans l'école de l'ambition, à qui l'intrigue tient lieu de mérite, la fortune de loi, et la politique de religion. Ils jugent des autres par eux-mêmes. Ceux qui n'ont point de véritable vertu croient qu'il n'en reste plus sur la terre. On diroit à les entendre, et encore plus à les voir agir, que ce qu'on appelle justice ne soit que le bien du plus fort. Ils intéressent le magistrat par ses défauts, ils l'éblouissent par ses vertus, ils voudroient, s'il étoit possible, le séduire par sa religion même. Efforts inutiles et téméraires : nous le présumons ainsi de la fidélité des ministres de la justice. Mais qu'ils seroient heureux s'ils savoient prévenir ces efforts importuns par la réputation entière et toujours égale de leur fermeté ! Attaqué plusieurs fois inutilement, le ferme magistrat parvient enfin à ne l'être plus ; sa probité toujours victorieuse ôte toute espérance à la fraude et à l'artifice ; le public la connoît ; le plaideur qui l'a éprouvée l'annonce à celui qui voudroit en faire une nouvelle expérience ; à peine en cet état l'homme de bien a-t-il encore besoin de fermeté. Le seul bruit de son nom, la terreur innocente que répand sa vertu combattent pour lui. Il suffit qu'il paroisse, les passions effrayées s'enfuient à son aspect, et la chicane désespérée se condamne quelquefois elle-même, plutôt que de soutenir la vue de sa sévère gravité.

Vainqueur de tous ses ennemis, que lui restera-t-il à craindre, si ce n'est la gloire même de sa fermeté ? Cette vertu qui coûte si cher au magistrat a aussi de grands dédommagemens. Exciter l'admiration des hommes sans attirer leur envie ; acquérir la confiance du public à mesure que l'on perd la faveur des grands de la terre ; être regardé comme l'Aristide de son siècle ; porter en tous lieux le nom de juste, et le recevoir de la bouche de ses ennemis même ; quelle fortune peut égaler le plaisir d'une réputation si flatteuse et si honorable ?

Mais qu'il est à craindre que la vanité de l'esprit humain ne prenne la récompense de la vertu pour la vertu même !

Que le désir d'un faux honneur ou la crainte d'une fausse infamie font quelquefois des héros imaginaires qui s'applaudissent de leur fermeté, pendant que la justice gémit de leur foiblesse !

La fierté naturelle de leur esprit se joint souvent en eux à ce désir immense de la gloire. Libres et indépendans par goût plutôt que par vertu, ils se révoltent généralement contre tout ce qui porte une apparence d'autorité. La dureté de leur tempérament, qui leur en impose sous le nom de fermeté, se fait un plaisir secret d'humilier tout ce qui s'élève, et de faire sentir aux grands que celui qui les juge est encore plus grand qu'eux.

La vertu même (qui le croiroit ?) ne sert souvent qu'à les endurcir dans une fausse et aveugle fermeté.

Parce que la fortune et la justice se trouvent rarement unies, leur esprit prévenu croit qu'elles ne le sont jamais. La faveur, l'amitié, la tendresse du sang sont autant de couleurs odieuses sous lesquelles ils méconnoissent la justice. Qu'on ne craigne point auprès d'eux l'effet des sollicitations les plus intéressantes, ou plutôt qu'on en craigne le contre-coup souvent inévitable. Le plaideur le plus habile est celui qui sait le mieux se ménager l'inestimable avantage de leur inimitié. La crainte d'un défaut les précipite dans un autre ; et ils deviennent injustes par l'horreur même de l'iniquité.

Loin du sage magistrat ces vaines apparences de fermeté qui n'ont pour principe que
l'amour de la gloire, la singularité du tempérament, ou l'erreur de la prévention. La véritable valeur, sûre d'elle-même et contente de
son seul témoignage, s'expose sans émotion
au péril de passer pour timide et d'être confondue avec la lâcheté. Humain et sensible par
inclination, l'homme de bien n'est rigide et
inflexible que par devoir. A ses yeux s'effacent
et disparoissent les qualités extérieures de puissant et de foible, de riche et de pauvre, d'heureux et de malheureux, qui déguisent les hommes beaucoup plus qu'elles ne nous les font
connoître. Il ne voit en eux que ce que la justice et la vérité lui montrent, et sur-tout il ne
s'y voit jamais lui-même. La simplicité de son
cœur triomphe presque sans combat; et loin
d'être obligé de faire un effort pour se défendre
de l'injustice, il n'a jamais conçu qu'il fût possible à un magistrat de cesser d'être juste.
Faire son devoir et abandonner à la Providence
le soin de ses intérêts et celui de sa gloire
même, c'est le véritable caractère de sa grandeur, et l'immuable appui de sa fermeté.

S'il ne reçoit pas des hommes la justice qu'il
leur rend, si la patrie ne paye ses services que
d'ingratitude, il saura jouir en paix de la fortune irritée. Content de se voir dans un état où
n'ayant plus d'espérance, il n'aura plus de désir, il fera envier son bonheur aux auteurs
mêmes de sa disgrâce; et il les forcera d'avouer
qu'il n'est point d'autorité sur la terre qui ait
le pouvoir de rendre un homme de bien malheureux.

Ou si la fortune peut se lasser d'être ennemie
du mérite, disons mieux, si le prince, ami de

la vertu, veut l'élever par degrés jusqu'au comble de la faveur, sa fermeté long-temps exercée dans les voies laborieuses de la justice, soutiendra alors la modération naturelle de son ame. Il changera d'état sans changer de mœurs. Loin de se laisser éblouir par l'éclat d'un pouvoir qui remet entre ses mains les clefs de la fortune publique et particulière, il n'en connoîtra que le danger, il n'en sentira que le poids, il n'en souhaitera que la fin ; et grand par l'élévation de son ministère, il sera encore plus grand par la fermeté avec laquelle il saura en descendre.

Notre cœur trahit ici notre esprit, et en traçant l'image de la fermeté du magistrat, au milieu des plus grandes prospérités, nous faisons presque le portrait de cet homme vénérable dont nous avons respecté l'élévation, admiré la retraite, et pleuré la mort (1).

Nous l'avons vu rompre avec une sainte rigueur le reste des liens qui l'attachoient encore à la fortune ; et sacrifier dans la solitude, non pas une ambition usée par le dégoût, et presque guérie par la disgrâce, mais une prospérité toujours égale, un état où le présent n'avoit rien que d'honorable pour lui, et où l'avenir lui offroit encore de plus hautes espérances. Nous l'avons vu commencer généreusement ce sacrifice, le soutenir, le consommer encore plus glorieusement. Il ne sentit point ce vide que ceux dont tous les jours ont été des jours pleins par la grandeur de leurs occu-

(1) M. Le Pelletier, ministre d'état, qui avoit été contrôleur général et président à mortier, mort le 10 août 1711.

pations, éprouvent souvent malgré eux dans la
solitude. Il sut se trouver seul avec lui-même,
et n'en être point étonné. Ennemi de l'oisiveté
au milieu de son loisir, sévère exacteur d'un
travail volontaire qu'il regardoit comme le sel
de sa solitude, il a donné à l'homme public le
modèle parfait d'une retraite vertueuse, honorable, précieuse aux gens de bien, et plus digne de leur envie que l'exemple de sa fortune.
Heureux en survivant, pour ainsi dire, à lui-
même, d'avoir joui pendant sa vie de cette espèce de vénération que la vertu des autres
hommes ne reçoit ordinairement qu'après leur
mort ! Plus heureux encore de laisser après lui
sa justice, sa modération, sa sagesse, sa religion, dans cette place éminente, où peut-être
avant lui aucun père n'avoit eu la joie de voir
lui-même élever son fils (1). Puisse-t-il lui laisser aussi cette plénitude de force qu'il a conservée jusqu'au dernier terme d'une longue vieillesse ! C'est le seul souhait que cet heureux père
ait pu faire en mourant pour la prospérité de
sa famille, le seul que nous ayons à faire après
lui pour le bien de la justice ; et nous espérons
que le Ciel, comblant ses désirs et les nôtres,
nous donnera la satisfaction de voir un fils si
digne de lui égaler le nombre de ses années, et
surpasser, s'il est possible, celui de ses vertus.

Faut-il que le malheur de la France nous
oblige de proposer au magistrat des exemples
moins proportionnés à son état ! Mais où pouvons-nous mieux prendre que sur l'autel de la
justice l'encens que nous devons brûler sur le
tombeau d'un prince (2) qui, réunissant en lui

(1) M. Le Pelletier, alors premier président.
(2) Monseigneur le Dauphin, mort le..... 1711.

deux qualités souvent incompatibles, a su se faire toujours admirer par sa fermeté, et aimer par sa bonté.

Ferme dans les hasards de la guerre, oubliant seul le péril de sa tête sacrée, au-dessus des foiblesses de l'humanité pour lui-même, et ne les ressentant que pour ceux qu'il commandoit ; aussi respectable et plus aimable encore par ses vertus privées que par ses vertus publiques, la bonté prenoit en lui tous les caractères du devoir et repandoit tous les charmes de la société : fils respectueux et fidèle, père tendre et généreux, maître indulgent et facile, ami sensible et solide, nom rare, nom précieux dans un prince ; on eût dit qu'il déposoit tous les rayons de sa gloire pour se laisser voir de plus près à ceux qu'il honoroit de la qualité de ses amis. Mais plus il accordoit de familiarité, plus il acquéroit de respect. Délices des grands, objet de la tendresse du peuple, les étrangers ont partagé avec nous la douleur de sa perte, et regretté de nos ennemis même, il a montré aux hommes que rien n'est plus auguste et en même temps plus aimable sur la terre, que la suprême grandeur jointe à la suprême bonté.

Heureux néanmoins dans notre malheur, nous retrouvons encore cette union si précieuse dans la personne d'un prince (1) qui est à présent la première espérance de ce grand royaume ! Dieu, qui lui destine la couronne de saint Louis, lui en a déjà donné la piété. De là ce mépris des plaisirs si inoui dans un prince de son âge ; cette modération si rare,

_____

(1) M. le duc de Bourgogne.

même dans les fortunes particulières; cet oubli
si généreux de lui-même, qui ne le rend sensible qu'aux biens et aux maux publics; cette
libéralité si digne d'un héros chrétien, qui, au
milieu de l'abondance, lui fait éprouver une
espèce de nécessité pour soulager celle de tant
de malheureux. Ainsi le Ciel accorde à la religion du roi la consolation de voir croître à
l'ombre du trône un prince qui doit un jour y
faire revivre ses vertus. Puisse ce jour être re-
culé au-delà des bornes ordinaires de la nature!
Telle est la destinée de ce prince, qu'il ne
sauroit ni régner trop tard, ni régner trop
long-temps. Puisse-t-il cependant goûter le
plaisir de voir le roi son aïeul fermer les portes
de la guerre, ouvertes depuis tant d'années;
rappeler la paix du ciel sur la terre et y faire
régner en même temps la justice; jusqu'à ce
que, rassasié de gloire autant que d'années, il
laisse son royaume encore plus heureux que
puissant entre les mains d'un digne successeur
qui aura le bonheur d'assurer à nos neveux la
durée de ces biens, et de perpétuer à jamais
la félicité publique!

XVI.e MERCURIALE,

Prononcée à Pâques 1714.

L'EMPLOI DU TEMPS.

LA nature n'a rien donné à l'homme de plus précieux que le temps. Mais ce bien si précieux, et le seul qui soit véritablement à nous, est celui qui nous échappe le plus promptement. La main qui nous le donne nous le ravit au même instant, comme si elle vouloit nous avertir, par cette rapidité même, de nous presser d'en jouir.

Qui ne croiroit en effet que, docile à cette voix de la nature, l'homme se hâteroit de saisir des heures qui volent, et de s'approprier des momens qui passent sans retour ? Mais telle est au contraire l'erreur de l'esprit humain ; c'est parce que le temps se succède si rapidement que l'homme se flatte de n'en manquer jamais. Dissipateur du présent, sur la foi de l'avenir, il s'afflige même quelquefois de ne pas le perdre assez promptement ; et pendant qu'il punit ceux qui lui ravissent son bien, il récompense les coupables plus heureux qui lui dérobent son temps.

Que ceux qui passent leurs jours dans l'obscurité d'une condition privée se consolent ou se félicitent même de cette perte, nous en sommes moins surpris : ils ne vivent que pour eux, ils ne perdent que leur bien. Mais l'homme public, dont la société réclame tous les mo-

mens, lui dérobera-t-il un bien dont il n'est
que le dispensateur? et si elle lui demande par
notre bouche le compte qu'il lui doit de l'usage
de son temps, ne pourra-t-il lui offrir que des
jours vides ou mal remplis, qui presque également perdus, semblent ne différer entr'eux
que dans la manière de les perdre?

Une longue carrière s'ouvre d'abord aux
yeux de la jeunesse. Le terme en est si éloigné qu'il disparoît presqu'à sa vue. Peu d'occupations nécessaires, un excès de loisir cache aux magistrats de cet âge la valeur et le
prix du temps. Semblables à ceux qui se trouvent d'abord dans une trop grande fortune, l'a-
bondance les rend prodigues, et l'opinion qu'ils
ont de leurs richesses est la première cause de
leur ruine. En vain l'ambitieuse et souvent
aveugle impatience d'un père les a mis de bonne
heure en possession d'une dignité qui prévient en eux le mérite encore plus que les années. La rigueur de la loi s'est laissé fléchir
en leur faveur par le prétexte spécieux de les
obliger à employer un temps que leur oisiveté
alloit dissiper. Mais son indulgence n'aura servi
qu'à les mettre en état de le perdre avec plus
de liberté. Assis dès leur première jeunesse au
rang des anciens sénateurs, ils semblent reprocher à la justice tous les momens qu'elle ravit à leurs plaisirs. Ils ignorent la science d'employer leur temps; ils ne savent pas même le
donner avec choix, ils ne savent que le perdre.
Le jour ne suffit pas au cercle de leurs passions;
c'est par-là seulement qu'ils sentent la rapidité du temps et la courte mesure de notre vie.
La nuit prend la place du jour, et ces heures
autrefois consacrées aux veilles savantes du
magistrat, sont souvent prodiguées à l'excès

d'un jeu insensé, où il croit n'avoir rien perdu quand il n'a fait que la perte irréparable de son temps.

Il est, à la vérité, des magistrats plus ingénieux à se tromper sur l'usage qu'ils en font. Loin du tourbillon des passions violentes et des plaisirs tumultueux, leurs jours coulent sans remords dans une vie douce et tranquille. Le goût plutôt que le devoir préside au choix de leurs occupations, et préfère toujours celles qui peuvent amuser leur vivacité sans effrayer leur mollesse. Si on entre dans un plus grand détail, que découvrira-t-on ? Des lectures plus agréables qu'utiles ; une curiosité louable en elle-même, si elle avoit un objet plus digne de leur état ; une recherche du superflu qui leur inspire le dégoût du nécessaire ; une vie qui paroît remplie, et qui n'est en effet qu'un loisir délicieux et une élégante oisiveté, où le magistrat croit être ménager de son temps, parce qu'il sait le dépenser avec art, et le perdre avec esprit.

De là cette inclination que la mollesse de nos mœurs a rendue si commune ; cette passion qui, pour être plus douce, n'en est que plus durable ; cette délicatesse de goût pour la beauté d'un art qui ne mesure le temps que par la durée des sons et par la justesse de l'harmonie.

Il est des talens équivoques plus à craindre qu'à desirer pour le magistrat ; et ce qui peut faire la gloire de l'homme privé fait souvent le déshonneur de l'homme public. *Dieu vous préserve, Seigneur*, disoit un célèbre musicien au roi de Macédoine, *Dieu vous préserve de savoir mieux mon art que moi-même*. Mais seroit-il écouté s'il vouloit aujourd'hui donner la même leçon à ces magistrats qui, trop occupés de cet art séducteur, et comme liés par une espèce d'enchantement, semblent n'avoir des yeux que pour un vain spectacle, et des oreilles que pour une dangereuse harmonie !

Ainsi périssent cependant les plus beaux jours de la jeunesse, ces jours critiques du mérite et de la vertu, que la nature même semble avoir destinés à l'étude et à l'instruction. En vain le magistrat voudra peut-être rappeler dans le suite ces momens perdus, et réparer l'erreur de ces premières années. Il faudroit être instruit, il est trop tard de commencer à s'instruire, le temps manque justement à celui qui n'a pas su d'abord en faire un bon usage; et par un enchainement fatal, la perte du premier âge est presque toujours suivie, pour le magistrat, de celle du reste de sa vie.

Bientôt un âge plus mûr sera pour lui une nouvelle source de distractions peut-être encore plus dangereuses. L'ambition succédant aux passions de la jeunesse, usurpera au moins le temps du magistrat, si elle ne peut lui ravir encore la possession de son cœur. Que de jours, que d'années perdues dans l'attente d'un moment trompeur qui le fuit à mesure qu'il croit s'en approcher ! Transporté loin de lui par des desirs qui empoisonnent toute la douceur du présent, il ne vivra que dans l'avenir, ou plutôt il voudra toujours vivre, et il ne vivra jamais; trouvant des heures pour cultiver des amis puissans, et n'en trouvant point pour cultiver son ame; souvent avec la fortune, et presque jamais avec lui-même.

Mais pourquoi ferions-nous ici le triste dénombrement des foiblesses humaines, pour y trouver

trouver toutes les causes des distractions du magistrat?

Il est jusqu'à des vertus qui semblent se réunir avec ses passions pour conspirer contre son temps. La tendresse du sang, la douceur de l'amitié, une facilité de mœurs qui le rend toujours accessible, une fidélité à des engagemens que la société produit, que l'âge multiplie, et dont la bienséance fait une espèce de nécessité, lui déroberont, s'il n'y prend garde, une grande portion de sa vie; et s'il n'est pas du caractère de ceux qui passent une partie de leurs jours à mal faire, ou qui en perdent encore plus à ne rien faire, il aura peut-être le malheur d'augmenter le grand nombre de ceux dont la vie se consume vainement à faire toute autre chose que leur devoir.

Les distractions, il est vrai, diminuent à un certain âge; les plaisirs se retirent, les passions se taisent et semblent respecter la vieillesse. Un calme profond succède à l'agitation des premières années, et la tempête nous jette enfin dans le port. L'homme commence alors à connoître le prix d'un temps qui n'est plus, et d'une vie toute prête à lui échapper. Mais à la vue d'une fin qui s'avance à grands pas, on diroit souvent qu'il pense plus à durer qu'à vivre, et à compter ses momens qu'à les peser; ou si le magistrat les pèse encore à cet âge, sera-ce toujours dans la balance de la justice? Ces heures stériles qu'il a la gloire de donner gratuitement à la république ne lui paroîtront-elles point perdues? et une passion plus vive que les autres, qui croît avec les années, qui survit à tous les désirs du cœur humain, et qui prend de nouvelles forces dans la vieillesse, ne lui fera-t-elle pas regarder comme le seul

temps bien employé celui qu'une coutume plus
ancienne qu'honorable fait acheter si chèrement au plaideur ? N'abandonnera-t-il pas les
prémices de ce temps doublement précieux ou
à une vaine curiosité de nouvelles inutiles, ou
à l'indolence du sommeil ? et ne regardera-t-il
pas avec indifférence tant de momens perdus,
et cependant comptés au plaideur ? C'est alors
que, patient sans nécessité et indulgent sans
mérite, il applaudira peut-être en secret à l'u-
tile longueur de ceux qui abuseront de son
temps, et qui exciteroient son impatience dans
les heures dont le devoir seul pèse la valeur au
poids du sanctuaire. Est-il donc un autre poids
pour apprécier les heures de la justice ? Et par
quel charme secret changent-elles de nature
selon que le magistrat en est le débiteur, ou
qu'il croit en devenir le créancier ?

Ce n'est pas ainsi que le juste estimateur du
temps de la justice sait en mesurer la durée.
Redevable au public de toutes les heures de sa
vie, il n'en est aucune où il ne s'acquitte d'une
dette si honorable à celui qui la paye, et si
utile à celui qui l'exige. Ce temps que nous
laissons si souvent dérober par surprise, arracher par importunité, échapper par négligence,
il a su de bonne heure le recueillir, le ménager, l'amasser ; et mettant, pour ainsi dire,
toute sa vie en valeur, ses jours croissent à
mesure qu'il les remplit ; il augmente en quelque manière le temps de sa durée, et faisant
une fraude innocente à la nature, il trouve
l'unique moyen de vivre beaucoup plus que le
reste des hommes.

Il regarde sur-tout avec une espèce de religion le temps qui est consacré aux devoirs de
son ministère ; et pour en mieux connoître le

prix, il l'apprend de la bouche du plaideur, mais du plaideur foible et opprimé. Attentif à en prévenir les premiers soupirs, il se dit continuellement à lui-même : Ce jour, cette heure que le magistrat croit quelquefois pouvoir perdre innocemment, est peut-être pour le pauvre et le misérable le jour fatal, et comme la dernière heure de la justice. Nous croyons avoir toujours assez de temps pour la rendre, mais il n'en aura plus pour la recevoir ; le temps seul aura décidé de son sort, et le remède trop lent ne trouvera plus le malade en état d'en profiter.

Que le magistrat se hâte donc pour la promptitude de l'expédition ; mais qu'il sache se hâter lentement pour la plénitude de sa propre instruction.

Loin du sage dispensateur de son temps l'aveugle précipitation de ces jeunes sénateurs qui se pressent de placer entre le plaisir qu'ils quittent et le plaisir qu'ils attendent, une préparation toujours trop longue pour eux, et souvent trop courte pour la justice.

Loin de lui l'avidité non moins dangereuse de quelques magistrats d'un âge plus avancé, dont l'ardeur se reproche tous les momens qu'elle donne à l'ouvrage présent, comme si elle les déroboit à celui qui doit le suivre ; et qui sont plus touchés du plaisir d'avoir beaucoup fait que du mérite d'avoir bien fait.

Il joindra l'exactitude à la diligence. Attentif à réunir toute l'activité de son ame pour ne donner à chaque objet que la mesure du temps qu'il exige de ses talens, il ne saura pas moins se défier de la vivacité de ses lumières. Il sentira que l'esprit le plus pénétrant a besoin du secours du temps pour s'assurer par ses se-

condes pensées de la justesse des premières,
et pour laisser à son jugement le loisir d'acquérir cette maturité que le temps seul donne
aux productions de notre esprit comme à celles
de la nature.

Ne craignons point que la justice lui reproche une lenteur si utile ; elle y gagnera,
même du côté du temps.

Vous le savez, et vous sentez encore mieux
que nous la vérité de nos paroles, vous qui
entrez tous les jours dans l'intérieur du sanctuaire. Combien de fois, au milieu de l'obscurité et de la confusion d'un rapport, qui n'est
long que parce qu'on n'a pas voulu se donner
le loisir de le rendre plus court, vous est-il ar-
rivé de regretter le temps que vous aviez été
forcés d'employer à faire sortir la lumière du
sein des ténèbres, et à débrouiller, pour ainsi
dire, le chaos !

Mais quel est au contraire votre soulagement, quand vous avez le plaisir d'entendre un
de ces magistrats en qui l'exactitude du jugement dispute avec la beauté du génie, l'application avec la vivacité, et le travail avec les
talens ! L'on diroit que l'inutile n'ait été que
pour eux. Après l'avoir dévoré seuls dans une
profonde méditation, ils ne vous présentent
que l'utile dégagé, et comme épuré du superflu ; et compensant ainsi la durée de leur préparation par la brièveté de leurs discours, ils
sont d'autant plus ménagers du temps du sénat, qu'ils ont su être sagement prodigues de
leur propre temps.

Mais ne nous y trompons pas, le magistrat
ne remplira jamais dignement le temps de sa
vie publique, s'il ne sait s'y préparer par le
bon usage qu'il fera des heures de sa vie privée.

On ne l'entendra donc point se plaindre vainement de l'excès de son loisir dans un temps où les voies de la justice, devenue malgré elle trop onéreuse aux plaideurs, sont presque désertes. Il sera plutôt tenté de rendre grâces à la fortune irritée qui lui donne le temps de s'instruire de ses devoirs ; et loin de se jeter dans la dissipation comme la jeunesse, ou de tomber dans l'ennui comme la vieillesse, il saura mettre à profit jusqu'aux malheurs de son siècle. L'étude nécessaire des lois et des mœurs de son pays, l'utile curiosité des lois et des mœurs étrangères, l'immensité de l'histoire, la profondeur de la religion, rempliront heureusement le vide de ses fonctions publiques ; et si la nature, fatiguée par une trop longue application, exige de lui que, par quelques délassemens, il détende les ressorts de son esprit, il saura instruire encore le genre humain par ses délassemens mêmes.

Tantôt une utile société avec des amis savans et vertueux, redoublera dans son cœur le goût de la science et l'amour de la vertu.

Tantôt un commerce non moins délicieux avec les Muses qu'il aura cultivées dès sa plus tendre jeunesse, charmera les peines de son état par une agréable et salutaire diversion.

Loin du tumulte de la ville, les plaisirs modérés d'une campagne agréable répareront de temps en temps les forces de son corps, et redonneront une nouvelle vigueur à celles de son ame. Les occupations de la vie rustique seront pour lui une leçon vivante et animée de l'usage du temps et de l'amour du travail. Il ne dédaignera pas même de s'y abaisser ; et portant par-tout avec lui le désir d'être utile aux autres, il ne sera pas insensible au plaisir de

travailler pour un autre siècle, et de donner
un jour de l'ombre à ses neveux. Mais sur-tout
il goûtera, non sans un secret mouvement d'envie, la profonde douceur de cette vie innocente, où, malgré le luxe et la magnificence
de notre siècle, se conservent encore la frugalité et la modestie des premiers âges du
monde. Si la loi de son devoir le force à quitter cet heureux séjour, il en rapportera l'esprit; et perfectionnant sa vertu par ses distractions mêmes, il mêlera heureusement à l'élévation et à la dignité du magistrat, la candeur et
la simplicité des anciens patriarches.

Ce n'est point ici une de ces fictions ingénieuses où l'esprit humain se plaît quelquefois
à chercher le merveilleux plutôt que le vraisemblable : ainsi ont vécu nos pères ; ainsi les
anciens magistrats savoient user de leur temps.
En étoient-ils moins heureux que nous, moins
honorés du public, moins bien avec eux-
mêmes ? Jugeons-nous au moins en ce jour,
nous qui sommes destinés à juger les autres
hommes dans le reste de l'année ; et compa-
rant la profusion que nous faisons de notre
temps avec la sainte avarice de nos pères, apprenons par leur exemple qu'il n'y a que la
vertu qui puisse donner à l'homme la longueur,
la plénitude des jours, parce qu'il n'y a que la
vertu qui lui enseigne à en faire un bon usage.

XVII.ᵉ MERCURIALE,

Composée pour la Saint-Martin 1714 (1).

LA PRÉVENTION.

NE nous accusera-t-on point d'abuser de notre ministère, si c'est aux gens de bien mêmes que s'adresse aujourd'hui notre censure? Mais dans un sénat si fécond en vertus, la censure peut-elle jamais être plus heureusement employée que lorsqu'elle ose montrer aux hommes vertueux les défauts de leur vertu même? C'est donc uniquement à vous, fidèles ministres de la justice, que nous parlons en ce jour. Vous aimez la vérité, et vous haïssez le mensonge; mais la prévention ne vous les fait-elle jamais confondre? Justes par la droiture des intentions, êtes-vous toujours exempts de l'injustice des préjugés? et n'est-ce pas cette espèce d'injustice que nous pouvons appeler l'erreur de la vertu, et, si nous osons le dire, le crime des gens de bien?

Par quelle illusion fatale un esprit né pour la vérité, et qui la cherche de bonne foi rencontre-t-il le mensonge! Le vrai seul peut lui plaire, et c'est souvent le faux qui lui plaît. Mais tel est le prestige de la prévention que, comme si elle charmoit nos yeux, nous em-

(1) Cette mercuriale n'a pas été prononcée, à cause de la maladie de M. le premier président.

brassons le mal sous l'apparence du bien, et nous saisissons l'erreur par l'amour même de la vérité. Mille fausses images répandues sur les objets extérieurs les obscurcissent ou les défigurent. Mille mouvemens secrets qui nous échappent à nous-mêmes nous surprennent ou nous trahissent ; et soit impression étrangère ou séduction domestique, nous voyons souvent ce qui n'est pas, et nous découvrons rarement ce qui est.

Si nous regardions sans prévention cette multitude de supplians qui viennent de toutes parts invoquer l'autorité du magistrat, nous n'y verrions que cette égalité parfaite que la nature avoit mise entr'eux, et qu'ils ont encore aux yeux de la justice. Mais le premier artifice de la prévention est de nous les faire envisager sous ce dehors emprunté qu'ils reçoivent des mains de la fortune. Maîtresse, pour ainsi dire, de la scène du monde, elle y distribue les personnages ; et telle est souvent la foiblesse des spectateurs, que la figure leur en impose, et que le masque fait sur eux plus d'impression que la personne.

Ferons-nous donc l'injure à l'homme de bien de le confondre dans la foule de ceux qui se laissent entraîner à cette prévention populaire! Croirons-nous qu'il puisse se trouver des ames vertueuses, mais foibles, des hommes justes, mais timides et naturellement disposés à la servitude, qui se troublent à la vue du fantôme de la grandeur, et qui plient, sans le vouloir et sans le croire, sous le poids du crédit!

Ames généreuses qui nous écoutez, ce doute même vous offense, et votre probité irritée le rejette avec indignation. Mais savez-vous vous défier de la noblesse même de vos sentimens, et ne devons-nous point craindre pour vous votre propre magnanimité? N'attache-t-elle jamais une idée de justice à la misère du pauvre, et une idée d'injustice à la fortune du riche? préjugé spécieux, prévention presque générale, que la conduite ordinaire des grands semble justifier. La gloire même du juge est intéressée à la suivre. Le public lui décerne le triomphe de la probité s'il se déclare pour le foible, et celui qui prend le parti du puissant est regardé comme un esclave attaché au char de la fortune. Ainsi les honneurs de la vertu l'emportent sur la vertu même, et l'homme de bien cesse d'être juste parce qu'il veut devenir le héros de la justice.

Avouons-le néanmoins; l'artifice de la prévention seroit trop grossier si elle ne nous tentoit que par l'illusion de ces qualités extérieures. Elle sait faire agir des ressorts plus intimes, et nous émouvoir par des qualités plus intéressantes. Ce que nous avons de plus cher semble se prêter à ses surprises. Le sang conspire avec elle contre le sang, et l'ami n'est pas en sûreté avec son ami. Les liaisons les plus vertueuses forment souvent les plus dangereuses préventions. Séduits par les charmes innocens d'une amitié bien placée, nous nous accoutumons insensiblement à voir par les yeux de nos amis, à penser par leur esprit, et à sentir pour ainsi dire, par leur cœur. Une aversion naturelle ou une haine juste, si la haine peut l'être jamais, nous fait prendre une habitude contraire. Nous décidons par goût et par sentiment plutôt que par lumière et par conviction. Il nous échappe de ces jugemens que l'on peut appeler les arrêts du cœur; ou si l'esprit y a encore quelque part, c'est parce que notre es-

16*

prit devient aisément le complice de notre cœur.

Respecterons-nous davantage cette prévention opposée, qui jette quelquefois le magistrat
dans l'injustice pour éviter l'écueil de la haine
ou de l'amitié ? Un excès de probité la fait
naître, mais l'homme juste ignore l'excès jusque dans la vertu même. Ne vous flattez donc
point de sa faveur, vous qu'il honore de sa
confiance ; mais ne craignez pas non plus votre
propre félicité. La justice n'acquittera point les
dettes de l'amitié ; mais aussi la crainte de
passer pour bon ami ne le portera pas à cesser
d'être bon juge ; et vous que sa vertu a peut-
être rendus ses ennemis, vous ne serez réduits,
ni à redouter sa haine, ni à la désirer. Le juge
ne vengera point les injures de l'homme ; mais
le désir de paroître magnanime aux yeux mêmes
de ses ennemis ne l'empêchera pas d'être juste,
et jamais la crainte de passer pour prévenu ne
deviendra pour lui un nouveau genre de prévention.

N'y auroit-il donc point de qualités personnelles pour qui la justice même puisse avoir
des yeux ? La vertu reconnue du plaideur sera-
t-elle pour lui un préjugé inutile ? et l'injustice
de la personne ne sera-t-elle pas au contraire
une espèce de présage de celle de la cause ?
Mais ce présage n'est pas infaillible, et notre
prévention veut presque toujours en tirer un
augure certain. C'est une voie abrégée de résoudre les doutes les plus difficiles. Il en coûteroit trop pour approfondir la cause ; il est plus
court de s'arrêter à la personne : et c'est ainsi
qu'à la décharge de l'application du juge, la
réputation des parties tranche le nœud que la
justice de leur cause devoit délier.

Etre exempt de toute acception de personnes,

c'est une vertu plus rare qu'on ne pense ; mais ce n'est pas encore assez pour le magistrat. Les causes même portent avec elles leur prévention. Nous en sommes frappés selon que le premier coup-d'œil leur est contraire ou favorable, et souvent nous en jugeons, comme des personnes, par la seule physionomie.

Qui croiroit que cette première impression pût décider quelquefois de la vie et de la mort ? et pouvons-nous assez deplorer ici les tristes et funestes effets de la prévention ? Un amas fatal de circonstances qu'on diroit que la fortune a rassemblées pour faire périr un malheureux, une foule de témoins muets, et par-là plus redoutables, semblent déposer contre l'innocence. Le juge se prévient, son indignation s'allume, et son zèle même le séduit. Moins juge qu'accusateur, il ne voit plus que ce qui sert à condamner, et il sacrifie aux raisonnemens de l'homme celui qu'il auroit sauvé s'il n'avoit admis que les preuves de la loi. Un événement imprévu fait quelquefois éclater dans la suite l'innocence accablée sous le poids des conjectures, et dément ces indices trompeurs dont la fausse lumière avoit ébloui l'esprit du magistrat. La vérité sort du nuage de la vraisemblance, mais elle en sort trop tard : le sang de l'innocent demande vengeance contre la prévention de son juge ; et le magistrat est réduit à pleurer toute sa vie un malheur que son repentir ne peut plus réparer.

Étrange condition de la vérité parmi les hommes ! Condamnée à combattre toujours contre l'apparence, il est rare qu'elle soit pleinement victorieuse ; et quand elle a effacé les premières impressions des personnes et des causes, elle dépend encore de la manière dont elle est présentée à notre esprit. Ce n'est plus cette verité invisible, spirituelle qui, dans le premier ordre de la nature, devoit faire les délices de notre raison. Il faut que, pour se proportionner à notre foiblesse, elle devienne une vérité sensible et presque corporelle, qui parle à nos yeux, qui intéresse nos sens, et qui pour nous persuader, apprenne, si on l'ose dire, la langue de notre imagination.

De là cette prévention favorable pour ceux dont les talens extérieurs semblent porter avec eux un caractère de vérité. L'expression nous trompe, le tour nous surprend, le ton même nous en impose. Il est des sons séducteurs et une voix enchanteresse ; il est des hommes si favorisés des grâces de la nature que, comme on l'a dit d'un ancien orateur (1), ils semblent avoir la déesse de la persuasion sur leurs lèvres. Daigne le ciel inspirer ceux qui sont nés avec ces talens ! ils sont presque sûrs de nous persuader tout ce qu'ils pensent.

Mais la vérité même semble partager les disgrâces de l'extérieur du magistrat ; son mérite obscurci et comme éclipsé, ne se fait jour qu'avec peine au travers du nuage qui le couvre. Peu d'esprits ont assez de patience pour attendre une lumière qui se manifeste si lentement. La prévention le condamne avant que de l'avoir entendu, et préfère le magistrat qui parle mieux qu'il ne pense, à celui qui pense mieux qu'il ne parle.

Ainsi la vérité s'altère presque toujours dans les canaux qui la font passer jusqu'à nous. Elle

_____

(1) Périclès.

en prend, pour ainsi dire, la teinture, et elle se charge de toutes leurs couleurs.

Est-elle plus heureuse quand nous nous la découvrons à nous-mêmes ? et les préventions qui naissent dans notre ame lui sont-elles moins fatales que les impressions qui viennent du dehors ?

Sommes-nous toujours en garde contre celles que la nature a comme cachées dans le fond de notre tempérament, qui sont nées, pour ainsi dire, avec nous, et qui ont coulé dans nos veines avec notre sang ? Faut-il que le plaideur attentif à étudier le caractère de ses juges, puisse quelquefois y lire par avance la destinée des jugemens, et qu'il y lise au moins avec vraisemblance, si ce n'est pas toujours avec vérité ? Une dureté naturelle arme le cœur de ce magistrat, il se déclarera sans effort, et peut-être sans mérite, pour la rigueur de la loi. Un esprit plus humain et plus facile se retracera lui-même dans ses avis, et il fera céder sans peine la justice à l'équité. Celui qui est sévère dans ses mœurs sera sans miséricorde pour des foiblesses qu'il n'a jamais éprouvées ; mais le magistrat qui les a senties plus d'une fois aura aussi plus d'indulgence pour les foibles. Il excusera, et peut-être il aimera en eux ses propres défauts ; et pourroit-il se résoudre à punir dans les autres ce qu'il se pardonne tous les jours à lui-même ?

A la vue de ces différens caractères de ceux qui tiennent son sort entre leurs mains, le plaideur inquiet conçoit des craintes et des espérances ; mais comment pourroit-il observer le cours irrégulier de ces préventions soudaines qui naissent en nous de la situation même où chaque moment nous trouve ?

Du fond de notre tempérament il s'élève
quelquefois, dirons-nous un nuage, ou, pour
parler plus clairement, une humeur tantôt douce
et légère, tantôt farouche et pesante? qui
change en un moment toute la face de notre
ame. Les divers événemens de la vie y répandent encore une nouvelle variété. Un mouvement de joie nous dispose à accorder tout ; un
mouvement de tristesse nous porte à tout refuser. Il est des jours clairs et sereins dont la
lumière favorable embellit tous les objets à notre
vue. Il en est de sombres et d'orageux, où une
horreur générale semble succéder à cette douce
sérénité. Parlons sans figure ; il est, si nous
n'y prenons garde, des jours de grâce et de
miséricorde où notre cœur n'aime qu'à pardonner ; il est des jours de colère et d'indignation où il semble ne se plaire qu'à punir;
et l'inégale révolution des mouvemens de notre
humeur est si impénétrable, que le magistrat
étonné de la diversité de ses jugemens, se
cherche quelquefois, et ne se trouve pas lui-
même.

L'éducation, qui devroit effacer les préventions du tempérament et nous préserver de
celles de l'humeur, y en ajoute quelquefois de
nouvelles.

Ceux qu'on a laissés croître presque sans
culture à l'ombre de la fortune de leurs pères,
sont ordinairement prévenus en faveur des lumières naturelles, et dédaignent le secours
des lumières acquises. Ne pouvant s'élever jusqu'au rang des savans, ils veulent les faire descendre jusqu'à leur degré ; et pour mettre tous
les hommes au niveau de leur ignorance, ils
réduisent la justice à ne prononcer que sur des
faits, et renvoient toutes les questions de droit
à l'oisiveté de l'école.

Des esprits mieux cultivés se flattent d'être plus heureux dans la recherche de la vérité; mais la science a ses préventions, et quelquefois plus que l'ignorance même. Moins occupé de ce qui est que de ce qui a été, le magistrat savant s'accoutume à décider par mémoire plutôt que par jugement; et plus attentif au droit qu'il croit savoir qu'au fait qu'il devroit apprendre, il travaille bien moins à trouver la décision naturelle qu'à justifier une application étrangère.

Nos préventions ne seroient pas néanmoins sans remède si nous pouvions toujours les apercevoir; mais leur trahison la plus ordinaire est de se cacher elles-mêmes. Il n'en est presque point qui n'ait au moins une face favorable, et c'est toujours la seule qu'elle nous présente. Notre amour-propre s'applaudit d'avoir entrevu la vérité, et il se contente de l'entrevoir. Il sait même nous intéresser au succès de nos préjugés; et pour les rendre sans remède, il les met sous la protection de notre vanité. Ce n'est plus la cause du plaideur, c'est celle de notre esprit qui nous occupe; le magistrat oublie qu'il est juge, il plaide pour lui-même, et il devient le défenseur, et, pour ainsi dire, l'avocat de sa prévention.

C'est alors que sa raison n'a point de plus grand ennemi que son esprit. D'autant plus dangereux qu'il a plus de lumières, il s'éblouit le premier, et bientôt il éblouit aussi les autres. Son mérite, sa réputation, son autorité ne servent souvent qu'à donner du poids à ses préventions. Elles deviennent, pour ainsi dire, contagieuses; et la justice est réduite à redouter des talens qui auroient dû faire sa force et son appui.

Le dirons-nous enfin ? c'est peu d'abuser de l'esprit du magistrat. Habile à changer toutes nos vertus en défauts, le dernier effort de la prévention est de faire combattre la probité même contre la justice.

Ennemi déclaré du vice, l'homme de bien le cherche quelquefois où il n'est pas. Aveuglé par une prévention vertueuse, il croit que sa conscience est engagée à attaquer tous les sentimens des magistrats, dont la probité lui est devenue suspecte, et l'on diroit qu'il se forme entr'eux et lui une espèce de guerre de religion. Il les a surpris quelquefois dans l'injustice, et c'en est assez pour les croire toujours livrés à l'iniquité. Il semble qu'ils portent malheur au bon droit quand ils le soutiennent, et que la vérité devienne mensonge dans leur bouche ; prévention dont les yeux les plus droits ont été souvent éblouis. Aristide même cesse d'être juste lorsque Thémistocle se déclare pour la justice ; et l'ami de la vérité passe dans le parti de l'erreur, parce que le partisan ordinaire de l'erreur a passé par hasard ou par intérêt dans celui de la vérité.

Heureux donc le magistrat, qui, sagement effrayé des dangers de la prévention, trouve dans sa frayeur même sa plus grande sûreté, et rend son ennemi moins redoutable, parce qu'il le craint !

Il n'attend pas que l'illusion des objets extérieurs ait pénétré jusque dans la partie la plus intime de son ame, et pour en prévenir la surprise, il les arrête pour ainsi dire sur la première surface. C'est là qu'il les dépouille de toutes ces apparences trompeuses que la fortune, que nos passions, que nos sens y attachent ; que leur ôtant ce fard ajouté qui les déguise, il les oblige à se montrer à lui dans la première simplicité de la nature.

Plus timide et plus défiant encore à l'égard des ennemis domestiques, il sonde tous les sentimens de son cœur, et il pèse toutes les pensées de son esprit. Dans le calme des passions et dans le silence de l'imagination même, il parvient à cette tranquillité parfaite où, loin des nuages de la prévention, une raison épurée découvre enfin la pure vérité ; il se défie même de cette ardeur impatiente de la connoître qui devient quelquefois la prévention de ceux qui n'en ont point d'autre. Il sait que le vrai, qui se dérobe presque toujours à l'impétuosité de nos jugemens, ne se refuse jamais à l'utile pesanteur d'une raison modeste qui s'avance lentement, et qui passe successivement par tous les degrés de lumière dont le progrès insensible nous conduit enfin jusqu'à l'évidence de la vérité.

Docile à toutes ses impressions, il n'aura pas moins de plaisir à les recevoir qu'à les donner. La main la plus vile lui deviendra précieuse lorsqu'elle lui montrera la vérité, et content du bonheur de l'avoir connue, il renoncera sans peine à l'honneur de l'avoir connue le premier.

C'est ce goût et cette docilité pour le vrai qui a fait le caractère de ce vertueux magistrat (1), que sa droiture naturelle, sa candeur, sa noble simplicité dans la seconde place de cette compagnie, feront toujours regretter aux gens de bien. Les souhaits qu'il avoit faits en mourant, et qu'il avoit confiés à des mains aussi géné-

----

(1) M. le président de Bailleul.

reuses que fidèles, ont été exaucés. L'héritier
de son nom est devenu, par la bonté du roi,
le successeur de sa dignité. Heureux s'il peut
y faire revivre un jour les vertus de ses pères,
et y mériter comme eux la confiance, nous
pouvons dire même la tendresse d'une compagnie qui ne chérit que la vertu !

XVIII.e MERCURIALE,

Prononcée à Pâques 1715.

DE LA DISCIPLINE.

Nous ne craindrons point de faire dégénérer
la censure en un éloge trop flatteur, si nous
appliquons à ce sénat auguste ce qu'un historien vraiment digne de la majesté romaine a
dit autrefois de sa république (1), qu'il n'y en
a jamais eu qui ait conservé plus long-temps
sa grandeur et son innocence ; où la pudeur,
la frugalité, la modestie, compagnes d'une généreuse et respectable pauvreté, aient été plus
long-temps en honneur ; et où la contagion du
luxe, de l'avarice et des autres passions qui accompagnent les richesses, ait pénétré plus
tard, et se soit répandue plus lentement.

_____

(1) *Nulla unquam respublica, nec major, nec sanc-
tior, nec bonis exemplis ditior fuit, nec in quam tam
serò avaritia luxuriaque immigraverint, nec ubi tantus
ac tamdiu paupertati ac parcimoniæ honor fuerit.* (Tit.
Liv. histor. lib. 1.)

La sévérité de la discipline avoit élevé cette grandeur vertueuse qui s'est soutenue pendant tant de siècles. L'affoiblissement de la discipline a commencé à l'ébranler. Les mœurs se sont relachées insensiblement ; et par les mêmes degrés la dignité s'est avilie , jusqu'à ce que la décadence entière de la discipline ait fait voir enfin ces temps malheureux où les hommes ne peuvent plus souffrir ni les maux ni les remèdes.

Ainsi parloit des Romains un des plus grands admirateurs de leur république. Ainsi osons-nous parler au sénat par le zèle même que nous avons pour sa gloire. Heureux si nos paroles pouvoient faire sentir toute l'ardeur de ce zèle dans un discours où nous souhaitons de parler au cœur beaucoup plus qu'à l'esprit ! En vain nous regrettons souvent l'ancienne dignité du sénat ; en vain nous aspirons à la rétablir , si le renouvellement de la discipline ne devient le présage favorable , ou pour mieux dire , la cause infaillible d'une si heureuse révolution.

Cette dignité , qui est le plus précieux ornement de l'homme de bien ; cet éclat simple et naturel qu'il répand presque malgré lui au dehors , et que tout ce qui l'environne réfléchit , pour ainsi dire , sur lui ; cet hommage de respect et d'admiration que le cœur de l'injuste même se sent forcé de rendre à l'homme juste , est , à la vérité , un présent de la vertu ; mais la magistrature ne le reçoit pleinement que par les mains de la discipline.

Jalouse de la véritable dignité du sénat, elle lui assure l'intégrité de sa réputation , non moins délicate que celle de sa conscience. La voix de la médisance est forcée de se taire , parce que la discipline , plus attentive encore

et plus pénétrante que la médisance même, ne
lui laisse plus de défauts à relever. Ces ombres
qui obscurcissent toujours la lumière du corps,
quand même elles serviroient de contraste aux
vertus des particuliers, disparoissent aux premiers regards de la discipline. Tout le corps
devient lumineux, et l'éclat de la vertu même
se renouvelle. La dignité de chaque magistrat
s'accroît de celle de toute la compagnie, et la
dignité de la compagnie s'enrichit à son tour
de celle de chaque magistrat.

Une étroite union formée par les liens de la
discipline, s'augmente dans le sénat en même
temps que sa dignité. Si quelquefois une inquiétude naturelle à l'esprit humain, une délicatesse
dont les ames les plus justes ne sont pas toujours exemptes, un désir légitime, mais peut-
être trop jaloux, de conserver les bornes que
la sagesse de nos pères a posées entre les fonctions des différens ordres du sénat, y laissent
entrevoir une première apparence de division,
la discipline en devient bientôt la médiatrice ;
et si elle ne peut pas toujours prévenir la
guerre, elle est toujours au moins l'arbitre de
la paix. Un nuage léger, et presque aussitôt
dissipé que formé, ne sert qu'à faire éclater
encore plus l'union du sénat : union précieuse,
concorde désirable, douce aux particuliers,
honorable à la compagnie, utile et nécessaire
à la justice même.

C'est alors que, par le concert et l'harmonie
de toutes les voix du sénat, une heureuse conformité de maximes, et, si l'on peut parler
ainsi, une parfaite consonance assure en même
temps et le repos des familles, et l'honneur de
ceux qui doivent s'en regarder comme les pères
autant que les juges. On ne voit plus se former

comme des sectes différentes de doctrine entre des tribunaux qui n'en doivent faire qu'un seul par l'unité du même esprit. On n'entend plus dire, à la honte de la magistrature, que ce qui est juste dans l'un est injuste dans l'autre; que ce court intervalle qui les sépare devient la séparation et comme les limites de l'erreur et de la vérité; et que le sort qui décide du lieu où les plaideurs seront jugés, décide en même temps de leur jugement.

Etrange condition de la justice sur la terre! divine dans sa source, elle devient en quelque manière humaine parmi les hommes; et elle porte malgré elle l'impression de leur inconstance et la marque de leur instabilité.

Il n'appartient qu'à la discipline de la ramener à la noblesse de son principe et de l'affranchir des foiblesses de l'humanité. Par elle, la justice même des hommes devient une justice uniforme, immuable, éternelle. Les oracles que le sénat prononce aux plaideurs sont des lois irrévocables pour le sénat même; et s'assujettissant aux règles qu'il impose, il commande une fois, et il obéit toujours.

Ne croyons pas enfin que les fruits d'une discipline si féconde en vertus se renferment dans les bornes du sénat, ni même dans le cercle plus étendu de ceux qui invoquent son autorité. La discipline en forme le modèle de toutes les compagnies, l'exemple de tous les ordres du royaume; et qui sait si ce grand exemple ne deviendroit pas encore la plus douce et la plus utile réforme des mœurs publiques?

Mais cet exemple même, dût-il être inutile, qu'il seroit digne au moins de la grandeur du sénat de résister seul au torrent qui entraîne le reste des conditions, et d'être regardé comme

un peuple choisi, comme une nation distinguée, qui conserve ses lois, ses mœurs, son
caractère, au milieu de la corruption des autres peuples; et qui, dans ce déluge de vices
dont elle est environnée, devient comme le
vaisseau sacré qui porte les restes de l'innocence, la ressource de la vertu, et les dernières espérances du genre humain!

La sagesse de nos pères et l'autorité de la
loi avoient voulu assurer éternellement la durée d'une discipline si glorieuse. Ces assemblées autrefois salutaires (1), où le juste venoit rendre compte de sa justice même, et où
l'attention à relever les fautes légères faisoit
que les plus grandes étoient inconnues, devoient être, dans l'intention de la loi, les fidèles dépositaires, et comme les gardes immortels de la discipline du sénat.

Mais ces assemblées si sagement établies,
que sont-elles devenues, et à quoi les réduisons-nous aujourd'hui? A peine en conservons-
nous encore le nom et l'apparence. Les fonctions les plus sérieuses de la magistrature ont
dégénéré en une vaine cérémonie. La gloire
de l'orateur nous fait presque oublier le devoir
du censeur, et la censure elle-même semble
n'être plus que l'ornement et comme la déco-
ration de la pompe du sénat. Si nous osons encore y faire des portraits du vice, nous les
traçons d'une main si timide et avec des couleurs si foibles, que l'auditeur trop ménagé ne
s'y reconnoît plus. La délicatesse d'un pinceau
flatteur en fait perdre la ressemblance; l'injuste,
plus ébloui qu'effrayé, applaudit le premier au

_____

(1) Les Mercuriales.

tableau de l'injustice ; et nous ne rougissons point de nous applaudir nous-mêmes lorsque nos travaux sont payés par quelques louanges stériles, au lieu d'être dignement récompensés par une réforme salutaire.

Oserons-nous néanmoins, après avoir tourné notre censure contre nous-mêmes, excuser et justifier presque la tiédeur de notre zèle par son inutilité ? Que servent les discours, que servent même les lois, si les mœurs n'y répondent, et si la discipline n'achève au dedans du sénat l'ouvrage que notre foible voix aura commencé au dehors ? Non, nous savons nous rendre justice, et ne pas apprécier notre ministère au-dessus de sa juste valeur ; le sénat ne sera jamais réformé que par le sénat même. Mais un si grand ouvrage demande une attention suivie et une vigilance continuelle : la prévoyance de la loi l'avoit senti, lorsque, non contente de pourvoir au maintien de la discipline par la voie éclatante de ces nombreuses assemblées où le sénat paroît dans toute sa grandeur, elle avoit institué des conseils moins nombreux et plus fréquens, des assemblées moins solennelles, mais souvent aussi efficaces, où l'élite du sénat devoit veiller sur le sénat entier, et être, pour ainsi dire, l'ame de ce grand corps.

Savoir tout ce qui se passe dans le secret de la compagnie, et ne pas tout révéler ; maintenir le joug de la discipline sans l'appesantir, l'adoucir même par son uniformité, et le rendre léger en le faisant porter à tous également ; recourir rarement à la peine, se contenter plus souvent du repentir, et ne perdre ni l'autorité par trop d'indulgence, ni l'affection par un excès de sévérité : telle devroit être la noble fonction des arbitres et des vengeurs de la discipline ; et c'est ainsi que le sénat régneroit sans envie sur ceux mêmes qui ne peuvent soutenir ni une entière contrainte ni une entière liberté.

Le déréglement ou l'indécence des mœurs trouveroit dans ces sages conseils un frein de pudeur et de bienséance. La honte seule d'y être cité comme au tribunal de la vertu, imprimeroit une frayeur qui deviendroit le commencement de la sagesse. Ceux mêmes qui n'auroient pas encore assez de courage pour rompre entièrement avec l'iniquité, chercheroient à en éviter l'éclat. Malheureux, à la vérité, de commettre encore leur innocence, ils ne commettroient plus au moins la réputation du sénat ; ou si le vice ne gardant plus de mesures avec la vertu, méprisoit les avis secrets et abusoit d'une trop longue indulgence, pourroit-il soutenir le grand jour de l'assemblée entière du sénat où il se verroit enfin obligé de paroître, et où la confusion d'un seul deviendroit la gloire et le salut de tous ?

A la vue d'une discipline si sainte, et en même temps si redoutable, l'ambition de ceux qui oublient assez ce qu'ils sont ou ce qu'ils ont été, pour vouloir faire une espèce de violence au sanctuaire, et entrer dans le ministère de la justice malgré la justice même, demeureroit heureusement confondue. Saisis d'une frayeur religieuse à l'aspect de ce tribunal, ils condamneroient eux-mêmes la témérité d'un vol trop élevé ; et renonçant à un bonheur qui bientôt leur seroit à charge par sa stérile rigidité, ils chercheroient ailleurs une fortune plus utile et plus convenable à leur caractère.

Ainsi se rétabliroit insensiblement l'ancienne splendeur

splendeur du sénat. Toutes les vertus y rece-
vroient un nouvel accroissement avec l'amour
de la discipline. Des avances de respect et de
docilité de la part des jeunes sénateurs, atti-
reroient du côté des anciens un retour de tendresse et d'instruction sur ceux qu'ils regarde-
roient comme destinés à consoler un jour la
république de leur perte. Les inférieurs se dis-
tingueroient par leur subordination et leur déférence ; les supérieurs par leur prudence et
par leur modération ; et tous, comme par une
conspiration vertueuse, concourroient unani-
mement à réprimer le mal, à perfectionner le
bien, et à n'augmenter l'autorité du sénat qu'en
augmentant sa vertu.

Projets plus flatteurs que solides, dessein
trop élevé pour pouvoir jamais être accompli :
ce sera sans doute la réflexion de ceux qui,
donnant le nom de prudence à la paresse, regardent les idées de réforme tout au plus comme
une fiction agréable, et, si l'on peut parler
ainsi, comme le songe de la vertu.

Un sénat moins nombreux et formé avec
plus de choix, un sénat qui n'étoit presque autrefois qu'une assemblée vénérable d'hommes
parfaits, pouvoit, nous diront-ils, faire respecter les lois de la plus exacte discipline, et
en maintenir l'autorité.

Mais depuis que l'entrée du temple de la
justice a été livrée aux richesses, et que le
nombre des véritables sénateurs est devenu
aussi rare que celui des sénateurs s'est aug-
menté ; depuis que les mœurs mêmes sont chan-
gées, et que la discipline domestique a presque péri avec la discipline publique ; peut-on
concevoir encore des projets de réforme ? et
ne vaut-il pas mieux éviter de commettre l'au-

1. 17

torité du sénat contre des abus désormais trop
invétérés, que de montrer pour tout fruit de
notre zèle, qu'il y a des vices plus forts que
nous, et que la vertu même ne pourroit attaquer qu'avec des armes inégales ?

A Dieu ne plaise que la grandeur du mal
nous fasse ainsi condamner l'usage des remèdes, dont elle nous montre au contraire la nécessité !

Cette multitude qui nous effraie n'a besoin
que d'un ordre certain qui la réunisse sous les
lois d'une discipline inviolable. Un peuple de
guerriers ne devient presque que comme un
seul homme ; et tout ce qui est ordonné, quelque
nombreux qu'il soit, se réduit enfin à l'unité.

Ce relâchement des mœurs que nous déplorons n'est pas si général qu'il n'y ait encore
des ames privilégiées qui retracent à nos yeux
l'innocence des premiers âges du sénat au milieu de la corruption de notre siècle. Il est et il
sera toujours, dans cette auguste compagnie,
des vertus capables de fortifier les ames les plus
foibles, d'animer les plus indifférentes, de faire
rougir les moins vertueuses, de donner de la
terreur à la licence et du crédit à la discipline.

Mais nous sera-t-il permis de le dire ? la volonté nous manque souvent beaucoup plus que
le pouvoir. Rien n'est impossible à la vertueuse
et persévérante opiniâtreté de l'homme de bien.
Osons faire l'essai de nos forces, ou plutôt de
celles du sénat ; osons entreprendre un ouvrage
qu'il est glorieux même de commencer. Le succès surpassera peut-être notre attente. Nous aurons mérité du moins l'honneur que Rome
malheureuse rendit à un de ses généraux (1)

_____

(1) Terentius-Varron.

pour n'avoir pas désespéré de la république ;
et que peut-il y avoir de plus flatteur pour de
vertueux magistrats que de travailler à leur
propre gloire , en relevant celle d'une compagnie qui n'en connoît point sur la terre ni de
supérieure en dignité , ni , malgré le relâchement même des mœurs , d'égale en vertu ?

XIX.e MERCURIALE,

Prononcée à la Saint-Martin 1715.

L'AMOUR DE LA PATRIE.

APRÈS toutes les pertes que notre ministère ,
que ce sénat auguste , que toute la France a
faites dans le cours de cette année , pouvons-
nous vous parler aujourd'hui un autre langage
que celui de la douleur ; et ne devons-nous
pas faire grâces aux vices en faveur de tant de
vertus dignes d'être louées par la voix même
de la censure ?

Qu'il nous soit donc permis de sentir d'abord
les pertes de notre ministère. Celui (1) qui en
diminuoit le poids par ses travaux , et qui en
augmentoit la dignité par ses talens , a été
moissonné dans sa fleur par une mort précipitée. Un silence éternel a éteint cette voix élo-
quente dont les charmes puissans portoient
dans tous les cœurs l'amour de la justice et

(1) M. Chauvelin , avocat-général.

l'impression lumineuse de la vérité. Quelle
grâce dans les expressions ! quel ordre dans
les choses ! quelle dignité dans l'extérieur !
quelle sûreté dans le fond de la décision ! le
succès de ses premières années avoit déjà consommé sa réputation. Mais tout devoit être rapide en lui, et par une espèce de fatalité, sa
vie même a suivi le cours prématuré de sa
gloire.

Heureuse dans son malheur une famille qui
trouve dans son propre fonds de quoi réparer
de si grandes pertes ! A peine croirons-nous
avoir perdu le magistrat que nous regrettons :
le même sang nous redonne encore les mêmes
talens. Le frère (1) recueille cette succession
de gloire et de réputation que le frère a lais-
sée et y ajoute ses propres richesses. Puissent-
elles être plus durables ! c'est le seul souhait
que nous pouvons former pour un magistrat
qui a déjà surpassé nos vœux par les preuves qu'il a données dans une autre carrière,
de l'élévation de son esprit ; et, ce qui est encore plus propre à soutenir nos espérances, de
la fermeté de son cœur.

N'étoit-ce pas assez pour la compagnie d'a-
voir perdu une lumière qui prévenoit presque
toujours celle de la justice même ! et falloit-il
encore qu'après quelques jours d'intervalle,
elle vît tomber une de ces têtes illustres (2) qui
doivent bien moins leur éclat à la noble origine
d'une maison aussi ancienne que le sénat, ou à
l'éminence d'une pourpre héréditaire et tou-

---

(1) M. Chauvelin, maître des requêtes, succéda à
M. son frère dans la charge d'avocat-général.
(2) M. le président de Longueil-de-Maisons.

jours méritée , qu'à cette profondeur de réflexion , à cette maturité de jugement qui leur
donne un empire naturel sur les esprits, beaucoup plus estimable que celui qu'elles empruntent de leur dignité ? A ces traits nous croyons
voir, nous croyons entendre ce magistrat respectable, dont toutes les paroles, chargées,
pour ainsi dire , de sens , et comme pénétrées
de raison, sembloient avoir le privilége de
rendre raisonnables tous ceux qui traitoient
avec lui. Respecté au dehors comme au dedans
du sénat, il portoit l'autorité de sa personne
dans les lieux où il déposoit celle de sa dignité.
Une sage liberté le suivoit jusque dans le pays
de la servitude , et sa raison se faisoit rendre
hommage par ceux mêmes qui n'adorent que la
fortune. Faut-il qu'un mérite si rare ait été enlevé au milieu de sa course , et que ceux que
ce grand magistrat a honorés , comme nous ,
de son amitié, soient réduits à la seule espérance de le voir revivre dans un fils déjà sûr
de perpétuer sa dignité dans la compagnie ; et ,
ce qui sera plus pénible mais plus glorieux pour
lui, chargé d'y soutenir tout le poids de sa réputation !

Tant de pertes particulières étoient donc le
triste présage du malheur public dont toute la
France étoit menacée. Déjà la mort se destinoit
en secret une plus illustre victime ; et bientôt
elle met sous ses lois un prince (1) qui, presque dépouillé de toute sa grandeur, nous a paru
encore plus grand avec sa seule vertu.

Que d'autres comptent, s'ils le peuvent,
bien moins les années que les merveilles d'un

___
(1) Louis XIV, mort le 1.er septembre 1715.

règne qui auroit pu faire la gloire de plusieurs
rois, et qui n'est que la gloire d'un seul. Ces faveurs immenses de la fortune, cette plénitude
de jours et de gloire, cette rare félicité dont les
ombres mêmes n'ont fait qu'augmenter l'éclat,
peuvent bien être des récompenses de la vertu,
mais elles ne sont pas la vertu même ; et le monarque que nous avons perdu étoit plus digne
de nos éloges lorsque, dans un royaume tranquille, il nous fasoit voir la tyrannie du faux
honneur abattue, et la noblesse sauvée de sa
propre fureur, le foible protégé contre le puissant, la loi contre la violence, la religion contre
l'impiété, le roi toujours au-dessus de tout, et
Dieu toujours au-dessus du roi ; que lorsque
la terreur marchoit devant lui, que les plus
fermes remparts tomboient au seul bruit de
son nom, et que toute la terre se taisoit en sa
présence, par admiration ou par crainte. Plus
heureux d'avoir senti la vanité de cette grandeur que d'en avoir joui ; plus grand encore
dans les revers que les succès ne nous l'avoient
fait voir ; la fortune contraire a plus fait pour
lui que la fortune favorable. C'est elle qui a
caractérisé sa véritable grandeur ; et la main
même de la mort y a mis le dernier trait. On
eût dit qu'elle l'attaquoit lentement, et qu'elle
en approchoit par degrés, comme pour faire
durer plus long-temps l'utile, le grand spectacle d'une vertu ferme sans effort, magnanime sans faste, sublime par sa simplicité
même, et vraiment héroïque par religion.

Qu'un spectacle si touchant soit toujours devant les yeux de l'auguste enfant qui en a été
le témoin, et en qui nous révérons à présent
notre maître. Puisse-t-il, dans les plus beaux
jours de sa vie et au comble de la gloire que

nous lui souhaitons, se rappeler l'image de ce monarque, autrefois le modèle, l'arbitre, le refuge des rois, qui dans le lit de la mort lui recommande de redouter les charmes de la victoire, et de n'être touché que de l'amour de ses peuples !

Paroles mémorables qui renferment tous les devoirs des rois ; puissent-elles allumer dans l'ame du prince à qui elles ont été dites un amour ardent pour la patrie ! puissent-elles ranimer le même amour dans le cœur de tous ses sujets !

Lien sacré de l'autorité des rois et de l'obéissance des peuples, l'amour de la patrie doit réunir tous leurs désirs. Mais cet amour presque naturel à l'homme, cette vertu que nous connoissons par sentimens, que nous louons par raison, que nous devrions suivre même par intérêt, jette-t-elle de profondes racines dans notre cœur ? et ne diroit-on pas que ce soit comme une plante étrangère dans les monarchies, qui ne croisse heureusement, et qui ne fasse goûter ses fruits précieux que dans les républiques ?

Là chaque citoyen s'accoutume de bonne heure, presque en naissant, à regarder la fortune de l'Etat comme sa fortune particulière. Cette égalité parfaite, et cette espèce de fraternité civile, qui ne fait de tous les citoyens que comme une seule famille, les intéresse tous également aux biens et aux maux de leur patrie. Le sort d'un vaisseau dont chacun croit tenir le gouvernaïl ne sauroit être indifférent. L'amour de la patrie devient une espèce d'amour-propre. On s'aime véritablement en aimant la république, et l'on parvient enfin à l'aimer plus que soi-même.

L'inflexible Romain (1) immole ses enfans au salut de la république. Il en ordonne le supplice ; il fait plus , il le voit. Le père est absorbé et comme anéanti dans le consul. La nature s'en effraie ; mais la patrie , plus forte que la nature , lui rend autant d'enfans qu'il conserve de citoyens par la perte de son propre sang.

Serons-nous donc réduits à chercher l'amour de la patrie dans les états populaires , et peut-être dans les ruines de l'ancienne Rome ? Le salut de l'État est-il donc moins le salut de chaque citoyen dans les pays qui ne connoissent qu'un seul maître ? Faudra-t-il y apprendre aux hommes à aimer une patrie qui leur donne ou qui leur conserve tout ce qu'ils aiment dans leurs autres biens ? Mais en serons-nous surpris ? Combien y en a-t-il qui vivent et qui meurent sans savoir même s'il y a une patrie ?

Déchargés du soin, et privés de l'honneur du gouvernement, ils regardent la fortune de l'État comme un vaisseau qui flotte au gré de son maître , et qui ne se conserve ou ne périt que pour lui. Si la navigation est heureuse , nous dormons sur la foi du pilote qui nous conduit. Si quelque orage imprévu nous réveille, il n'excite en nous que des vœux impuissans, ou des plaintes téméraires qui ne servent souvent qu'à troubler celui qui tient le gouvernail ; et quelquefois même, spectateurs oisifs du naufrage de la patrie , telle est notre légèreté, que nous nous en consolons par le plaisir de médire des acteurs. Un trait de satire , dont le sel nous pique par sa nouveauté ou nous réjouit par sa malignité, nous dédommage de tous les malheurs

_____

(1) Brutus.

publics; et l'on diroit que nous cherchions plus
à venger la patrie par notre critique, qu'à la
défendre par nos services.

A mesure que le zèle du bien public s'éteint
dans notre cœur, le désir de notre intérêt particulier s'y allume. Il devient notre loi, notre
souverain, notre patrie. Nous ne connoissons
point d'autres citoyens que ceux dont nous dé-
sirons la faveur ou dont nous craignons l'inimitié. Le reste n'est plus pour nous qu'une nation étrangère et presque ennemie.

Ainsi se glisse dans chacun de nous le poison
mortel de la société, cet amour aveugle de soi-
même qui, distinguant sa fortune de celle de
l'Etat, est toujours prêt à sacrifier tout l'Etat à
sa fortune

C'est peu d'opposer ainsi son intérêt à celui
du public; on desireroit même de pouvoir
faire passer ses sentimens jusque dans le cœur
du souverain, et par combien d'artifices n'es-
saye-t-on pas de lui persuader que l'intérêt du
prince n'est pas toujours l'intérêt de l'Etat !

Malheur à ceux dont la coupable flatterie
ose introduire une distinction injurieuse aux
rois, souvent fatale à leurs peuples, et toujours
contraire aux maximes d'une saine politique.

Faut-il qu'un succès trop heureux soit quelquefois la récompense de ceux qui, divisant
ainsi deux intérêts inséparables, voudroient ,
s'il étoit possible, avilir la patrie aux yeux de
celui qui en est le père ? Cet intérêt imaginaire
du prince qu'on oppose à celui de l'Etat, devient
l'intérêt des flatteurs, qui ne pensent qu'à en
abuser. Ils augmentent en apparence l'autorité
de leur maître, et en effet leur fortune particulière; ou plutôt ils s'approprient la fortune
publique; et s'ils veulent que le pouvoir du

17

souverain soit sans bornes, c'est afin de pouvoir
tout pour eux-mêmes.

L'exemple devient contagieux, et descend
comme par degrés jusqu'aux dernières conditions. Chacun dans la sienne veut faire la même
distinction entre l'intérêt de son état et celui de
sa personne; et le bien commun est tellement
oublié, qu'il ne reste plus dans un royaume que
des intérêts particuliers, qui forment par leur
combat une espèce de guerre civile et presque
domestique, où le citoyen n'est pas en sûreté
avec le citoyen, où l'ami redoute son ami; et
qui rompant les nœuds de la société, semblent
nous ramener à cet ancien état qui a précédé la
naissance des républiques et des empires, où
l'homme n'avoit point de plus grand ennemi
que l'homme même.

A la vue d'une patrie livrée à l'avidité de ses
citoyens, et presque devenue la proie de l'intérêt
particulier, des esprits plus modérés, qui n'ont
ni assez de foiblesse pour faire le mal, ni assez
de force pour y résister, tombent dans une
profonde indifférence, soit par leur pente naturelle, ou même par désespoir du bien public.
La douceur de la paresse, qui s'insinue jusque
dans le fond de leur ame, leur tient lieu de
fortune, et même de vertu. Un loisir qui
étoit peut-être à charge dans les commencemens, est enfin regardé comme le bien le plus
solide. Dans le sein de la mollesse, ou dans un
cercle d'amusemens, ils se font une espèce de
patrie à part, où, comme dans une île enchantée, on diroit qu'ils boivent tranquillement les
eaux de ce fleuve qui faisoit oublier aux hommes les biens et les maux de leur ancienne
patrie.

Ceux mêmes qui donnent à ce dégoût de la

république le titre spécieux de philosophie sont-
ils plus dignes de nos louanges ? insensibles aux
besoins de leurs concitoyens , et sourds à la
voix de la société qui les réclame , que cher-
chent-ils dans une retraite où ils fuient jusqu'à
leur patrie ; le même bien qui excite les désirs
des ambitieux , et qui fait le bonheur des rois ;
vivre au gré de leurs desirs , et trouver une
espèce de royauté dans l'indépendance de
leur vie ?

Commander à tous , ou n'obéir à personne ;
la fierté de leur cœur ne trouve point de milieu
entre ces deux états. La fortune leur refuse le
plus éclatant ; leur orgueil embrasse le plus sûr ;
et ne pouvant se mettre au dessus de leurs concitoyens par l'autorité , ils croient s'y placer
au moins par le mépris.

Où trouverons-nous donc la patrie ? L'intérêt
particulier la trahit, la mollesse l'ignore, une
vaine philosophie la condamne. Quel étrange
spectacle pour le zèle de l'homme public ! Un
grand royaume et point de patrie ; un peuple
nombreux, et presque plus de citoyens.

Le dirons-nous enfin ? Nous-mêmes qui faisons
gloire de nous dévouer à la patrie autant qu'à la
justice , sommes-nous toujours dignes de cette
gloire ? et s'il ne nous est pas possible d'aspirer
à l'éloge de celui qui (1), à la vue du sénat
romain , s'écria qu'il voyoit un sénat de rois ,
pouvons-nous offrir à la république au moins
un sénat de citoyens ?

Rendre la justice avec une exacte équité ,
c'est le devoir commun de tous ceux qui se
consacrent à son ministère. Mais si le magistrat

_____

(1) Cinéas.

suprême ne porte pas plus loin l'ardeur de son zèle, il demeure toujours débiteur de la patrie, qui sans se contenter du bien particulier qu'il peut faire, exige encore de lui un compte rigoureux du bien public.

Protéger l'innocence, et ne faire trembler que l'iniquité ; aplanir, redresser les sentiers de la justice, les purger de ces guides infidèles qui en obsèdent tous les passages pour y tendre des pièges à l'ignorance ou à la crédulité : éclairer les tribunaux inférieurs, et faire briller, comme par une réflexion de lumière, une partie des vertus du sénat ; réformer les mœurs publiques par son autorité, les condamner au moins par son exemple ; et être comme la voix de la patrie, qui réclame toujours la règle et la loi, qui dans les temps difficiles proteste sagement pour le bien public, et dans les jours plus tranquilles rappelle le souvenir de l'ancien ordre de l'Etat, et ramène la patrie à ses véritables principes : telle est non-seulement la gloire, mais l'obligation d'une compagnie qui est comme la dépositaire des intérêts publics, et dont le caractère glorieux a toujours été de servir dignement son roi en servant sa patrie.

Loin de la noblesse de ces sentimens tout mélange d'intérêt particulier, toute jalousie même de crédit et d'autorité, foiblesse indigne des grandes compagnies aussi-bien que des grands hommes ! Contens du pouvoir que la patrie remet entre ses mains, l'homme de bien ne fait croître l'autorité de sa charge que par celle de son mérite. Le respect a encore plus de part que le devoir à la déférence qu'on a pour lui. On lui rend le même culte qu'à la vertu , et on lui obéit , pour ainsi dire , par admiration.

Si la partie reconnoît ses services , il rougit presque de la récompense , et il lui semble qu'elle lui dérobe une partie du témoignage de sa vertu.

S'il n'éprouve que l'ingratitude des maîtres de la fortune , il jouira d'autant plus de sa ré-putation , que ce sera le seul bien qu'il aura acquis au service de l'Etat : heureux d'avoir plus fait pour la patrie que la patrie n'aura fait pour lui, et de pouvoir mettre tous ses citoyens au nombre de ses débiteurs !

Avouons-le néanmoins, un cœur magnanime s'affranchit aisément de la servitude de son in-térêt particulier. Mais il faut au moins qu'une douce et vertueuse espérance de procurer ce bien public , qui lui tient lieu de tout , l'anime , le soutienne , le fortifie dans l'honorable, mais pénible service de la patrie.

Quelle est donc sa consolation lorsque , par un bonheur singulier , ou plutôt par une sagesse supérieure , il voit se former sous ses yeux un nouvel ordre de gouvernement, et comme une nouvelle patrie, qui semble porter sur son front le présage certain de la félicité publique ? C'est alors que l'amour de la patrie se rallume dans tous les cœurs ; les liens de la société se res-serrent ; les citoyens trouvent une patrie , et la patrie trouve des citoyens. Chacun commence à sentir que sa fortune particulière dépend de la fortune publique ; et , ce qui est encore plus consolant, l'intelligence qui nous gouverne n'est pas moins convaincue que le salut du souverain dépend du salut de ses peuples.

Vous conserverez à jamais dans vos annales

la mémoire de ce jour glorieux au sénat, précieux à la France, heureux même pour toute
l'Europe, où un prince (1) que sa naissance
avoit destiné à être l'appui de la jeunesse du
roi, et le génie tutélaire du royaume, vint recevoir par vos suffrages la ratification du choix
de la nature. Vaincre les ennemis de l'Etat par
la force des armes, ç'a été le premier essai
de son courage. S'attacher tout l'Etat par les
charmes du gouvernement, c'est le chef-d'œuvre
de la sagesse. Par lui, cet accord si désirable,
mais si difficile de la liberté et de l'autorité,
se trouve heureusement accompli. Une autorité
nécessaire tempère l'usage de la liberté, et la
liberté tempérée devient le plus digne instrument de l'autorité. Que les génies médiocres
redoutent les conseils, les grandes ames sont
celles qui les désirent le plus; sûres d'elles-
mêmes, elles ne craignent point de paroître
gouvernées par ceux qu'elles gouvernent en
effet; et dédaignant le faux honneur de dominer par l'élévation de leur dignité, elles
régnent plus glorieusement par la supériorité
de leur esprit.

Que de si heureux commencemens aient des
suites encore plus heureuses. Que tous les ordres
de l'Etat, si sagement intéressés au succès du
gouvernement, y contribuent également, ou
par un concert parfait, ou par une émulation
encore plus désirable ! et pour renfermer tous
nos souhaits dans un seul, fasse le Ciel que
la France respectée au dehors, paisible au
dedans, puisse se consoler de ses pertes passées, réparer ses forces épuisées par de longues

_____

(1) M. le duc d'Orléans, régent.

et de sanglantes guerres ; puissante sans inquiétude, heureuse sans envie, plus jalouse de la réputation de sa justice que de celle de sa grandeur, passer d'une régence tranquille à un règne pacifique, qui conservant toute l'harmonie d'un si sage gouvernement, nous assure la durée des biens dont la seule espérance fait déjà notre bonheur !

RÉFLEXIONS

Sur l'état moral de l'homme, sur l'incapacité qui résulte de certaines foiblesses
de l'esprit, et sur les caractères indi-
catifs de la démence. (*Extraites du
plaidoyer de M. d'Aguesseau dans la
cause relative à l'interdiction de l'abbé
d'Orléans.*)

Nous allons établir en très-peu de paroles, les
principes généraux par lesquels on peut juger du
mérite, de la force, et sur-tout de la préférence
des preuves opposées. Et pour le faire avec
ordre, appliquons-nous d'abord à chercher ce
que c'est en général, que cette incapacité fondée sur la disposition d'esprit, qui peut rendre
un testament nul ; examinons ensuite comment
cette incapacité peut être prouvée. C'est à quoi
se réduit le plan des principes généraux qui
doivent régner dans cette dernière partie de
la cause.

Qu'est-ce donc, s'il est possible de le définir, que cet état d'incapacité, qui retranche
un testateur du nombre des citoyens, et qui
l'efface presque de celui des hommes ? Ne nous
adressons point aux anciens philosophes, pour
résoudre cette question. Ils nous répondroient
peut-être, que tous les hommes sont dans une

démence actuelle et perpétuelle, si l'on en excepte ce sage que chaque secte se vante de
posséder, et qu'aucune néanmoins ne sauroit
montrer aux autres. Ils mettroient, sans hésiter, au nombre des insensés, tous ceux qui
sont ou agités par leurs propres passions, ou
esclaves de celles des autres ; et changeant les
idées communes des hommes, ils rendroient
la sagesse plus difficile à prouver que la démence. Consultons plutôt ceux qui ont tempéré
l'excès de la philosophie par l'usage des affaires
du monde, ou par les principes de la jurisprudence.

Que nous dit sur ce sujet ce grand homme (1),
qui étoit en même temps orateur, philosophe,
jurisconsulte (et pour dire encore quelque chose
de plus que tout cela), que nous apprend Cicéron sur cette matière ?

Deux états différens partagent tous les hommes, si l'on en excepte les vrais sages. Les uns
sont entièrement privés de l'usage de la raison ;
les autres en font un mauvais usage, mais qui
ne suffit pas pour les déclarer fous. Les uns
n'ont plus de lumières, les autres ont une foible
lueur qui les conduit au précipice. Les premiers
sont morts, et les derniers sont malades. Ceux-
ci conservent encore une image et une ombre
de sagesse, qui suffit pour remplir médiocrement les devoirs communs de la société. Ils
sont dans un état privé de la véritable santé de
l'esprit, mais dans lequel on peut néanmoins
mener une vie commune et ordinaire. Les autres ont perdu même ce sentiment naturel qui
lie les hommes entr'eux par l'accomplissement

(1) CICER. Quæst. Tusc. lib. III.

réciproque de certains devoirs. Attachons-nous
à ce dernier caractère, qui est en même temps
et le plus sensible de tous, et celui dont l'application est plus facile.

Un sage, dans le sens des lois et des jurisconsultes, est celui qui peut mener une vie
commune et ordinaire. Un insensé est celui qui
ne peut pas même atteindre jusqu'à la médiocrité de ces devoirs généraux : *Mediocritatem
officiorum tueri, et vitæ cultum communem et
usitatum.*

Mais, parmi ceux que leur foiblesse met au-
dessous du dernier degré des hommes du commun, les jurisconsultes en distinguent de deux
sortes.

Les uns ne souffrent qu'une simple privation
de raison. La foiblesse de leurs organes, l'agitation, la légèreté, l'inconstance presque continuelle de leur esprit, met leur raison dans
une espèce de suspension et d'interdiction perpétuelle qui leur fait donner le nom de *mente
capti*, dans les lois et dans les écrits des jurisconsultes.

Dans les autres, l'aliénation d'esprit est
moins une foiblesse naturelle qu'une véritable
maladie ; souvent obscure dans sa cause, mais
violente dans ses effets, et qui, semblable à
une bête féroce. cherche continuellement à
s'échapper des chaînes qui la retiennent ; et
c'est cette maladie qui porte proprement le nom
de fureur.

Les premiers, dit Balde, ont une fureur
obscure et cachée ; les derniers ont une démence éclatante et manifeste.

Ceux-ci sont dans un état d'ivresse, de trans-
port, de frénésie ; ceux-là approchent plus de
l'état de l'enfance, ou de l'extrême décrépi-

tude. Leur raison, semblable à celle d'un enfant
ou d'un vieillard, est ou imparfaite ou usée ;
mais les uns et les autres, c'est-à-dire, et les
furieux et les foibles d'esprit, sont également
incapables de faire un testament, parce que
dans les uns la raison est presque éteinte, et
que dans les autres, elle est comme liée et
enchaînée par la violence du mal.

Si ces deux états conviennent dans ce point,
ils sont néanmoins distingués par des caractères
qui les séparent.

L'état de la fureur est plus violent ; mais il
laisse quelquefois des espérances de guérison.

L'état de simple démence est plus tranquille ;
mais il est presque toujours incurable.

L'un est susceptible d'accès et d'intervalles ;
il s'augmente tout d'un coup et diminue de
même.

L'autre n'a pas des intermissions si marquées,
parce que la cause qui le produit, c'est-à-dire,
la foiblesse et la débilité des organes, est presque égale et uniforme.

Enfin, la fureur déclarée est si sensible et
si évidente. qu'il seroit superflu d'y distinguer
des degrés par rapport à l'incapacité du testateur, puisqu'il est certain que tout furieux,
tant que sa fureur dure, est absolument incapable de faire une dernière disposition.

Au contraire, la simple foiblesse d'esprit est
plus susceptible de degrés et de différences
considérables. L'incapacité croît et diminue à
proportion de ces degrés et de ces différences.
Mais qui pourroit les fixer en général ? Qui
pourroit marquer précisément les frontieres,
les limites presque imperceptibles, qui séparent la démence de la sagesse ? Qui pourroit
enfin compter ces degrés par lesquels la raison

tombe dans le précipice, et descend, pour ainsi dire, dans le néant?

Ce seroit vouloir prescrire des bornes à ce qui n'en a point, donner des règles à la folie, s'égarer avec ordre, et se perdre avec sagesse. Il n'y a que les circonstances particulières de chaque cause qui puissent fixer ce point douteux et incertain où la raison s'évanouit, et où l'incapacité devient évidente et manifeste.

Tout ce que l'on peut dire en général, c'est que cette incapacité ne doit jamais être examinée avec plus d'attention, que lorsqu'il s'agit de décider non pas d'un simple contrat, mais de celui de tous les actes qui demande en même temps et plus de capacité et plus de volonté, c'est-à-dire, d'un testament.

La loi qui substitue un testateur en sa place, qui le revêtit du pouvoir et du caractère d'un véritable législateur, qui lui permet d'appeler ce qui n'est pas encore, comme ce qui est; qui lui accorde le droit de changer, de troubler, d'abroger l'ordre naturel et favorable des successions légitimes, exige en même temps de lui, et une capacité proportionnée à l'importance de son ministère, et une plénitude, et si l'on ose s'exprimer ainsi, une surabondance de volonté. C'est pour cela qu'elle le rend capable de toutes sortes de contrats, avant que de lui imprimer la capacité nécessaire pour faire un testament.

Qui ne sait que dans le droit, les impubères pouvoient contracter avec l'autorité de leur tuteur, dès le moment qu'ils approchoient de l'âge de puberté, et cependant qui a jamais pensé que la présence et l'autorité de leur tuteur pût les rendre capables de faire un testament?

Les mineurs contractent parmi nous, avec l'espérance de la restitution ; mais ils contractent valablement. Ce n'est pas tout encore : les lois de l'Eglise et de l'Etat leur donnent le pouvoir de s'engager par les nœuds les plus solennels et les plus indissolubles ; et dans le temps que la loi leur permet de disposer non-seulement de leurs biens et de leur fortune, mais de leur état et de leur liberté, soit par le mariage, soit par la profession religieuse, la même loi les déclare incapables de donner leurs biens par testament.

Le progrès de la volonté suit dans l'intention des législateurs, et imite parfaitement celui de la capacité.

On peut s'engager par procureur ; on peut par une procuration générale suivre tellement la foi de celui à qui on la confie, que sans le vouloir, sans le savoir même, on entre dans toutes sortes d'obligations. Mais qui pourroit soutenir que l'on puisse faire un testament par procureur ? Quelque spéciale que fût la procuration, quelque probité qu'eût le procureur, quelque sage que fût la disposition, le testament sera toujours nul, parce qu'il ne suffit pas qu'un testament soit un acte judicieux, il faut encore qu'il soit l'acte propre, l'acte personnel, l'acte unique du testateur. Qu'il appele un conseil, la loi ne le lui défend pas ; mais qu'il soit toujours l'unique arbitre de ses volontés. C'est à lui seul de prononcer, de décider, de vouloir. Jamais sa volonté ne peut être suppléée par le ministère d'autrui. Si le jurisconsulte donne ses avis au testateur, c'est pour la forme, et non pas pour l'essence de l'acte. S'il parle, ce n'est que pour prêter aux pensées du

testateur, le secours nécessaire des expressions
légitimes.

Et quelle est la raison de ces deux différences qui se trouvent entre les contrats et les
testamens? Elle est puisée dans les sources les
plus pures de la saine jurisprudence. Nous ne
ferons que les indiquer en passant, et comme
les montrer au doigt, pour entrer dans ce qui
regarde encore de plus près le véritable état
de cette cause.

Il est essentiel à la société des hommes,
qu'il y ait des contrats ; il n'est point nécessaire qu'il y ait des testamens. Il y a eu des
républiques très-florissantes qui ont refusé
pendant long-temps à leurs citoyens, le droit
de faire un testament. En a-t-on jamais vu qui
les ayent privés de la faculté de contracter
toutes sortes d'engagemens?

La faculté de s'engager est conforme à toutes
sortes de droits. Le droit naturel l'introduit,
le droit des gens l'augmente, le droit civil la
perfectionne.

La faculté de tester est l'ouvrage du droit
civil, tout au plus du droit des gens ; mais elle
est contraire au droit naturel, dans lequel la
mort dépouille les hommes de tous les droits
qu'ils avoient sur leurs biens.

Dans le contrat, chacun des contractans
a un inspecteur, on peut dire même un censeur dans celui avec lequel il contracte ; et
quand même il se seroit trompé, ses héritiers
ont souvent la voie de la restitution, par laquelle ils peuvent donner atteinte à son enga-
gement.

Dans le testament, le testateur lui-même est
son censeur, son juge, son unique inspecteur.

Sa volonté est inviolable. Il est le seul arbitre de ses dispositions.

Enfin, le contrat est favorable ; il s'accorde presque toujours avec la loi. Le testament est souvent odieux, et tout testateur commence par se croire plus sage que la loi même. Il devroit l'être en effet, puisqu'il a le droit de l'abroger.

Faut-il s'étonner après cela, si les lois ont accordé la liberté de contracter, avant celle de faire un testament ; si elles ont voulu que les contrats fussent plus faciles, plus communs, plus aisés à faire que les testamens ; si elles se sont contentées d'une capacité médiocre pour les uns, au lieu qu'elles en exigent une très-grande pour les autres ; enfin, si la volonté peut être suppléée dans les contrats au lieu qu'elle ne peut jamais l'être dans les testamens ?

Arrêtons-nous donc à ces deux maximes importantes, qui sont comme le fruit et le précis des observations générales que nous avons faites sur la démence.

La première, que tout homme qui ne peut point s'acquitter des devoirs les plus communs de la société, de ceux mêmes que les derniers des hommes raisonnables ont accoutumé de remplir, doivent à plus forte raison être jugés incapables de faire un testament.

La seconde, que cette incapacité est encore plus considérable, quand il s'agit de décider de la validité d'un testament, que lorsqu'il n'est question que de statuer sur la force et la nature d'un contrat.

Mais comment cette incapacité doit-elle être prouvée ? C'est le second point général que nous nous sommes proposés d'examiner.

Tous les hommes naissent sages ; c'est le
vœu commun de la nature ; la raison est le
partage de l'homme, elle le distingue de tout le
reste des animaux. Un homme, sans raison,
n'est presque plus qu'un corps organisé, qui
ne conserve que l'ombre et la figure d'un
homme. Son état est une espèce de prodige et
de monstre dans la nature.

De-là cette présomption commune et générale, qui fait que tout homme est toujours pré-
sumé sage ; que la démence doit être prouvée,
mais que la preuve de la sagesse n'est pas nécessaire. De-là cette conséquence certaine,
tant de fois répétée par Madame de Nemours,
que ceux qui allèguent la sagesse sont beaucoup plus favorables que ceux qui allèguent la
démence, et que comme dans le doute les suffrages des juges doivent pencher du côté de
l'innocence, parce que la présomption du
crime est odieuse ; de même dans le combat
des preuves, il faut se déterminer en faveur de
la sagesse, parce que la présomption de la démence est téméraire.

De ce premier principe qu'il seroit facile de
prouver par un grand nombre d'autorités, nous
passons à un second, qui en est une suite, et
qui ne porte pas moins avec soi le caractère
d'une évidence parfaite.

Ce principe est que rien en général n'est plus
difficile que de prouver le fait de démence,
sur-tout dans un homme que la mort a mis hors
d'état ou de s'accuser, ou de se justifier lui-
même aux yeux de la justice. Non seulement
il faut alors attaquer une présomption naturelle ;
il faut encore rendre visible et sensible, pour
ainsi dire, une qualité toute invisible et toute
intérieure. Les yeux ne peuvent en être les
premiers

premiers juges. Elle récuse, si l'on peut s'exprimer ainsi, le jugement de tous les sens. On ne l'envisage point en elle-même ; on n'en voit que de simples copies, que des portraits souvent très-obscurs et très-imparfaits qui se tracent dans les actions sensibles et apparentes. Les juges mêmes ne voyent point ces actions, ils ne les apprennent que par le récit des témoins ; et qui peut s'assurer sur la fidélité de ces peintres qui ne travaillent que sur des copies, et qui les défigurent souvent, en voulant les imiter ?

Si l'on cherche quelque chose de plus certain et de plus clair dans les actes, on ne sauroit les examiner long-temps, sans y trouver un combat de présomptions qui les rendent obscurs, équivoques, incertains ; et c'est cependant par toutes ces preuves incertaines en elles-mêmes, qu'il faut tâcher de parvenir à la certitude.

Mais examinons plus particulièrement leur nature. Commençons par chercher quels sont les caractères dont la preuve par écrit doit être revêtue, pour être aussi parfaite que solennelle en cette matière.

Distinguons d'abord deux espèces d'actes très-différentes, dont la confusion fait une des plus grandes obscurités de cette cause.

Les actes de la première espèce sont tellement personnels, si attachés, si inhérens à la volonté de celui qui les passe ; ils portent un caractère si évident de son action, de son esprit, de son jugement, qu'ils ne peuvent presque jamais être considérés comme l'ouvrage d'une main étrangère.

Telles sont les fonctions publiques de la magistrature, exercées avec sagesse, conservées dans le dépôt sacré des oracles de la justice.

I.   18

Tels sont encore les interrogatoires de ceux qui sont ou accusés d'un crime, ou soupçonnés de démence, et qui paroissent en la présence de leur juge, dénués de tous secours, seuls, sans autre appui que celui de leur innocence ou de leur sagesse, *dans la main de leur propre conseil*, comme parle l'Ecriture.

Tel est souvent (pour approcher encore plus près de l'espèce de cette cause) un testament olographe, plein de sagesse et de prudence, sans soupçon de suggestion ni de fraude. N'est-ce pas, MESSIEURS, ce que vous avez jugé suivant les conclusions que nous avions prises à l'audience dans l'affaire de Bonvalet, où cette grande circonstance distinguoit avec tant d'avantage ce testament de celui que nous allons examiner ?

Mais il y a des actes d'une seconde espèce, dans lesquels on ne voit rien qui ne soit évidemment propre et personnel à celui qui les a faits, que sa simple signature ; actes qui ne sont pas faits pour prouver ni la sagesse ni la démence, et qui ne peuvent servir à la faire conjecturer, que par une simple présomption indirecte, et par une conséquence vraisemblable, mais non pas infaillible.

Développons encore plus cette pensée, et tâchons de la mettre dans tout son jour.

Dans tout acte qui n'a d'autre marque de la capacité et de la volonté d'un homme, que sa signature, on doit distinguer deux choses :

L'une, est la substance de l'acte, les conventions qu'il contient, l'affaire qui s'y conclut, comme parlent les jurisconsultes, *negotium quod geritur*.

L'autre, est la capacité, l'état, la disposition de la personne qui le passe.

La première de ces deux choses , c'est-à-
dire , les clauses, les stipulations, la nature de
l'acte , est prouvée par l'acte même. On peut
y ajouter encore tout ce qui regarde la solem-
nité extérieure ; tout cela est établi , prouvé ,
démontré par le contrat même. La loi n'en exige
aucune autre preuve : non seulement elle n'en
exige point , mais elle la rejette , elle la défend,
elle la condamne ; et c'est là le véritable cas
de la maxime : *contra scriptum testimonium*,
non scriptum testimonium non admittitur.

Mais il n'en est pas de même de l'état de
celui qui passe le contrat. L'acte suppose sa
capacité , et ne la prouve pas directement. Ce
n'est point pour cela qu'il se passe ; aucun de
ceux qui y ont part n'envisage la preuve de ce
fait ; ceux qui contractent n'en doutent point.
Le notaire , témoin authentique de leur enga-
gement, n'est point nommé par la loi pour être
le juge de leur capacité. Il suffit qu'ils ne lui
paroissent pas incapables ; et cette maxime est
si certaine, que, quoique dans les testamens
l'usage ait introduit la clause ordinaire par laquelle on marque que le testateur est *sain d'esprit et d'entendement*, cette clause n'est jamais
regardée comme une preuve écrite de la sagesse. Vos arrêts ont souvent jugé que, malgré
cette clause, le fait de la démence étoit admis-
sible , sans même qu'il fût nécessaire de s'ins-
crire en faux contre l'acte. Et pourquoi cela ?
Parce qu'en ce point le notaire excède son pouvoir. Il est, à la vérité, témoin instrumentaire
honoré , pour ainsi dire , de toute la confiance
de la loi, dépositaire de la foi publique ; mais
toutes ces grandes qualités ne lui sont données
que pour rendre un témoignage fidèle de ce qui
se passe entre les parties , et non pas de leur

capacité et de leur sagesse. Et si ce principe a
lieu dans les actes mêmes où les notaires ont
fait une mention expresse de la sagesse du testateur, que sera-ce des autres actes où cette
expression ne se trouve point, et où elle est
absolument inconnue ? Et que doit-on dire des
contrats où les notaires n'examinent jamais la
capacité des parties, puisqu'on ne les croit pas
dans les testamens mêmes, où ils l'examinent,
où ils l'attestent, où ils la certifient ?

Non que nous prétendions conclure de toutes
ces réflexions, qu'un acte soit un argument
inutile pour prouver la sagesse de celui qui l'a
signé : nous croyons, au contraire, qu'il forme
en sa faveur une présomption très-forte et très-
efficace. Mais quelle en est la nature ? c'est ce
qui nous reste à vous expliquer.

Toute la force d'une présomption consiste à
tirer, d'un fait connu, une conséquence plus
ou moins vraisemblable, qui conduise l'esprit
à la connoissance d'un fait inconnu.

Appliquons cette proposition pour la rendre
plus sensible.

Il s'agit de savoir si l'on doit présumer qu'un
homme qui a signé un acte, jouissoit de toute
la liberté de son esprit.

Quel est le fait connu ? c'est la signature de
l'acte. Quel est le fait inconnu auquel on veut
parvenir par la conséquence que l'on tire du
fait connu ? c'est la certitude de la sagesse. Et
comment lie-t-on ces deux faits l'un avec
l'autre, si ce n'est par un argument uniquement fondé sur une vraisemblance, c'est-à-dire,
sur ce que l'on présume ordinairement, qu'un
acte est l'ouvrage de la volonté de celui qui l'a
passé, et que puisque l'acte est raisonnable,
la volonté qui lui a donné son consentement,

étoit la volonté d'un homme sage et raisonnable.

Mais cette présomption est-elle infaillible ?
c'est ce que nous ne croyons pas que l'on ose
soutenir. Car si la vraisemblance qui lui sert de
fondement, ne pouvoit jamais tromper, il faudroit en conclure que jamais on ne peut proposer le fait de la démence contre un acte ;
que tout homme qui a signé un contrat judicieux, a consacré, pour ainsi dire, sa sagesse
par un seul acte, en sorte qu'elle ne peut plus
jamais recevoir d'atteinte.

Mais sans se contenter de cette raison générale, quoique décisive, n'est-il pas évident
qu'il est très-possible qu'un homme signe un
acte sans le vouloir, sans être capable de le
vouloir, souvent même sans le savoir ? L'expérience ne fournit-elle pas une infinité de faits
certains et incontestables, qui détruisent cette
vraisemblance sur laquelle seule cette présomption est appuyée ? Enfin, quand même on sup-
poseroit qu'un homme a su qu'il signoit un
acte, qu'il a même voulu le signer ; quelle conséquence pourroit-on en tirer, si ce n'est que
dans ce moment il n'a pas été absolument insensé, qu'il a pu entrevoir quelque lueur de
raison, qu'il a fait une action sage ? Mais suffit-il
pour être sage, d'avoir fait une action de sagesse ? et cette seule action pourra-t-elle détruire la preuve d'une habitude contraire ? c'est
à quoi on ne pourra jamais répondre par l'acte
même.

Rien ne peut donc ébranler ce principe important de la distinction de deux sortes d'actes ;
les uns personnels dans leur substance même,
les autres qui ne le sont que dans leur signature : les uns, dans lesquels un homme ne

trouve de conseil que dans sa raison, ni de
ressource que dans lui-même; et qui, par conséquent, prouvent directement et immédiatement la sagesse; les autres, dans lesquels un
conseil étranger tient souvent lieu de sagesse,
où une impression extérieure prend la place de
la volonté, et qui ne forment qu'une présomption indirecte de capacité, présomption qui
n'est ni infaillible, puisque l'expérience la dément, ni invincible, puisque vos arrêts la détruisent tous les jours.

Passons maintenant à la seconde espèce de
preuves, c'est-à-dire, à la preuve testimoniale,
et tâchons de découvrir les principes généraux
par lesquels on peut juger de sa force et de
sa solidité.

Nous croyons devoir faire d'abord une réflexion générale sur cette preuve, qui est comme
la conséquence naturelle de tout ce que nous
avons observé sur la preuve par écrit.

S'il est vrai, comme on ne peut pas en douter, qu'il soit rare de trouver des actes qui
prouvent directement et immédiatement la sagesse; s'il n'y a qu'un petit nombre de ces
actes personnels qui portent une image sensible et lumineuse de l'esprit et de la volonté de
celui qui les a faits; si tous les autres actes ne
forment qu'une simple présomption, et une
preuve aussi imparfaite qu'elle est indirecte;
que nous reste-t-il à conclure, si ce n'est que
la démence ou la sagesse sont des faits dont
on ne prend point des actes par écrit, et qui,
par conséquent, ne peuvent être naturellement
et communément prouvés que par la déposition
des témoins?

Non seulement la démence ou la sagesse est
un fait, mais encore un fait habituel, une dis-

position, une affection permanente de l'ame ; et comme les habitudes ne s'acquièrent que par les actes réitérés, elles ne se prouvent presque jamais que par une longue suite, une continuité, une multiplicité d'actions, dont il est impossible d'avoir la preuve par une autre voie que par le seul témoignage de ceux qui ont été spectateurs assidus de ces actions.

Ajoutons même, que cette preuve est souvent plus forte que celle qui se tire des actes ; parce que les témoins peuvent expliquer des actions plus considérables par leur longueur, plus importantes par leur nature, plus décisives par leurs circonstances, que la signature d'un acte, quelque judicieux qu'il puisse être.

Qu'un témoin, par exemple, atteste qu'il a vu un juge son collègue, remplir avec exactitude toutes les fonctions de la magistrature, opiner, rapporter avec toute la sagesse et la maturité dont il est capable ; ce fait ne sera-t-il pas beaucoup plus considérable que vingt signatures rapides, momentanées, conduites souvent par une main étrangère ? Et pour ne point sortir de l'espèce de la cause, y a-t-il un seul de tous les actes dont on se sert pour prouver la sagesse de M. l'abbé d'Orléans, que Madame de Nemours ne fût prête à sacrifier, pour avoir la preuve du seul fait de la Messe, qui néanmoins ne peut être prouvé dans toutes ses circonstances, que par la déposition des témoins.

Ce n'est donc point de cet état de capacité ou d'incapacité dont M. Cujas a voulu parler, quand il a dit que lorsqu'il s'agit de l'état des personnes, les actes sont des preuves plus puissantes que les dépositions des témoins. De quoi s'agit-il dans cet endroit de M. Cujas ? de la naissance, de la filiation, de la légitimité, de la liberté , de l'ingénuité : toutes questions d'Etat , dans lesquelles la preuve par écrit est prescrite et déterminée par la loi même , parce qu'il s'agit moins d'un fait que d'une présomption de droit.

Mais quoique la question de la démence soit une véritable question d'Etat , elle est néanmoins bien différente de celles qui portent ordinairement ce nom. C'est un pur fait dont la preuve dépend , comme celle de tous les autres faits , des dépositions des témoins. La forme n'en est point prescrite par la loi. Il seroit même absurde d'exiger qu'on en rapportât des actes en bonne forme et des instrumens authentiques. La folie est , pour ainsi dire , un délit innocent , un déréglement impuni , un désordre purement physique : et comme dans les crimes véritables qui blessent les lois de la morale et qui troublent l'ordre de la société civile, on ne cherche point d'autres preuves que le témoignage des autres hommes , il semble aussi que, dans ce renversement de l'esprit, qui viole les droits de la nature , et qui déshonore la raison , on ne puisse désirer de preuve plus naturelle et plus convaincante, que celle qui résulte du suffrage unanime des témoins , premiers juges de ces sortes de contestations.

FIN DU TOME PREMIER.

TABLE

Des Pièces contenues dans ce volume.

DISCOURS DE M. D'AGUESSEAU.

428 TABLE.

MERCURIALES.

FIN DE LA TABLE DU TOME PREMIER.

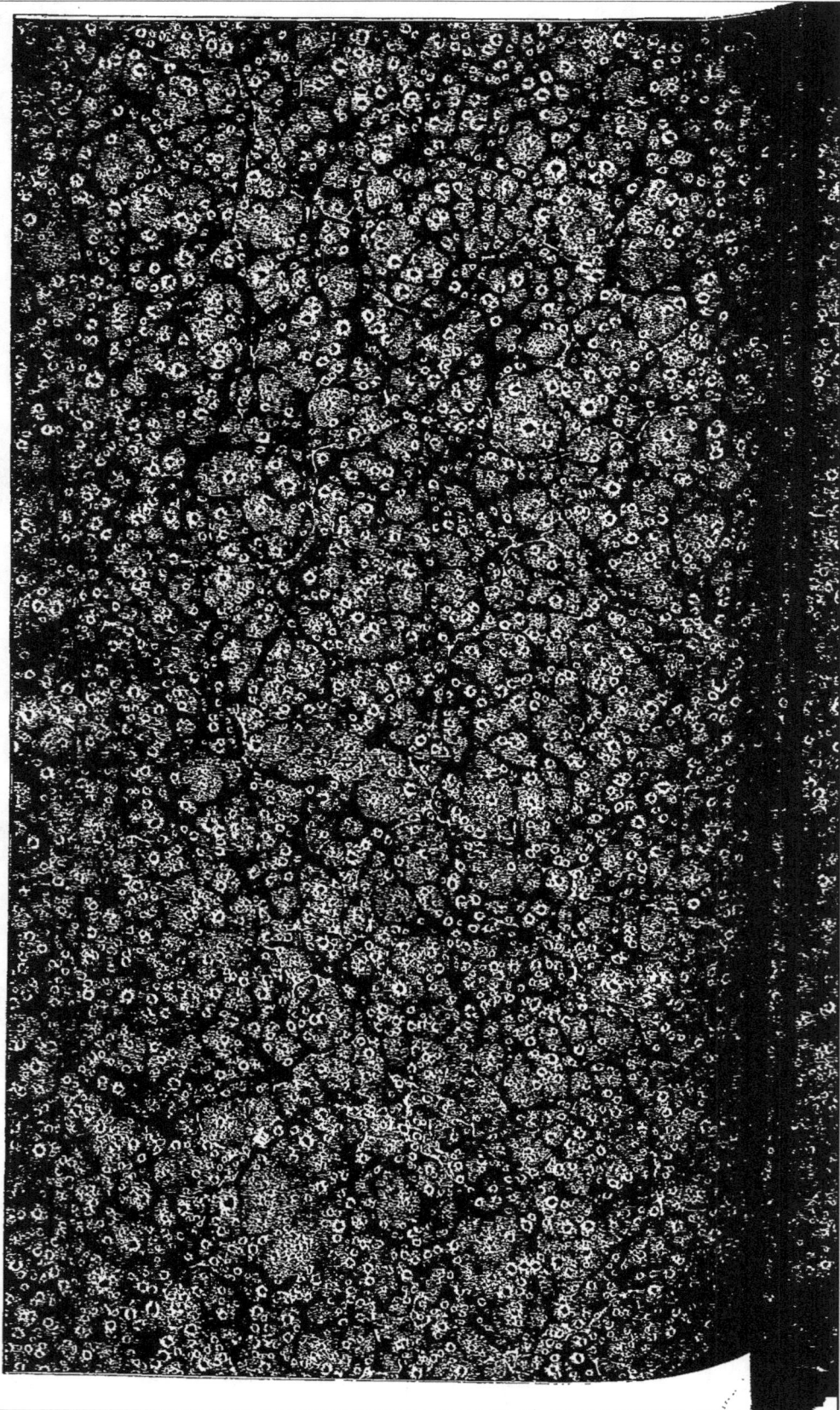

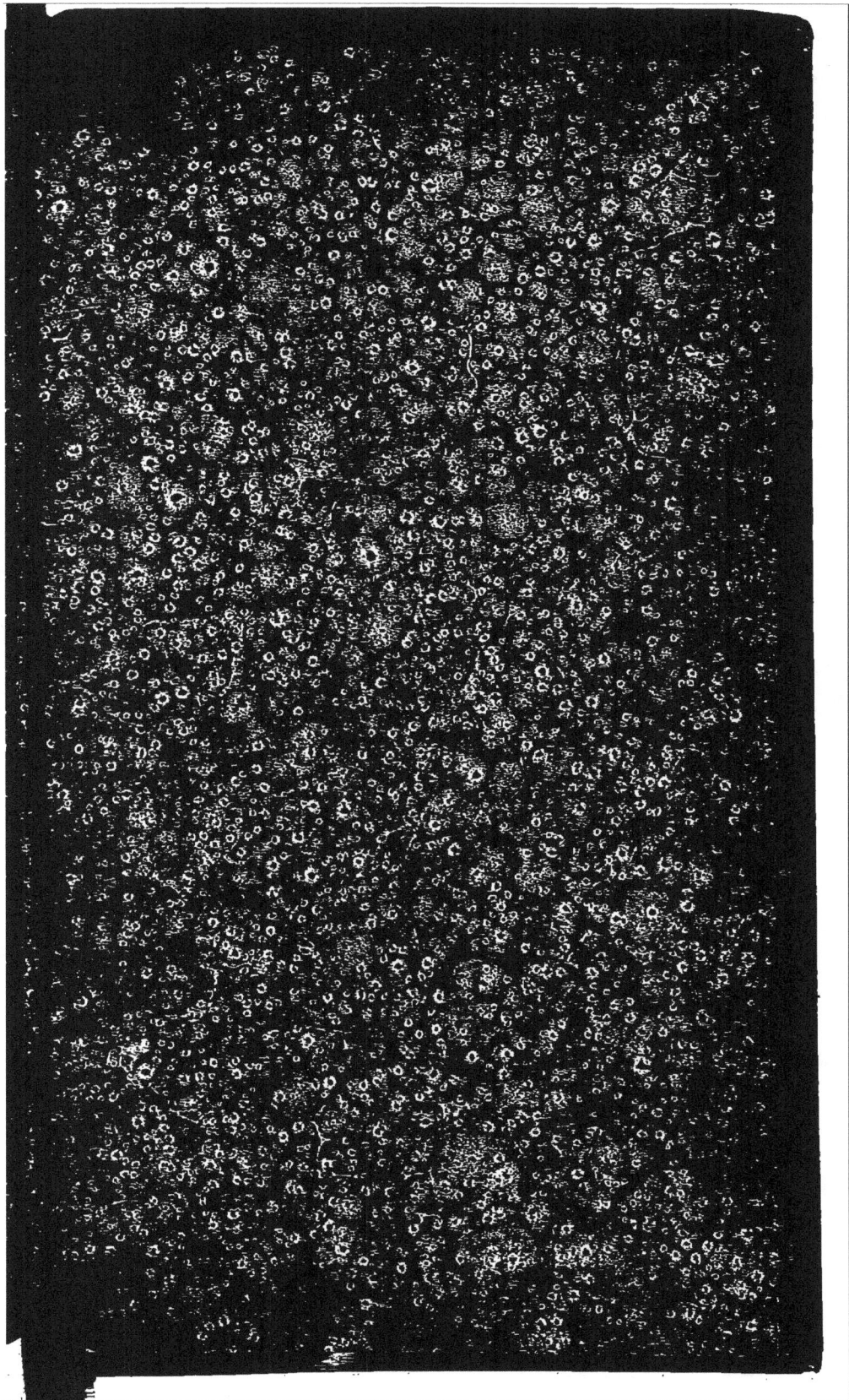

www.ingramcontent.com/pod-product-compliance
Lightning Source LLC
Chambersburg PA
CBHW060946220326
41599CB00023B/3608